现代语言学的特点和发展趋势

郭子健◎主编

吉林大学出版社

图书在版编目(CIP)数据

现代语言学的特点和发展趋势 / 郭子健主编. -- 长春：吉林大学出版社，2022.8
ISBN 978-7-5768-0412-6

Ⅰ.①现… Ⅱ.①郭… Ⅲ.①语言学—研究 Ⅳ.①H0

中国版本图书馆CIP数据核字(2022)第167214号

书　　名　现代语言学的特点和发展趋势
　　　　　XIANDAI YUYANXUE DE TEDIAN HE FAZHAN QUSHI
作　　者　郭子健　主编
策划编辑　李伟华
责任编辑　陶冉
责任校对　张驰
装帧设计　左图右书
出版发行　吉林大学出版社
社　　址　长春市人民大街4059号
邮政编码　130021
发行电话　0431-89580028/29/21
网　　址　http://www.jlup.com.cn
电子邮箱　jdcbs@jlu.edu.cn
印　　刷　湖北诚齐印刷股份有限公司
开　　本　787mm×1092mm　　1/16
印　　张　13
字　　数　200千字
版　　次　2022年8月　第1版
印　　次　2022年8月　第1次
书　　号　ISBN 978-7-5768-0412-6
定　　价　68.00元

作者简介
AUTHOR

　　郭子健(1983.05—),男,汉族,山东昌邑人,研究生学历,博士学位,职称是讲师(专业技术八级)。研究方向是现代韩国语、语言学、中韩语言对比、韩国语教育。2007年3月起就读于韩国湖南大学国语国文专业,2009年2月本科毕业;2009年3起就读于韩国湖南大学国语国文专业,于2011年2月毕业,获得硕士学位;2011年3月起入学韩国国立全南大学,攻读国语国文专业,并于2016年2月毕业,获文学博士学位。研究方向为现代韩国语、语言学、中韩语言对比、韩国语教育。2017年至今就职于山东外贸职业学院,为本校应用韩语专业专职教师、专业带头人。多次获得年度优秀教师、年度优秀工作者称号。

前　言
PREFACE

　　随着社会的快速发展、国际间的交流日益密切，语言交流受到了世界的广泛关注，现代语言学的相关研究也逐渐增多。现代语言学是将语言作为一个系统进行研究的学科，区别于传统语言学，现代语言学围绕人类语言的深层结构进行研究，对语言和语言交际做出客观科学的描述。现代语言学有助于人们对语言形成系统的认识，并根据不同语境所需使用得体的语句进行会话。现代语言学这个主要研究人类语言和社会关系的学科打破了语言静态研究的局限性，实现语言学研究从单一性向综合性的转变。

　　语言学经过两千多年的积淀，到今天已进入多方位、多层次的全面发展时期，不同的学术流派和新的理论方法层见叠出，令人目不暇接。面对这种活跃繁荣的局面，为了契合人们渴求了解、吸收现代语言学最新成果的需要，对现代语言学流派的研究和把握有着重要的理论和实践意义，可以帮助语言学习者和研究者从整体上把握语言，理清思路，掌握脉络，以提高观察语言和分析语言的实践能力。到现今现代语言学已经成为一门具有自身完善理论体系的现代学科，语言学应首先设定为言语研究的一种范式，旨在揭示言语研究在语言学中的学理渊源和方法论动力。

　　现代语言学理论的形成为后期文学创作提供了夯实的语言理论基础。为了更好地了解现代语言学理论的发展脉络，对现代语言学的发展进行了考察、研究，笔者首先对语言的结构体系、社会功能以及语言的产生与发展等方面进行有关分析，其次对语言学内部的共识变异以及其重要分支从整体上进行把握，从而进一步通过对索绪尔、布龙菲尔德等现代语言学理论进行相关分析概述,就其对现代语言的发展及其文学创作所产生的影响进行思考,最后基于此理论基础,分析现代语言学的特点,探讨现代语言学的发展趋势。语言学经过长期的发展,到现今已经成为一门具有自身完善理论体系的现代学科。随着社会的不断发展进步,语言学的研究也是不断变化的,在未来,语言学研究的信息化及国际化趋势也将不断地加强。基于此进行有关研究,以期为现代语言学的发展研究提供更多参考与借鉴。

目 录
CONTENTS

第一章 语言概述

第一节 语言的结构体系

语言是音义结合的词汇和语法的体系,是人类最重要的交际工具,也是人类思维和社会上传递信息的工具。语言是全民共同使用的,没有阶级性。语言和言语的关系密切,言语是在特定环境中为完成特定交际任务对语言的使用。语言是实现思维活动的物质形式,思维是反映和认识客观现实的积极过程,它是在语言物质材料的基础上形成、存在和发展的。语言是符号体系,但语言同一般符号和其他符号体系有本质的区别。其他符号是单义的、在语言基础上约定的、完全任意的,语言的词语同人的认识过程紧密联系,大部分有理据性。语言有精密性,也有模糊性,两者都有重要意义。语言精密性对语言规范化,对科学术语单义化,对言语修养和创造人工语言都有重大作用。

语言是音义结合的词汇和语法的体系。语言中的一切结构要素都有规律地相互联系、相互制约,构成一个整体。如汉语、英语、俄语都是完整的结构体系。[①]

词汇是语言的建筑材料,它由词和熟语组成。词是由词素构成的,如"作家"一词由"作"和"家"两个词素构成;英语 writer 由 writ-er 构成;它们的词根表示"写作",后缀表示"人",整个词的意义就是"从事写作的人"(作家)。使用语言时以词为单位,不能以词素为单位。熟语是词的固定组合,如"一箭双雕",英语 to kill two birds with one stone(直译"一石二鸟")。这些词的组合是固定的,不能任意改变。意义也不能照字面理解,要从整个熟语理解,上举熟语都有"一举两得"的意义。

词和熟语,都是语言中现成的、固定的单位。如果说词像砖瓦,熟语就

---

①诺姆·乔姆斯基,司富珍. 语言结构体系及其对进化的重要性[J]. 语言科学,2018,17(03):225-234.

像预制件,它们都是现成的建筑材料。但是词语的简单罗列,不能构成完整的、可理解的话语,正像砖瓦的杂乱堆砌不能盖成房子。例如"是系学生我语言学的"就不像话,一定要按汉语语法规则把这些词组成"我是语言学系的学生",别人才能听懂。词汇要受语法的支配才具有条理、可理解的性质。

语法是语言的组织规律。语法规则可以把词素构成词或词形,把词构成词组和句子。

用词素构成词的规则叫构词规则,如:作+家→作家,writ-er→writer。

一个词有不同的词形,构造词形的规则叫构形规则。如:作家—们→作家们,writer-s→writers,在词上面加上表示复数意义的构形词素以后所构成的不是另外的词,而是同一个词的复数形式。

词搭配成词组的规则叫构造词组规则,如:红+铅笔→红铅笔,red+pencil→red pencil 等。

用词和词组造句的规则叫造句规则,如上举"我是语言学系的学生"就是按照汉语造句规则造的句子。按英语造句规则要造成"I am a student of linguistics'department"(直译"我是一个学生属于语言学系")。

这些规则虽然有民族特点,但都是各语言正确的造句规则。这些语法规则也是语言中现成的单位,它们构成语言的语法。语法用来组织语言的词汇单位,可称为语言的"建筑法"。构形规则就是构形法,构词规则就是构词法,合称词法,词法还包括词素分类、词类,构造词组的规则就是词组构造法;造句规则就是造句法,合称句法,句法还包括词组类型、句型。

构形法、构词法、词组构造法、造句法组成语言的语法,前两项组成词法,后两项组成句法。词素是构词材料,它是词汇和语法共同关心的单位。属于语法的还有各语言单位的语法类别,词素分类、词类、词组类型、句型等,前两项属于词法,后两项属于句法。

这些语言单位之间有密切的联系。例如,词汇单位和构词法有多方面的联系。构造新词一定在现有词的基础上进行,所构造的新词又补充了词汇。词法和句法之间的联系更为密切。在语法领域内,句子成分和词类关系密切。充当主语和宾语的词往往是具有物体意义的词,主要是名词;充当谓语的词往往是具有动作和状态意义的词,主要是动词,等等。

语言体系中的词汇和语法都是音义结合的。语音是语言的物质外壳,它的最小单位是音素,如"人民"就是由r、e、n、m、i、n六个音素构成的。语义是语言的意义内容,可分为词汇意义和语法意义,如"作家们"的词汇意义是"从事写作的人",语法意义是"复数名词"。另外还有表达主观感情的修辞意义。语音是意义的表现形式。没有语音的物质形式,词汇意义、语法意义和修辞意义都无法表达,无法存在。单有语音形式而无意义内容,声音就空洞无物,就不再是语言单位;不管是流水潺潺,还是雷声隆隆,都与语言单位无涉。

语言体系各单位之间的关系可能是语音的物质关系,也可能是语义的功能关系。

以句型为例,简单句和复合句,陈述句和疑问句之间都有物质依存关系。复合句往往由物质上与简单句相同的部分构成;疑问句和陈述句在语音物质上是互相转化的,例如:"他是语言学系的学生。""他是语言学系的学生?"在语音材料上是相联系的。

一种句型改变了另一种句型所表达的信息,但不取消这种信息,这就是语义联系。例如,把简单陈述句转化为疑问句和祈使句,或把它转化为感叹句的时候,语法意义有本质差别,但词汇意义则有一定的共同性。这是因为构成这些句子的词没有显著改变。例如:"你看报。"(陈述句)"你看报?"(疑问句)"你看报!"(感叹句)"你看报吧!"(祈使句)这些句子词汇意义的稳固性是句型能够转换的基础。

词法领域中语言单位的语音物质关系和语义关系可举词类为例。词类是有共同语法意义、共同句法功能和构词特点的词的类别。在英语中,除这种派生关系,如wood(木头)→wooden(木头的)之外,形容词和名词在物质上常常是统一的。例如,red(红、红的),cold(寒冷、冷的)等。

语言要素之间的功能关系可举同义词语和同义语法手段为例,同义手段之间在功能上相互联系。

综上所述,语言是以语音为物质外壳,以语义为意义内容的音义结合的词汇建筑材料和语法组织规律的体系。

语言体系是客观存在的,是在千百代人民历史发展过程中逐渐形成的,具有很大的稳固性。

语言体系具有民族性。每种语言的结构体系都有自己的特点,我们学习一种语言,首先要掌握它的体系,特别要注意它的特点。如上面举的两个句子——汉语：我是语言学系的学生；英语：I am a student of linguistics'department。

两种语言的句子除发音迥然不同外，还有语法差别。如汉语的系词"是"不变化；英语的系词be要变成第一人称现在时单数。汉语用"的"结构，英语用of结构。两句的词序也不相同。所以，我们在学习语言、研究语言时，都要重视语言体系及其各结构要素之间的关系，把语言当作有内在联系的整体来学习和研究。

第二节 语言的社会功能

语言是人类最重要的交际工具，是人类思维的工具，也是社会上传递信息的工具。

语言作为社会交际工具这个特殊功能，使它成为特殊的社会现象。语言是社会现象，但它不是经济基础也不是上层建筑。

经济基础是社会生产关系的总和，是社会发展到一定阶段上的社会经济制度；而语言是社会一切活动领域的交际工具，是很多时代的产物。上层建筑是社会上政治、法律、哲学等观点和相应的制度设施，总的说来，和一定历史时期的社会经济基础相适应，同人的生产行为没有直接联系；语言是社会交际工具，是许多时代的产物，同人的生产行为有直接的联系。

语言在社会中起着重大作用。人们的一切活动领域，从物质生产活动到精神创作活动，从政治文化生活到日常生活都要用语言工具交流思想，达到互相了解、协调共同活动。语言是人类历史上帮助人们脱离动物界、结成社会、发展自己的思维、组织社会生产、同自然力量作斗争并取得进步的力量之一。所以，语言还是社会斗争和发展的工具，是社会宣传的工具。在社会主义事业中，语言是教育人民、鼓舞人民、团结人民从事社会主义建设和打击敌人破坏活动的力量之一。如果没有语言，人们就不能协调社会活动中的共同行动，社会就会停止生产和其他活动，就会崩溃。

语言作为社会现象对社会有依赖性。语言是为了满足社会的交际需要而产生、存在和发展的。社会生产的发展、社会制度的变革、人类思维的进步,都促使语言日益丰富、日益精练。语言的使用要受到社会的制约。人们用语言进行社会交际时,要遵守社会约定俗成的语言规则和规范。

语言成为社会交际工具,主要是因为它被人们用来交流思想。语言是音义结合的,有它的意义内容。语言把人们思维活动、认识活动的成果记载下来,巩固下来,使社会交际成为可能。没有语言,人们不仅不能进行社会交际,也不能进行思维活动。思维是在语言材料的基础上进行的。一个人如果不用任何一种语言,他就不能够思考问题。所以,语言不仅是交际工具,而且是思维工具。

人们在语言材料的基础上进行分析、综合、抽象、概括等思维活动,形成思想。这时所用的语言往往是他们用来交际的语言。讲汉语的人用汉语思维,讲英语的人用英语思维。一个掌握两种语言或方言的人,他用来思维的语言取决于他当时用什么语言进行交际。例如,上海的同学在家里用上海话交际,他必然也用上海话思考问题,形成思想;当他到学校里用普通话交际时,往往改用普通话思维,不必先用上海话打好腹稿,再翻译成普通话讲出来。但是,对于一个初学外国语的人,用外语直接思维还有困难。这时,如果他需要用外语交际则往往用本族语把要表达的意思先想好,然后再翻译成外国语讲出来;听到别人讲外语时他又要在头脑里翻译成本族语,才能听懂。这样,就使交际过程变得缓慢,影响交际效果。由于社会交际的需要,外语学习者必须加快培养外语思维。这些现象都说明,作为交际工具,是语言的主导功能。[①]

随着现代社会的发展、科学的进步、文化的繁荣,语言的使用范围越来越广泛,功能越来越完善。人们使用语言进行交际,交流思想、思考问题、积累经验、学习文化、研究学问,从事各项社会活动。除了面对面的交际及远距离的邮电通信以外,出现了地空通信、星际通信、深水通信等更为复杂的言语环境,要求迅速、清晰、准确、经济地传递信息。作为人类交际和思维工具的语言,自然就成为传递信息的主要工具。

信息就是借助符号的有序集加以传递接收、存储改造的消息,它记载在报道和文献中。为了使载有信息的报道和文献能够传递、接收、存储和改造,报道中的信息就应首先用一种有序符号集加以定型、记载或表现。

---

①赵蓉晖. 语言社会功能的当代理解[J]. 中国社会科学,2017(02):159-171.

而人类语言是最理想的有序符号集,它是音义结合的完整体系,它是人类社会交际和思维的普遍工具,也是表现报道中信息的主要工具。

人们用来交际的各个民族的语言,如汉语、英语等,是随着人类社会的发展而发展的,一般称之为自然语言。除自然语言外,人们创造了很多人工语言,它们也是符号有序集,可以用来传递信息。这种人工语言,按照通信领域的传统又称为人工代码。

人工语言在信息传递中只有特定的功能,它是狭功能的语言。用它传递信息时,要把特定的意义固定于特定的符号之上,符号和意义的关系是用自然语言加以约定的。自然语言有丰富的表达手段,它可以传递一切信息,表达人类意识内容的一切方面。而任何人工语言只能表达意识内容的某一方面,而且很多人工语言要同自然语言一起使用,有限地介入自然语言。所有人工语言都在自然语言的基础上建立,只因为存在自然语言,人们才有可能建立人工语言、使用人工语言和理解人工语言。所以,人工语言在传递信息方面,在社会交际方面,只起辅助作用,是交际和传递信息的辅助工具,由辅助语言学加以研究,以后再专门分析。

人工语言或人工代码的存在,并不妨碍自然语言的社会功能,它可辅助自然语言更好地完成社会功能,因而,在社会上也有很大作用。

第三节 语言和言语、思维及符号

语言在人类社会发展的一切阶段都是全民的交际工具,没有阶级性。它是千百代人民共同创造、共同使用的,对全社会是统一的、共同的,一视同仁地为社会一切成员服务。

从语言的社会功能来看,作为交际工具的语言必须为一切阶级服务。在阶级社会里,存在对立的阶级,它们之间既有斗争,又有联系。例如,在封建社会里,地主要向农民收租放高利贷,农民要向地主租田、借债。在资本主义社会中,资本家要雇佣工人,工人受雇于资本家。因此,剥削阶级和被剥削阶级处于一定的生产关系之中。他们要维持社会生产,就要交际,就必须有共同的全民语言。否则,阶级之间就会割断联系,社会生产就要停止,社会就会崩溃。在阶级斗争中也必须使用共同的全民语言。进行阶级斗争要宣传本阶级的思想,驳斥敌对阶级的思想。如果没有全民的共同语言,就无法开展宣传斗争。例如,地主和农民是对立的阶级,但"地主"和"农民"这两个词并没有阶级性。它们可以为农民阶级服务,如土地改革时农民说:"农民养活地主。"意思是农民辛勤劳动的成果被地主剥削。它们也可以为地主阶级服务,如地主说:"地主养活农民。"意思是地主把自己占有的土地租给农民耕种。这两句话显然针锋相对地表现了不同的思想。但"地主""农民""养活"这三个词,以及主动宾的造句规则,却是全民的,它们一视同仁地服务于地主阶级和农民阶级。可见,从语言的社会功能看,语言是全民的;从语言的结构体系看,语言也是全民的。不管阶级斗争如何激烈,音义结合的词汇和语法体系,都是全民共同使用、共同理解的。语言的语法是人类思维长期抽象化的成果,谈不上阶级性。语言的词汇及其意义的绝大多数对社会各阶级也是共同的,没有阶级性。正是由于语言没有阶级性,俄语才能在十月革命后照样为苏联人民服务,汉语才能在中华人民共和国成立后照样为汉族人民服务,而根本不必改变它们的结构体系。

一、语言和言语

语言和言语的区分是当代语言学最重要的理论问题之一,随着语言科学的发展,越来越显示出它的重要性。

如上所述,语言是人类最重要的交际工具,是音义结合的词汇和语法的体系。而言语就是在特定的环境中为完成特定的交际任务对语言的使用。语言存在于言语之中。[①]

言语活动是两方面的过程。一方面是口头交际,即说和听;另一方面是书面交际,即写和读。人们在言语活动中建构话语、理解话语。话语是无限的。人的每一次交际过程都产生新的话语。那么,交际者怎么会彼此正确理解对方的话语呢?这是因为,第一,话语由词语组成,交际双方了解词语的形式和意义;第二,词语受语法规则支配,交际双方了解语法规则,根据语法规则用词造句建构话语,也根据语法规则,领会话语的含义。

词语的总和就是词汇,规则的总和就是语法,它们都是音义结合的。

①祝晓光.论索绪尔语言思想中语言和言语的关系[D].长春:吉林大学,2015.

音义结合的词汇和语法的体系就是语言。

语言体系是言语的基础,言语活动要选择语言中的词汇和语法手段,组成话语;言语活动建构可接受、可理解的话语,说写是表达过程,听读是理解过程;言语是在活动中产生的,存在于话语中的新的语言现象,如最近出现的新词语"责任制""团伙""百分点""送达员""人际关系"等等,补充到语言体系中,使语言不断丰富和发展;在语言体系中,词汇和语法处于经常的相互作用之中。

语言客观地存在于言语之中,单凭直接观察不能领会完整的语言体系。语言学家一方面研究言语,一方面从言语中概括出语言体系,加以分析、描写,帮助人们自觉地掌握和使用,言语是对语言的具体运用。

人们从小就逐渐地、自然地学会使用本族语。小孩听了特定环境中的各种话语,把重复着的词语同一定意义联系起来,理解并分出词语,试图在一定环境中加以再现。同时,他们逐步掌握和使用语法规则。他们从听和读的过程中,把话语中重复的、固定的成分加以比较和总结,通过说写实践,建构新的话语。学校的语言教学可以让学生自觉地掌握词汇和语法,然后理解话语,让学生通过语言学习言语。但是,如果离开言语,就不能真正领会语言。所以,要在教学中让词汇和语法在话语中重复出现,让学生在话语中体会语言现象的细微含义,又通过言语来学习语言。

前面谈到的语言单位,不管是词汇单位还是语法单位,都是语言体系中现成的单位,它们都是从言语中抽象和概括出来的。具体的词组、句子和话语则不是现成的单位,它们是在言语活动中用语法规则组织词汇材料而形成的,属于言语范围。在学习语言时,我们只要记住语言单位,如记住单词"红""墨水""铅笔"等以及构造偏正词组的规则,就可以在言语活动中组织成"红墨水""红铅笔"等词组。如果我们记住的不是词语和语法规则,而是具体的自由词组,那么就会记不胜记,因为词组的数量是大量的。

至于句子和话语的数量,那更是无限的。在每一次言语活动中都会出现新的句子和话语,极少重复。所以,我们要从话语中掌握语言体系。言语由语言单位组织而成,它也是音义结合的。但是言语不单是语言单位的组合,它要受到言语环境的制约,并受到言语规律的支配。

语言和言语都是音义结合的,言语除由语言单位组成外,还受到言语环境制约,并受言语规律支配。词形是词的变体,它具体出现在言语中。熟语的构造,既要用构词规则,又要用词组构造规则,因为它是固定词组,功能却相当于词。

二、语言和思维

语言是交际和思维的工具,是实现思维活动的物质形式。思维是反映客观现实认识客观现实的积极过程,它是在语言物质材料的基础上形成、存在和发展的。

语言离开思维,就成为"空洞的声音",不再是音义结合的交际工具。思维在语言的基础上进行,离开语言的物质形式,就不能进行思维活动。

语言和思维的关系,要从语言和思维两方面加以分析。对思维来说,语言有以下几个功能。

第一,语言是形成思想的工具。只有把思维同语言联系,人才能实现思维。没有语言的巩固,思维无法定形,始终含糊不清,无法被接受。语言是思维成果存在的物质形式,思想在语言中客观化,通过语言而现实化。正是在这个意义上,没有语言就没有思维。

第二,语言是表达思想的工具。语言一方面形成思想,一方面表达思想信息,使思想交流成为可能。社会集体的思维成果,概括地固定在语言要素中,由词汇和语法手段加以表达。人们使用语言要素,组成话语表达自己的思想,让别人,也让自己理解思想。为什么人们能够通过话语理解思想呢? 这是因为,大家都懂得所用语言的词汇和语法,都使用全民公认的词汇和语法组织话语表达思想,通过话语分析理解思想。表达思维活动成果的功能在交际过程中具有重大意义,是实现交际过程的主要条件之一。

第三,语言是引起别人思想的工具。在交际过程中,读者或听者在理解话语时,会引起同话语所表达的相仿的思想。

语言形成思想、表达思想、引起思想,使人们可以交流经验、交换心得、互相学习、互相促进,从而更深刻地认识世界,更正确地改造世界。在这个意义上,语言也是认识的工具。

第四,语言是使思维过程模式化的工具。人们在言语活动中使用语言,扩展言语序列,就使思想扩展客观化,保证别人和自己领会思想。言语的扩展过程同思维过程相适应,言语序列随着思想的扩展而扩展,成为思想的特别模式。人们通过分析话语、翻译话语、领会话语等方法,从可以观察到的言语模式,过渡到直接观察不到的思想结构。这样,语言就使思维客观化,从而使人们可以控制自己的思维过程,使思维同其反映的现实相适应。由于言语模式能够同被模式化的客体相对比,因而,可以通过修改言语模式而使思想更加符合现实,更加完善。

第五,语言是使思维活动抽象化、使人脱离动物界的条件之一。高级动物有思维的萌芽,但由于没有语言,这种萌芽不清晰、不概括,不称其为思维。只有语言使思维清晰可解,使人得到概括的反映,使思维抽象化。劳动创造人,创造人类社会,也创造人的语言和思维。语言和思维在生产劳动和其他社会活动中相互作用,相互促进,共同发展。

所以,语言对思维有很大作用。但不能过高地估计这种作用。众所周知的萨丕尔-沃尔夫假设(Sapir-Whorf hypothesis),就是过分夸大了语言对思维的作用。他们认为语言决定思维的性质和类型,认识现实的性质取决于用哪种语言进行思维。语言不同,认识的过程和结果也不同。人的思维取决于语言。

这个假设虽不正确,但是引人注意。如果有人问:"天上的彩虹有几种颜色?"讲汉语的人会毫不迟疑地回答这个问题:七种。"赤橙黄绿青蓝紫,谁持彩练当空舞?"但是,讲英语和德语的人却说是六种,"青"和"蓝"在英语和德语中只有一个名称,在利比里亚的其中一种语言中,只有两个表示虹的颜色的词:按画家的术语,一个词表示暖色(红、橙、黄),一个词表示冷色(绿、青、蓝、紫)。

世界各族人看到的同一个客观现象,不同的民族语言却给它"刷上了不同的颜色"。同一个事物,在不同语言里获得不同的称呼。沃尔夫据此假设:客观世界按语言世界而建立,不同的语言以不同方式反映和划分世界。人们获得本族语的同时,无意识地获得了一定的思维方式。

实际上,世界先于思维,事物先于词语。语言的确影响思维,但并不影响思维反映现实的本质。语言交际的目的是传递关于现实的信息。每种语言都可以正确传递关于客观世界的信息。对思维有决定性影响的是客观现实本身,是人的社会实践和生活经验,而不是语言。实践丰富人的思维,引起语言的变化。

有的民族划分光谱的颜色名称少一些,但这只是由于在生活中没有区分的必要。各民族的画家区分光谱却要详细得多。英国人和德国人一旦需要,也照样能加以区分"青"和"蓝"。他们可以使用词组或复合词,"青"即"浅蓝色",英语是 light blue,德语是 hellblau;"蓝"即"深蓝色",英语是 dark blue,德语是 dunkelblau,如果需要,还可创造新词。

世界事物是无限多样的,语言中词的数量则是有限的。所以社会实践中非本质的东西暂时可不加区分。一旦需要区分,语言中就会找到表达手段。社会实践和生活经验使思维确切化,也使语言确切化。如果思维不正确地反映世界,这首先是由于社会实践和生活经验还不能确切地描绘世界图景。我们至今仍说"太阳从东方升起""日落西山",这反映了当时的认识水平。现在日心学早已成为普通常识,连罗马教会也在考虑给由于支持哥白尼日心说而受宗教制裁的伽利略"平反"。语言中留下的习惯说法不能代表我们的知识水平,也不会影响我们的正确思维。

另外,思维规律是全人类的,而语言规律具有民族特点。世界上有好几千种民族语言,如果说语言决定思维的性质和类型,那就没有全人类的思维规律了。

所以,不能过分夸大语言对思维的作用。在正确指出语言对思维作用的同时,也要看到思维对语言的作用。思维对语言的功能有下列几点。

第一,思维是直接引起语义变化的动力之一。思维的发展引起语义的变化,对语义体系进行调整。一般来说,语言及其语义随着社会的变化而变化。但社会影响不是直接的,而是通过思维的中介。只有进入思维领域的东西才能影响语义。

语言是音义结合的,思维成果巩固在语义中,促使语义发展。例如,任何一个多义词的词义体系都显示出同思维有关的变动和联系。"运动"一词所包含的"体育活动""物体位置移动""群众性的社会活动""物质存在的形式"等意义都有内在的联系,包含着思维活动的成果。科学术语意义的转移和改变,更直接地说明科学概念的发展。语法意义虽然更抽象,变化更缓慢,它却是思维长期抽象化的成果。

第二,思维是言语扩展的主要原因。语言体系只是在思维活动的激发下,才在言语中起表达思想、交流思想的作用。推动言语建构、言语扩展的主要力量是思维。线性扩展的言语是思维活动的一种特别模式。

第三,思维是为建构话语而选择语言单位的动力。人在交际过程中,要依赖特定的言语环境,选择语言材料,组成话语。从语言同义手段中选择最适合的表达手段,是由表达思想的需要而决定的。

第四,思维也是形成语体的条件之一。语体作为言语类型的稳固体系,有特定的表达客体的方式,依赖于社会言语环境的类型,包括社会集体思维的类型。所以思维是形成语体的条件之一。

第五,思维对言语的建立和扩展起控制作用。思维越合乎逻辑,言语越正确精练。思路清晰,言语明白;思路不清,言语含混。思想正确,名正言顺,义正词严;思想错误,理屈词穷,强词夺理。思维成为言语修养的重要条件。在言语扩展中,语言材料的选择和组织,语言规范的遵守,话语结构和信息内容的适应,话语合不合逻辑,信息内容同现实的对应,等等,都要受到思维的控制。

所以,思维对于语言有积极的作用。思维对语言的影响导致各种语言间普遍现象的出现。例如,各种语言中都有双成分结构的句型,一个成分是主位,表示已知内容;另一个成分是述位,表示该内容的新的信息。又如形式逻辑思维规律是词义扩大、缩小、转移的基础,等等。这些普遍现象的原因之一,是受思维全人类性的影响。但不能过分夸大这种普遍现象。语言规律同思维规律不同,它具有民族独特性。例如,汉语的"浓茶",英语叫 strong tea("浓"由"强"转义而来),汉语的"粗活",英语叫 dirty work(直译"脏活"),等等。所以,语言学不仅要研究语言的普遍现象,更要研究各民族语言的特点,这样才能正确处理语言和思维的关系。

现代科学的发展,为语言和思维的联系提供了实验证据。科学家把脑电图机的电极连接人的头部,当这个人说出一个词之前,就产生特定的脑波型,他一提到这个词,就出现其特征波型。科学家可根据脑波型辨认词,从而识别人的思维。这说明人的思维活动是在语言材料的基础上进行的。现代的电子计算机可以模拟人脑的部分思维,但它并不使思维脱离语言,而是语言与思维结合的完整模拟。人脑是高度发展的物质,它有思维的机能,电子计算机只能部分地模拟人脑的机制。思维的物质材料是语言,电子计算机在模拟人的思维时也要使用机器语言,而且这种人工语言是在自然语言的基础上制定的,要通过自然语言同思维建立联系。现在模拟人的思维仅限于形式逻辑的范围,辩证逻辑和感情领域还不能模拟,主要原因之一是计算机还不能掌握同思维直接联系的自然语言。

语言既是抽象思维的工具,也是形象思维的工具。思维是概括地反映现实的过程,以概念、判断、推理的形式反映现实的过程是抽象思维,以表情、意志、美感形式反映现实的过程是形象思维。抽象思维和形象思维的成果都反映在语言单位的意义之中,语言的意义内容相应地划分为词汇意义、语法意义和修辞表情色彩。语言中的表情手段是有限的,形象的表现力在言语中可以完全实现。

作家主要用形象思维反映现实,但他不仅用语言表达他意识中的形象体系,而且在建立和发展形象体系时,用语言把形象确定下来,加以定型化。通过语言的形象性和表现力使形象深化、概括化、典型化,从而用艺术形象感染人。作家在描写形象的个性时,必须把形象分解为各组成部分,用最恰当的词语加以形容,然后再综合连成一体。通过这种描写,形象更加清晰,更加饱满,人更能意识到自己的形象,发现其细节区别出本质特征。作家用语言把一个形象同另外的形象联结起来形成逻辑严密的形象体系,使形象获得新的性质。

图画和音乐用色彩、线条、声音等物质材料表现形象,但这种形象缺少分析,缺少同其他形象的联结,因而缺少概括性,很难形成逻辑严密的形象体系。这些物质材料要转化为语言,才能表现清晰的思想。正像罗曼·罗兰在《约翰·克利斯朵夫》中所描写的:"而音乐,虽然人家认为是普遍的语言,究竟不是普遍的。应当拿文字来做一张弓,才能把声音射到大众的心里去。"所以,图画、音乐等等,仅仅是思维的辅助工具。画家和音乐家不可能单独用色彩线条或声音进行思维。图画、音乐只有在语言的帮助下,同语言一起,或者拿语言做一张弓,才能形成思想,把思想射进人们的心里。这是因为图画符号和音乐符号本身没有历史上形成的,同思维密切联系的意义体系,它们只有在语言的基础上,才能形成思想,表达思想。图画和音乐不是形式和意义结合的体系,不能把千变万化的现实模式化。人可以用图画、音乐表达一定的思想,但是完善的表达工具,是形成思维,同思维密切联系的语言。音乐形象和图画形象只有通过自然语言才能彻底明确其含义。

现代语言学把语言和言语区别开来,并揭示了言语的特点,使语言和思维的关系问题获得更完满的解决。

语言体系巩固了人类历史上形成的集体思维的成果,语言的词汇意义和语法意义都是概括的。词表示的不是个别事物,而是具有相同本质特征的一类事物。"花"这个词表示一切花,红的花、黄的花、玫瑰花、菊花,等等。言语是在特定环境中用语言材料、按语言规则临时组织起来的。它也同人们集体思维有关,因为吸收到言语中的语言成分巩固和记载着这些成果,并且为全民所公认,是交际过程中相互了解的基础。但言语也同个人的思维活动有关。个人使用语言,依赖言语环境,表示特定的思想。个人思维过程总的基础是语言体系所巩固的集体思维活动的成果。个人的思想通过语言从某个人的所有物转化为社会所有物,转化为全社会的精神财富。个人在言语中巩固自己的思想,因为有了语言,个人有可能把思想作为外在的对象加以分析。语言使思想客观化,它不仅是理解别人思想的工具,而且是理解自己思想的工具。在语言发展的历史进程中,个人言语及其思维成果影响到语言体系所巩固的集体思维成果,可以引起词汇意义、语法意义的变化。言语中的词依赖于特定环境,同某一具体事物相对应,排除了词的多义性。

在言语活动中,一些非语言的手段,如姿势、面部表情等起着辅助性的交际作用,帮助语言更准确、更鲜明地表达思想。

语言中有表情手段,但这些表情手段是有限的,有时是潜在的。而言语却可以实现充分的表现力。离开言语环境,譬喻无所谓恰当,双关不成其为妙语。在特定的言语环境中,形象思维可以自由驰骋。但是,这是在使用语言的基础上,语言体系以其丰富的词汇和语法手段,提供了表现力的无限可能性。所以,语言和思维的关系问题,包括言语和思维的关系。

三、语言和符号

符号就是在人的认识和交际过程中用来代表其他事物,接收存储、改造和传递信息的可感知的物体。人类符号是社会发展的产物,人类集体由于共同的物质生产而联合起来,符号是人类集体传递信息的物质形式。在所有的传递信息的符号之中,有声的自然语言起着主导的作用。自然语言同思维直接联系,是人类社会的最重要的交际工具,它同非语言的符号有本质的区别。

非语言符号分为复制式符号、标志式符号、信号式符号、象征式符号等类。复制式符号就是同所代表事物相似的复制品,如照片、指印等。标志式符号就是同所表事物相联系的符号,如烟是火的特征,发烧是疾病的症状,水银柱升降是气温变化的标志,等等。信号式符号是为了相应目的预告情况的符号,如工厂汽笛是上下班时间的符号,学校铃声是上下课的符号,等等。象征式符号是用直观形象表示抽象内容的符号,如镰刀和锤子是工农联盟的象征,等等。这些符号只是个别地起作用,没有形成符号体系。语言符号的特征在于,它们不是相互孤立地存在着,而是语法和词汇的完整体系。自然语言的符号是声音,因为有声语言是第一性的。文字符号可记载有声语言成为书面语,它是在有声语言基础上产生的,是第二性的。除口语和书面语符号外,还可用其他符号来码化自然语言,如聋哑人的手指语,由手指形状的配合及其配合顺序构成;盲人的书面语,其符号由纸上的刺纹和穿孔组成。它们都在不同程度上代表自然语言,起到交际工具的作用。从二进制的低级机器语言到电子计算机编程序的高级机器语言,从机器翻译的媒介语到各种信息语言,都是在自然语言基础上产生的人工语言或人工代码。它们不是偶然的单个的符号,而是符号体系。但这些符号体系同自然语言的体系不同。自然语言是音义结合的词汇和语法的体系,它的词汇意义和语法意义及其同语音的结合,都是历史上形成的,纷繁复杂,不是人工规定的一一对应。语言不仅是表达体系,而且反映和体现人们的思维成果。人工代码的符号是单义的、在自然语言基础上事先约定的、完全任意的。自然语言的词义同人们认识过程紧密联系,大部分有理据性。

语言同人们的历史、思维和认识过程是紧密联系的。它本质上不同于事先约定的、单义的人工代码。如果把自然语言等同于人工代码,那它就会处于认识过程之外,语言和思维就会失去深刻的相互作用,语言就不能成为完善的交际工具。

因此,自然语言符号是音义结合的双面单位,这种音义结合是历史形成的,同思维密切联系的。而其他人工代码的符号没有历史上形成的、同思维联系的意义,它是单面符号,它所代表的事物要用自然语言事先加以约定。语言的意义往往错综复杂,人工代码的意义则是规定的一一对应。

一般符号同事物的联系,是任意的、约定的。语言符号与客体的联系虽然也是任意的,但从语言历史发展角度来观察,现代语言的大部分单位则是有理据性的。这是语言同人工代码的又一个重要区别。人不仅用语言表达思想,而且表达感情,表达对事物的评价态度。这样一来,语言单位同事物的联系是多方面的,因而形成了转义、多义、同义现象,形成了语法范畴的多功能性等。语言体系不可能没有理据性。

所以,自然语言不是一般的符号体系,它是记载着民族历史、文化传统和思维成果的音义结合的丰富体系,语言单位有丰富的变体,这是任何人工代码不能比拟的。我们在研究语言和符号的关系时,既要重视一般符号体系、各种人工代码和人工语言在交际和传递信息中的辅助作用,更要重视作为人类最重要的交际工具的自然语言的主导作用。

第四节 语言的精密性和模糊性

"我们和敌人没有共同的语言",这句话中的"语言"一词,显然不是我们前面分析的作为交际工具的音义结合的词汇和语法的体系,而是人在言语活动中产生的话语及其包含的具体思想。初学语言学的学生有时从这句话得出"语言有阶级性"的结论,因而违背了语言全民性的理论。日常用语的模糊不清,影响了对科学问题的理解。

语义模糊会影响表达效果,妨碍交际。当你打电话请客人吃饭时,讲话切忌模棱两可。例如:"喂,明天请到我家吃饭。""好,一定来。"这两句对话没有说清楚吃中饭还是吃晚饭,也没有讲明什么时候来,很可能造成误会,引起不快。当你看到一份语义不清的短信,你会犹豫不决,左右为难。例如:"28日晨12次车盼接。"你的客人所乘的第12次车是28日开出呢,还是28日到达? 28日晨,是凌晨一两点呢,还是早晨五六点? 要弄清电报精确含义得花点时间。这类例子在日常生活中是屡见不鲜的。所以,语言向精密化方面发展,科学术语单义化成为一种趋势。另外,准确用语成为人们言语修养的重要标准之一。语言要规范化,词汇要有明确的规范,也势在必行。当我们为机器翻译、人机对话等设计机器语言时,更要考虑到语言精密化,保证严格单义的一一对应,切忌模糊不清,模棱两可。[①]

但是,自然语言远不是那么精密的,语言中存在大量模糊现象。在日常谈话中有时说"这位女同志个儿挺高""那个男同志长得很矮",可是,两人一比,个儿差不多,也许男同志还稍许高一点。这就是说,"高"和"矮"是相对的、模糊的。如果精密化,就要说"这个女同志身高一米六一""那个男同志身高一米六二",等等。可是日常生活中评论人的高矮时,并不一定精密地量好尺寸。如果我们在动物园看到一只像猫那么大的老虎,大家一定说这是"小老虎";如果看到的是像猫那么大的老鼠,大家一定会惊讶地说:"好一只大老鼠。"可见,"大"和"小"只是相对的、模糊的。

从不同的语言来说,更可看出有些词所表达的是模糊概念。上述电报中"28日晨"的"晨"可从零点到八九点,已经够模糊了。但外语中还要模糊。例如,初学外语的学生,听到老师上午十点多钟走进教室还说"Good morning"(直译"早晨好"),会感到困惑不解。其实,日分早晚,年分春秋,都是模糊的,并没有一条十分明确的时间界限。汉语中"早晨"一词一般指从凌晨到上午八九点钟的时间,英语中morning一词则泛指整个上午。

语言所反映的客观世界是无限丰富多样的,客观事物是无穷无尽的,如果每一个事物都给一个单独的名称,那么语言就臃肿累赘,不适宜作为交际工具。所以语言往往用有限的单位表示无限的事物,这就形成语言的模糊性。由于客观事物是相互联系的,语言单位所表示的事物有其相关性,如"高"和"矮"都表示高度,"春"和"夏"都表示季节,一般不致模糊到一片漆黑的程度。另外,使用语言都在一定的言语环境之中,人们一般可从言语环境和上下文弄清词语的含义。所以,语言的模糊性在整体上并不影响交际。在日常交际中并不需要到处使用含义精确的词语。例如,"我弟弟身高一点八米,我姐姐身高一点六五米,弟弟比姐姐高零点一五米"之类的话很少有人说,一般只说"我弟弟比姐姐高"就行了。有些词语很难给以精确的释义,身材高矮没有绝对标准,"走"和"跑"也没有明确的速度界限。有的词典把"跑"解释为"两只脚或四条腿迅速前进",按照这个解释,"跑"同"走"的区别显然在"迅速"两个字上。但慢跑未必比竞走更迅速。在体育运动中,跑和走的区别并不一定是速度。另外,"奔走相告"中的"走"保留了古代汉语中"跑"的意义,"跑路""别让他跑了"中的"跑"

---

①方伟.语言的模糊性及其与精确的相互转化[D].长沙:湖南师范大学,2005.

又有了"走"的意义,界限比较模糊。

语言的词汇和语法现象都有模糊性质。这还表现在语言中有很多过渡现象,如词和词素、熟语、自由词组的界限,词类的界限,词的用法和意义的界限,等等,都不是很分明的,有很多相互转化过程。这种过渡和转化现象,都是语言模糊性的表现。研究这类现象是语言学的重要任务。

现代语言学很重视对模糊语言现象的研究,已经形成模糊语言学这门分科。现代语言学也重视语言精密化的研究,有人把语言科学列入精密科学一类。语言的精密性和模糊性都有重要意义,两者不可偏废。有人夸大语言的模糊性,造一个不合语法仍能理解的句子,认为它同样可以充当交际手段,从而反对以严格的句法结构作为理解自然语言的基础。这种意见,对语言规范化,对保持语言的纯洁和健康,都是不利的。我们使用语言进行交际时,应该力求精确,除修辞上的双关妙语之外,应力避语义含混和语法模糊。当然,在交际不需要十分精确的表达时,可以利用语言的模糊性。这是人对人的交际所必需的。在人机对话、机器翻译和自然语言理解中,根据目前的水平,还较少使用模糊性。机器要求精密化的语言,要求语义一一对应,没有歧义和模糊。否则,它就不能处理信息。所以,当代工程语言学在解决语法形式化的同时,重点解决语义形式化的问题,以便让机器了解精密化、形式化的语言。关于修辞问题,关于语言模糊性问题,都是稍后考虑的事情。如果说第三代机器翻译是解决语义形式化问题,那么可以预言,第四代将是解决修辞问题,解决语言模糊性问题。那时,机器将掌握自然语言的模糊性,为真正的人机对话开辟广阔天地。

第五节 语言的产生和发展

语言作为社会交际工具,随着社会的产生而产生,随着社会的发展而发展。在语言发展的长期过程中,语言又会随着社会的分化而分化,随着社会的统一而统一。语言总以自己相应的结构体系来满足当时社会的交际需要。语言在随着社会的发展而发展时遵循着语言内部的发展规律。

一、语言的产生

语言是怎样产生的？这是一个古老的问题,曾经引起一些语言学家的浓厚兴趣。这个问题实际上包含两方面的内容:第一,人类一般语言是怎样产生的,即人是在什么情况下开始说话的？第二,具体语言,如汉语、英语、俄语等是怎样产生的？

现在,先谈人类一般语言是怎样产生的。简单地说,劳动创造了人,也创造了人类的语言。[①]

第一,劳动提供了产生语言的社会条件,使语言的产生成为必要。人类形成过程就是人类祖先学会生产劳动,劳动成为社会首要实践的过程。劳动创造了人,创造了人类社会。人类的生产劳动一开始就是集体的、社会的劳动。在人类形成过程中,生产力极低,洪水猛兽对人类有很大威胁;为了展开同大自然的斗争,获得必要的生活资料,必须集体生活、集体劳动。人们在生产劳动中不仅影响自然界,而且影响人本身。在集体的生产劳动过程中,人们需要相互协作、互相帮助,需要协调大家的活动。一句话,彼此之间迫切需要交际和交流思想,彼此之间有些什么非说不可了。因此,人类社会的生产劳动,使语言的产生成为必要。

第二,劳动提供了产生语言的生理条件,使语言的产生成为可能。类人猿在劳动中学会了直立行走,这是从猿到人的决定性一步。类人猿在爬行时,口腔和喉头几乎成一直线,呼气时直冲而出,来不及受到各种阻碍而形成不同的声音。直立行走使肺部和声带的压力减小,可以自由调节;使口腔和喉部形成直角,可以受到各种阻碍而发出不同声音;使下腭后缩,与上腭吻合,叫构成发音需要的状态;头颅垂直减小对鼻腔的压力,使之发展为理想的发音共鸣器。在劳动中,类人猿不发达的喉头,由于音调抑扬顿挫不断加多,缓慢地得到改造,口部器官逐渐学会发出一个个清晰的声音。随着劳动对语言需要的不断增长,言语器官也不断完善。最后,类人猿的发音器官终于改造为人类言语器官,发出音节清晰的声音,表达一定的意义,语言就产生了。

人在劳动中直立行走,除促进发音器官的改造外,还使大脑机能发达起来。类人猿直立行走,可以眼观四面,扩大了眼界,使它从多方面摄取印象;直立行走使脊柱托住头部,有利于头盖骨逐渐演化为球形,为脑容

---

①罗琼鹏,彭馨葭. 语言学[M]. 南京:南京大学出版社,2019.645.

量的增大创造了条件；手的形成，工具的制造，熟食和肉食的增多，为脑髓发展提供了物质基础，使类人猿的头脑逐步改造为人脑这个思维器官。由于劳动中对思维的需要，思维在语言材料的基础上也同时产生。

语言是由非语言的摹声、感叹、喊叫等声音信号发展来的，只有发音器官所发出的声音是劳动中传递信息的最方便、最有效的信号，所以语言一产生就是与思维联系的有声语言，就是音义结合的词汇和语法的体系。语言和思维同时产生后就处于相互作用之中，发音器官发出的不同的声音给思维提供了物质形式；思维的发展又给语言提供了思想内容。形式和内容的结合，音和义的结合，并得到社会的公认，就形成语言的词汇单位和语法单位。

不过，原始语言的语法简单、词汇贫乏，手势等非语言手段在交际中起着重要的辅助作用。尽管如此，简单的原始语言可以满足原始社会的简单的交际需要。

总之，劳动在创造人和人类社会的同时，创造了人的语言和思维，语言一产生就是音义结合的词汇和语法的体系，就是社会交际和人类思维的工具。

现在来谈谈具体语言是怎样产生的。很早就有人对于世界上存在多种语言的问题，即语言多样性的问题感兴趣。《圣经》上有个传说：世人造巴比塔，越造越高，眼看塔与天齐。上帝大惊之余，想法加以破坏，他下令搅乱大家的语言。人们由于失掉统一的交际工具，塔造不成了，从此产生了各种不同的语言。其实，所谓上帝本属子虚乌有，他和语言的多样性更不相干。那么，世界上两三千种语言是怎样产生的呢？

语言是人类集体的交际工具。不同的人类共同体都有自己的语言。从远古语言产生的时候起，世界上就不止一种语言。后来，语言又随着社会的分化而分化，随着社会的统一而统一。在社会发展的各个阶段，由于语言的分化过程和统一过程起作用，结果形成了多种语言。例如拉丁语最初是罗马城的方言。由于罗马帝国的扩张，它同化了高卢人、伊比利亚人等民族的语言，发展为罗马帝国的通用语言。后来，由于罗马帝国的解体，古拉丁语死亡。从6世纪到9世纪，在民间拉丁语的基础上，经过同各地方语言的交融，逐步形成法语、意大利语、西班牙语、葡萄牙语、罗马尼亚语等现代罗曼语言。这就是具体语言产生的例子。

二、语言的发展

语言产生之后,便随着社会的发展而发展。《水浒传》描写了梁山泊一百零八将各有"刀、枪、剑、戟"等武器,但是却没有"飞机、坦克、机关枪",更没有"火箭原子弹"等名称。这是由于宋朝社会上还没有这些事物,语言中不可能有表达它们的词。随着客观事物的发展,语言里的词汇日益丰富,语言的整个体系也随着社会的发展而发展。

语言的发展有语言社会功能发展和结构体系发展两个方面,它们既有差别,又有联系,构成统一的语言历史发展。

语言的功能发展指语言同社会发展水平的适应关系的变化,它所服务的人们活动领域和它的分布地域的变化。例如,现在汉民族使用的汉语共同语过去叫"白话",它同"文言"对立。当时在人们许多活动领域中,"白话"受到歧视和排挤,直至中华人民共和国成立前夕有些领域还用文言或"半文半白"的"报章体"。由于长期封建割据和经济落后,方言盛行,"白话"传布的地域也受到限制。中华人民共和国成立后,我国实现了空前的统一。随着社会主义建设的发展,普通话交际功能不断扩大,它不仅在各个领域代替了"文言",而且流行于汉民族居住的广大地域,与方言共存,影响各地方言向共同语靠拢,在人们活动的各个领域逐步代替了方言,成为全国真正的共同语、名副其实的普通话。这就是语言交际功能的发展。

语言的结构体系发展是指整个体系及其语音、语义、词汇、语法各部分的历史变化。例如,语言中新的结构要素逐渐积累,旧的结构要素逐渐衰亡,结构要素的内容和形式的变化等。具体来说,如词汇的日益丰富、纷繁,语法的日益精练,语音和语义的相应变化等。

语言各结构部分的发展是相互制约的。语言体系各部分呈现一种适应交际需要的平衡状态,如果因为社会原因或其他原因而发生变化,就会失去平衡。这时,语言各部分就会调整相互的关系以求达到新的平衡。语言单位是音义结合的,单位之间能够相互区别。如果区别性遭到破坏,就会引起语音表义的缺陷,必须重新调整相互关系。例如中古汉语语音体系中有清浊相对的辅音,如[b]-[p],[d]-[t],[g]-[k]等,还有[p],[t],[k]等辅音韵尾。由于当时语言的音节构成比较复杂,单音节词彼此能够区别意义。后来,浊辅音和辅音韵尾逐渐消失,现代汉语标准语中基本上只有清辅音音位。这种语音变化引起了词汇变化。首先出现很多同音词,例如,由于

"辫、道、柜"由中古汉语的浊声母变为清声母,便分别同"变、到、贵"构成同音词"辫—变,道—到,柜—贵"等,使词义难以区分。为了消除同音现象,就引起词汇的双音节化,如"辫子—变化,道路—到达,柜子—贵重"等。随着双音节词的产生,一个词中的两个成分又产生差别,如语音上出现轻音(变了)、儿化(辫儿)、变调等现象,语义上出现词缀表现的附加意义,如"辫子""柜子",并出现了派生词构词规则等,从而引起语法的变化。由此可见,语言体系发展中的制约关系不仅表现在同一结构部分内部,而且表现在不同的结构部分之间。

语言的功能发展和体系发展两方面是相互制约的。语言体系是语言功能赖以实现的物质基础,功能发展最终将在体系中反映并加以巩固,而体系发展服务于、受制于功能发展。

语言的发展是由于社会的发展引起语言内部体系和功能的矛盾而导致语言的变化。社会的发展、人们活动领域的扩大、科学技术的进步、人类文明的进步等等要求语言满足人们日益广泛的交际需要,记载人们思维活动的成果,传递不断丰富的社会信息,这就促使语言发展。随着社会的发展、交际范围的扩大、交际内容的深化,语言的交际功能首先获得发展。这时语言的结构要素不能有效实现交际功能,不得不产生相应的变化以适应功能的发展。例如,上述词汇变化的例子,就是由于我国人民从事社会主义现代化建设的活动而引起语言内部功能和体系的矛盾,从而促使语言发展变化的。

语言发展按照其得以实现的条件可分为以下几种:由于语言在不断变化的社会环境中起作用而引起的发展,这就是社会因素引起语言变化;由于不断变化的人类思维对语言结构的影响而造成的发展,这就是思维因素引起语言变化;语言结构为适应人的心理和生理特点而引起的变化;在不同语言相互接触中,一种语言结构为适应其他语言的结构而引起的变化;少量未知原因引起的语言单位和范畴的自身变化。这几种发展变化不完全受社会直接控制,但总的原因却是社会发展引起语言内部功能和体系的矛盾而导致语言的变化。

三、语言发展的规律

语言的发展是有规律的。语言规律所涉及的不是个别语言事实,而是语言发展的一般趋势。语言功能发展的规律主要有:语言的分化和统一的规律,方言向民族共同语集中的规律,方言之间相互影响、相互作用的规律,标准语的形成和作用扩大的规律,等等。

语言体系发展的规律,有的涉及语言体系的一般特点,适用于一切语言,如语言各结构部分发展不平衡规律,语言体系发展的理据性规律、类推规律、抽象性规律,等等;有的则只涉及某个语言结构部分的具体变化,适用于某些亲属语言或某种具体语言的一定发展时期,如汉语历史发展过程中语音单纯化的规律、词汇双音节化的规律和语法中词序定型化的规律,等等。语言体系的发展同语言功能的发展密切联系,有一些规律,既在语言体系发展中起作用,又在语言功能发展中起作用,如语言发展的非爆发性规律等。现在分析几种主要的规律。

1.语言体系发展的理据性规律。事物的名称同事物本身没有必然的本质的联系,人在交际中给事物起名称时,用什么语言形式代表该事物,是任意的。任何名称一旦为社会公认,就可约定俗成。但是,在语言发展的漫长过程中,大多数语言单位的产生,在语言体系内部是有理据性的。

语言单位理据性的例子很多。例如,汉语的"雪莲花"一词,代表石蒜科鳞茎植物雪莲花属的一种花卉。它早春开花,破雪而出,"雪莲花"名称的基础就是这个特征。尽管这个特征不是这种石蒜科鳞茎植物的本质特征,但它作为取名称的标志,在汉语体系内部是有理据性的。"雪""莲"和"花"是汉语中众所周知的语言单位,用它们构成新词,可以"顾名思义",大体想象出所代表事物的模糊轮廓。这比用一个同现有语言单位毫无联系的声音来命名,显然更有利于交际。试比较一下其他语言中表达这一事物的词,是饶有趣味的:英语是snowdrop(字面意思是"雪滴"),这个词也以"雪"(snow)作为标志,但却是同另一个词素搭配。法语是perce-neige(字面意思是"穿出雪的"),这个词也同"雪"(neige)有关,但更形象地说明了"破雪而出"的特征。这个例子说明,事物名称同事物没有本质的必然联系,名称的标志仅仅是一种惹人注目的特征,让人们通过这个特征想象事物的整体。但在某一种民族语言体系内部,新的语言单位有明显的理据性,人们在命名时很自然地考虑到理据性,而不是任意用毫无联系的声音来代表事物。这对发挥语言交际功能十分必要。究竟用什么做理据又是任意的,没有本质的必然联系。由于事物名称同事物本身没有本质的必然联系,各种语言显示出差别性,表现出语言的民族特点,如上例中各自强调"穿雪而出"等特征。由于语言单位在语言体系内部有明显的理据性,各种语言又显示出某种共同性,因而出现了语言的普遍现象,如上例中各语言的词均同"雪"相联系。由于理据本身是任意的,因此,语言的普遍现象只是相对的。

现代语言是长期历史发展而来的,同人类的历史和思维密切联系,所以语言单位的理据性是保证语言成为交际工具的必需条件,理据性成为语言发展的重要规律。

2.语言发展的类推规律。类推规律就是语言按类推而变化,即一种语言事实按其他事实的特征类推而改变自己的结构特征。这条规律在所有语言的一切发展时期都起作用。

在一种语言体系中,同类语言现象达到一定数量就可归结出规则,这种规则类推到其他语言事实,就是规则的使用。原来不规则的少数语言现象被类推到多数现象,就逐渐成为规则,并取代原有规则而引起语言变化。规则形成后再经类推而用于更多的现象。类推规律在语法和词汇中都起作用。

一个语言单位受到别的单位影响进行类推变化时,必须具有同该单位类似的特征,如上例的中性名词特征。很多新词语是按照相似的词以类推的形式产生的,如"新闻—旧闻""国际关系—人际关系""无的放矢—有的放矢""帮忙—帮闲"等;又如按类推而形成的新的搭配关系"空气污染—精神污染"等。由于类推是按照语言中已有类似现象而形成,语言发展的类推规律同理据性规律是有联系的。

3.语言发展的简化规律,又称为语言发展的经济原则。任何语言,总是向着简单、经济、便于交际的方向发展。各种语言中大量缩略词语的涌现,是简化规律起作用的结果。一些常用的代表重要概念的词最容易产生缩略语,如"中国共产党——中共""人民代表大会——人大"等等。现代汉语中,"工业现代化、农业现代化、国防现代化、科技现代化"简称为"四个现代化",再简称为"四化",是最为明显的例子。现代主要语言中,词的缩略成为重要构词方法,如 The United States of America(美利坚合众国)缩为U.S.A.(美国);把表达同一内容的不同语言手段统一为一种手段也是语言经济原则起作用的结果。一些没有意义差别和修辞分化的同义词,在简化规律的作用下,往往只保留一个。如"德律风—电话","德律风"先借入汉语,后来又产生了新词"电话",两个词意义和修辞色彩相等,"德律风"便逐渐被"电话"代替。同理,"联合收割机"代替了"康拜因"。但是,有了意义差别和修辞分化的同义词,不仅不会淘汰,而且是词汇丰富的表现,这就是另一条规律——语言发展丰富化规律起作用的结果。

4.语言发展的丰富化规律。语言的发展使语言越来越丰富,语言发展的丰富化规律同语言发展的简化规律是辩证统一的。首先,语言简化的结果促使语言丰富化。如大量缩略词语的涌现,对这个词语本身来说是一种简化,但对词汇体系来说却又是丰富化,缩略词和全称词语构成了同义手段。其次,同义手段在意义和修辞色彩上等同,就要简化;同义手段在意义和修辞色彩上出现分化就是丰富化的表现。

语言发展丰富化规律主要在词汇和语义层次起作用,随着新事物、新概念的出现,词汇不断丰富,语义不断充实。有些多义词的义项达几十项之多,如汉字的"打""搞";英语的to do, to be,等等。在语法层次,新的构词模式和句法结构不断增加,语法意义和形式不断丰富。但在语音层次上,这条规律不大起作用。

5.语言发展的抽象化规律。语言结构成分抽象化的规律,在一切语言中都起作用。在语言历史发展过程中,一些较为具体的语言事实转化为抽象的语言事实,抽象的程度不断增加。例如,在词汇中,抽象意义在具体意义的基础上发展起来。"锻炼"的意义原来是"锤打火烧后的金属","钢铁"的意义原来是"黑色金属",这种意义都比较具体。在这些具体意义的基础上,这些词的转义逐渐抽象化,如"锻炼身体""锻炼意志""锻炼思想","钢铁般的拳头""铁的纪律""铁的意志"等等。有人把苏联作家奥斯特洛夫斯基的小说《钢铁是怎样炼成的》当作冶金学著作,就是没有注意词的转义和词义的抽象。实词虚化,也是语言发展抽象化规律起作用的结果。"在"表示"存在"是实词,如"留得青山在""精神永在";虚化为介词后表示关系意义,如"事情发生在星期二""在教室上课"。"给"的实义是"使对方得到东西",如"给你一本书";虚化为助词,表示加强语气,如"书给弟弟弄脏了"。

在某些印欧语言的词法中,在名词性的类别意义的基础上,发展了名词性范畴的抽象意义。在句法中,在时间、人称、式等意义的基础上发展了谓语性、情态性等更为抽象的意义。这些都是语言发展抽象化的表现。

由于语言结构成分抽象化规律起作用的结果,现代发达语言的词是语言意义四级抽象的代表,即词汇级抽象、构词级抽象、词法级抽象和句法级抽象都表现在词上面,不过词只在句法结构中保留句法级抽象意义。概括地说,语言中有词汇级抽象和语法级抽象。在词汇意义上,每个词都是概括的,表示一类事物;语法意义更是人类思维长期抽象化的成果,是从具体的词句中抽象出来的。

6.语言发展的概率规律。语言体系中有很多数量关系,语言单位在言语中出现有一定的频率,语言的发展不是像水到100℃沸腾汽化、到0℃结冰那样有硬性规律,而是遵循概率规律。语言中有些词很常用,有些词则罕用。一种语言的词汇量多达几十万,但只要掌握四五千常用词即可进行交际。词的使用频率同词义有关。例如,虚词的出现频率很大,单义的专门术语的出现频率很小,多义词使用频率中等。

词义的历史发展遵循一定的概率规律,语言事实的消失,往往由逐渐少用到罕用而消失,有一个使用频率降低的过程。语言新义的产生,也往往由修辞隐喻,到用法、到意义,再逐渐常用;新词的产生,总是从个人新词到获得公认进入词汇体系而逐渐常用。总之,有一个使用频率增减的过程。

由于概率规律既是语言历史发展规律,又是语言共时作用规律,概率论和统计学的方法便成为语言学的重要方法之一,语言教学中的最低词汇量和最低语法量就是通过统计方法而获得的。

7.语言发展的不平衡规律。这一规律在不同语言或方言间起作用的结果,是各语言发展速度不一致。例如,英语和德语都是日耳曼语言,原来都是综合性语言。古代英语名词有五个格,还有"性"的语法范畴,修饰名词的形容词要随之变格。如 glad(高兴)一词在古代英语中就有十一种形式:glaed,glaedre,gl,glae,glaedra,glades,gladum,glade,gladena,glada,gladan。现代英语中名词和形容词都不再变格,由综合性语言发展为分析性语言。而现代德语仍保留综合性。又如,俄语和保加利亚语都是斯拉夫语言。原来都是综合语。现代俄语保留综合性,而现代保加利亚语已发展为分析语言。再如汉语北方的方言保留较少的古语成分而南方诸方言中古语成分保留较多。

　　这一规律在同一语言内部起作用的结果,是各结构部分发展不平衡。词汇及其语义发展速度最快,每当人们有思维活动的新成果或社会出现新事物就要用词语加以记载。社会在不断发展,词汇就处在经常变化的状态,但基本词汇比较稳定。语法作为语言的组织规律有高度的抽象性,一条语法规则的变化要牵涉无数的词、词组或句子结构,所以,语法变化缓慢。语音作为语言的物质外壳,一变化就要涉及无数语言单位,所以发展也很缓慢。

　　8.语言发展的渐变性规律。这指的是语言发展过程中不可能发生革命性的变化,不会发生爆发。从语言的社会功能说,它作为人们的社会交际工具,一日不可或缺,如果语言突变,就会使交际中断,社会就要崩溃。从语言的结构体系说,由于语言是千百代历史发展的产物,同人们的思维密切联系,不可能一朝一夕就建立起新的体系。语言也有质变。它是通过新质要素的逐渐积累,旧质要素的逐渐衰亡来实现的。这就是说,在语言发展过程中,不断扩大语言的社会功能,完善语言的结构体系。新的语言事实在旧的语言事实的基础上形成,二者共存一段时间,然后旧事实逐渐消亡。所以,要在相当长的历史时期,整个语言的质才产生根本变化。而在整个发展过程中,语言的功能和体系都有继承性,从不间断。

　　9.语言发展的内部制约规律。由于社会发展和思维进步等外部原因而引起的一切语言变化,都要受到语言内部结构的制约。

　　这些外部原因可以引起语言结构的变化,但变化的形式总是受到语言中现有材料和现有作用规律的制约。例如,新事物、新概念的出现要求用新词来表达,而新词要用语言中的词素通过语言中的构词规则加以构造。如"一孩化"这个词是由于提倡计划生育,鼓励一对夫妇只生一个孩子的社会原因而产生的。但构成这个词的词素"一""孩"和"化"是语言中现成的,把词根复合后再加后缀地附加构词法也是语言中现成的。语言在社会活动领域中起作用的时候,一方面随着社会的发展而发展,一方面保持自主性和独立性。语言中几乎每一个新事实都在已有事实的基础上产生,并受正起作用的体系的制约。任何外部原因和影响都不会直接引起语言变化,而须通过已经形成的语言体系的作用。除了新词产生时,词的形式和意义的确定要依赖于语言已有的结构之外,新的词组类型出现时,词组的形式和意义也受语言组织所制约。语言结构越抽象,社会的影响就越小,语言内部的制约性就越明显。

这些就是语言发展的一般规律,它们在一切语言的发展中都起作用。语言发展的特殊规律是某个语言或某些亲属语言所特有的,它们是民族独特性的表现。这些规律涉及语言某个结构部分的发展,分别表现为语音发展规律、语法发展规律等等,如上面谈到的在汉语发展中的语音单纯化规律、词汇双音节化规律。再如,汉语发展中的词序定型化的规律,古代汉语疑问句和否定句中代词宾语一般都要提前到谓语的前面,如"而良人未之知也"(《孟子》)、"吾谁欺? 欺天乎?"(《论语》)。现代汉语"主谓宾"的次序则比较确定。

语言的发展规律与语言共时作用规律不同。历史发展规律涉及语言的发展变化,共时作用规律是指在某一历史阶段上使用语言必须遵守的语法词汇等的规则和规范,它们体现语言的状况。如现代汉语的语音、语义、词汇、语法的规则和规范决定现代汉语的状况。共识作用规律是历史发展规律的结果,又是新的发展规律的起点,它们是相互联系的。

所有语言规律都是客观的,不以人的意志为转移。语言不可改革。但是人们可以因势利导,利用语言规律,促使语言发展。词典、语法、语言教科书和语言学著作,调整着人们的言语活动,从而影响着语言的发展。正确的语言政策可以促使标准语的形成和整个民族语言的发展。科学技术的发展引起大量科技语的产生,丰富了语言的词汇。我国推广普通话、汉语规范化的活动,加强了人们的言语修养,明显地促进了汉民族标准语的发展。

四、语言的分化

语言随着社会的分化而分化,随着社会的统一而统一。分化和统一是语言功能发展的重要方面,直接受社会条件的制约,但功能发展在语言结构体系上得到明显体现。

语言的分化是指方言之间和亲属语言之间差别扩大、语言增多的过程。

汉语方言有很大分歧。汉语标准语是在北方方言的基础上形成的,它同南方各方言,如上海话、福建话、广东话差别较大。南方方言保留了相当多的古代汉语成分。如语音体系,当北方方言受语音单纯化规律支配,浊音音位体系基本消失时,南方一些方言还保留了清浊音位的对立。这是由社会地理、历史等原因造成的。以闽南方言为例,它最初是由西晋末年"永嘉之乱,衣冠八族入闽"的移民和唐朝武则天派去"征蛮"的士兵带去的北方方言,经过世代相传而形成。由于封建割据、交通阻隔,那些人与中原人民极少接触,所以基本上保留了古汉语的体系,可为研究古汉语提供有价值的素材。例如韵母中有[-m]的鼻音韵尾和[-p][-t][-k]的入声韵尾。另外,多数闽南方言的声调有七个调类。

亲属语言之间的差别,可以罗曼语为例。由于罗马帝国的解体,古拉丁语死亡,从6世纪到9世纪在民间拉丁语的基础上,逐步形成法语、意大利语、西班牙语、葡萄牙语、罗马尼亚语等。这些亲属语言之间的差别逐渐扩大。例如,14世纪以前,法语名词poudre表示"灰尘",从14世纪开始,它同时用来表示"火药",成为多义词。后来,法语从方言中吸收了poussiere这个词,用来表示"灰尘",poudre开始主要用来称呼"火药"。但直到17世纪末,poudre的"灰尘"意义还在使用,现代法语中"灰尘"意义作为旧义的残余还保留在一些熟语中,如jeter de la poudre aux yeux(蒙蔽,字面意思是"把灰尘撒进眼睛")。在西班牙语和葡萄牙语中,"灰尘"和"火药"这两个概念的区别有类似情况。

但是,在现代意大利语中,名词polvere仍然是多义的,它既表示"灰尘",又表示"火药",还有"粉剂""骨灰"等义。在罗马尼亚语中,不仅有一个从拉丁语来的pulbere,还有一个从斯拉夫语来的praf,这两个词都是多义的,既表示"灰尘",又表示"火药"。当然,在用不同词表示"灰尘"和"火药"的语言中,这些词本身仍然是多义的,例如法语poudre一方面区别于poussiere(灰尘),专门表示"火药",另一方面它又表示"粉剂"和"扑粉"。语言中的这种分化经过了漫长的时间。

语言的分化以社会的分化为前提。统一的社会由于封建割据、交通阻隔等原因,有时分化为若干半独立的社会单位,它们之间联系不多,关系疏远,交际减少,但整个社会并没有完全解体。这种分化引起语言体系中差异的扩大,一种语言就分化为不同的方言。一个统一的社会,由于国家解体、国家分治等原因,有时分化为几个独立的社会单位。它们之间交际濒于断绝,相互间失去共同的交际工具,语言在不同方言的基础上继续分化为几种独立的亲属语言。

语言的分化主要是社会功能发展引起体系的变化。一种语言分化的结果是形成不同的方言,还是形成不同的亲属语言,这不仅要看语言体系的差异,更要从语言功能上看它们之间有没有共同语。例如,汉语各方言之间差别甚大,但汉民族共同语一直起着全社会交际工具的作用。中华人民共和国成立后中国空前统一,共同语的规范更为明确,社会交际功能更为扩大。所以,汉语方言没有发展为不同的语言,它们的差异在逐渐缩小。相反,现代各罗曼语言,尽管共同性颇多,但由于罗马帝国的崩溃,当时的共同语古拉语死亡,所以,民间拉丁语的各方言早已发展为现代各罗曼语言。同理12世纪中叶,由于基辅罗斯的崩溃,破坏了统一的东斯拉夫语言,在不同方言的基础上,形成了俄语、乌克兰语和白俄罗斯语。

方言是一种语言的地域变体,为该地域的人服务,服从于共同语。亲属语言是为独立社会集体服务的,它们有独立的结构体系。但由于亲属语言有共同的来源,语言体系中有很多共同点。亲属语言就是根据这些共同点确定的。

语言的分化过程在不同时期表现不同。在氏族社会,语言分化过程占优势,部落分裂导致方言的产生。阶级和国家出现后,语言的分化过程和统一过程交叉出现。但封建割据有利于分化过程的发展,如汉语的方言分歧,同中国古代长期的封建社会分不开。进入资本主义社会后,语言的统一过程占优势。

五、语言的统一

语言的统一是指各方言、各亲属语言之间差别缩小,不同语言相互混合,语言减少的过程。操不同语言的人相互接近,交际频繁,就导致语言的统一。

语言统一,有的通过自愿的方式,有的通过强迫的方式;有的是方言之间、亲属语言之间的接近,也有的是各民族语言的混合。语言的统一主要有三种情况:方言集中为民族共同语;语言的交融;未来语言的融合。这几种情况都是由语言接触开始的,语言接触就是言语活动中不同语言的成分相混用。下面分别谈谈语言统一的两种情况。

(一)方言集中为民族共同语

当相邻地域操不同方言的居民相互交际,或同一地域操不同方言的居民杂处时,方言之间由于相互接触,差异就逐渐缩小,形成统一趋势。在民族形成过程中,由于有了统一的民族市场,政治和经济高度集中,操不同方言的居民接触频繁方言就趋向统一。这样,各个方言向一个影响较大、功能完善的方言为基础的共同语集中,逐渐形成统一的民族共同语。例如,现代汉语各方言正在向以北方方言为基础的汉民族共同标准语(普通话)集中。

由于方言长期作为一个地域人民的交际工具,在体系上有自己的结构特点,相当稳固,所以方言集中为民族共同语是一个漫长的过程;方言差异的消失过程相当缓慢,往往形成双语现象,即方言和共同语同时使用。这时共同语会吸收一些方言成分来丰富自己,如汉语普通话就吸收了"尴尬""搞"等方言词。双语现象表现为,人们一般在公共场所使用共同语,在家里使用方言。学校、部队等群众聚居之处,是共同语得以流行的好场所。

(二)语言的交融

当民族侵略时,一个民族占领了异民族的领土,为了进行统治,竭力推行语言同化政策。这时可能出现三种结果:侵略者的语言同化了当地居民的语言;侵略者的语言被同化;两种语言同时使用形成双语制。在前两种情况下语言同化的过程中也必然会出现双语制。

语言交融一般是通过强迫方式进行的,自愿交融的情况极少。侵略的殖民主义者在政治、经济上压迫被侵略的民族,用自己的语言强迫同化被侵略者的语言。语言交融的后果一般并不产生第三种新语言,通常是一种语言胜利,保存自己的语言体系的特点,按照语言发展规律继续发展,战败语在战胜语中留下痕迹,把一些语言事实渗透到战胜语之中。

由于殖民者在政治、军事上具有优势,竭力同化异族语言,所以往往成为语言交融的胜利者,这就是语言交融的第一种结果。例如公元前一世纪到公元三世纪,在罗马帝国占领的现在法兰西境内,民间拉丁语强迫同化了凯尔特语,因此,现代法语中还有一些凯尔特语词,如alouette(百灵鸟)、chemin(道路)等。再如,十五、十六世纪西班牙、葡萄牙征服中南美洲,西班牙语在大部分中南美国家,葡萄牙语在巴西强迫同化了土著的印第安诸语言,成为这些国家的主要语言。十七、十八世纪,海地归法国统治,法语成为海地的主要语言。由于西班牙语、葡萄牙语、法语都是拉丁语言(罗曼语言),所以中南美洲今称"拉丁美洲"。拉丁美洲所用的罗曼语言,同西欧本土所用的相应的罗曼语言有所分化,存在明显的语言交融的痕迹。

语言交融的第二种结果,是侵略者的语言被同化。11世纪时,不列颠岛被法国的诺曼贵族征服,很长时期内英国贵族讲法语。在整个中古英语时期,英语和法语都在交融。交融的结果,英语取得胜利。1362年,英王第一次用英语召开国会,确定英语为英国统一语言。但是在现代英语中留下很多法语词,如revolution(革命)、government(政府)、literature(文学)、art(艺术)、war(战争)、peace(和平)等等。有趣的是,从现代英语中法语词和英语词所表示的事物,还可看出当时上层分子使用法语,老百姓使用英语的痕迹。如,表示家畜的词cow(母牛)、ox(公牛)、pig(猪)、sheep(羊)、lamb(羔羊)都是英语词,这表示老百姓饲养家畜;而表示畜肉的词beef(牛肉)、pork(猪肉)、mutton(羊肉)都是法语借词,这表示美味佳肴同当时诺曼贵族和英国上层分子的生活有关。

侵略者虽然有政治、军事上的优势,但这种优势不是语言交融胜利的决定因素。语言交融的胜败,还要看一个民族的其他社会条件、经济文化的发展水平,以及人口的多寡等。有些人口多、文化高的战败民族,在语言交融中却成为胜利者。汉族在历史上曾被某些少数民族所统治,但在语言交融中汉语却成为胜利者。当然,它也受到过外族语言的影响。据明朝陈第《读诗拙言》载:"自五胡乱华,驱中原之人入于江左,而河淮南北间杂夷言,声音之变或自此始。"这些入侵中原的少数民族语言与当时汉语交融时,有的采取了自愿的方式。如鲜卑族在建立北魏王朝之后,由于经济、文化发展的需要明令规定学习和使用汉语。魏孝文帝制定政策,禁止讲鲜卑语,提倡说汉语,"诏不得以北俗之语言于朝廷,若有违者,免所居官"(《魏书·高祖孝文帝本纪)》)。他的目的固然是为了维护鲜卑族的统治,但这项语言政策加快了汉语同化鲜卑语的过程。据《隋书·经籍志》载:"后魏初定中原,军容号令,皆以夷语,后染华俗,多不能通。"不通本族语言,说明被汉语同化了。在清朝两三百年的漫长时期内,满族统治者也由抗拒汉语到使用汉语。在元朝统治一百六十多年期间,由于汉语、蒙语的交融,汉语从蒙语吸收了部分借词。现代汉语还使用的"站""歹"等词都是从蒙语吸收的。古汉语有站立的"站",没有车站的"站",只有"驿"。借用蒙语词"站"之后,"驿"反而成了古语词。现代日语仍用汉字"驿"表示"站"。汉语原来只讲好坏，不讲好歹。"歹"是蒙语词，据《黑鞑事略》载："鞑人言及饥寒艰苦者，谓之矮。""矮者，不好之谓"，"矮"就是"歹"。

一种语言被同化以后，便失去自己的独立性，失去自己的结构面貌；但是它还影响战胜语，在战胜语中留下痕迹。这有两种情况：被外族语言同化的本地语言称为底层语言，如凯尔特语对罗曼语言来说是底层语言。相反，被本地语言同化的外族语言称为超层语言，如诺曼贵族使用的法语，对英语来说是超层语言。语言的结构体系具有很大稳固性，它是一族人民长期使用的交际工具，同人们的思维密切联系，所以，它对强迫同化有很大的抵抗能力。底层语言具有更深厚的基础，抵抗能力更强。因而，语言交融往往延续好几个世纪才能完成。

在这漫长的过程中，必然会出现双语制。战败的民族坚持用本族语进行交际，在一定时期内同时使用两种语言，在公共场所使用战胜语，在家里仍用本族语，这种情况要保持相当长的时期。底层语言或超层语言被战胜语同化的程度以及战败语的结构成分渗透到战胜语的程度，都很不相同。词汇的渗透力最强，句法和构词法次之，词法的渗透力最弱。

不管是方言集中为民族共同语的过程，还是语言交融的过程，都会出现双语制。双语制就是在同一地域、同一民族环境内两种语言在起作用，也就是说，同一地方的居民在交际过程中使用两种语言。操双语者在其语言意识中和言语习惯中，会把一种语言体系的特点带进另一种语言体系。因此，操双语者在使用一种语言时，往往掺杂另一种语言的成分，使用的不是纯粹的一种语言。两种语言在保持各自的独立性时，双方要相互适应。这种双语制不会导致任何新的"混合"语言，但却是一种统一过程，可能产生词汇的部分混合，一种语言会从另一种语言吸收部分语法模式，产生带有外语腔调的发音变体。这种战败语的成分，在该语言消亡后还保留在战胜语之中。

语言接触在一定条件下还会产生皮钦语和克里奥耳语，它们是殖民者的语言在殖民地产生的变体，吸收了相当多的当地语言的成分。

第二章　语言学内部的共识变异

语言有历史的发展变化,不同时期的语言状态不同;即使从共时来看,语言内部也并不纯粹、并不静止,而是充满了各种各样的变异。

如果我们说语言是一种抽象的系统,它具体地存在于每个人所说的话语之中,那么,同一语言中,每个人所掌握和使用的"语言"并不会完全相同。最明显的事实是各地方言的不同。比如汉语,北京话、上海话、广州话都是汉语,但它们之间差距却如此之大;北京和天津地理距离很近,但两地方言也有不小差异。即使是在同一方言,哪怕是一个范围较小的地方话中,不同的人仍有一些差异。比如,同一地方的不同人的口音也会有细微差异(所以在做方言调查的时候要特别注明被调查人的情况),每个人掌握的词汇有异,说话的方式有异,在不同的使用场合也有一些变化等等。没有人不承认语言内部存在着种种差异,只不过在研究语言的时候,或者选取一种变体为代表性变体,或者是取其大同而舍其小异,把语言假定为一种比较纯粹的对象。

语言的内部差异不仅是客观的存在,并且,它也是语言发展的动力之一。新的读音、新的词语、新的结构格式、新的表达方式,总是先由少数人开始、以变异的形式开始的;方言的一些词语或句式有可能进入共同语,共同语当然也渗透进方言。当少数人或少数地区的一些语言特点得到社会认可并被普遍应用时,它们也就成了某种语言(或方言)的代表性的、普遍性的特征。

根据语言中存在着大量内部差异的现象,有些学者借鉴心理学的研究成果,提出了语言"异质同构"而非"同质异构"的观点。"异质同构"(heterogeneous isomorphism)说是格式塔心理学派的理论核心,这种观点认为在外部事物的存在形式、人的视知觉组织活动和人的情感以及视觉艺术形式之间,有一种对应关系,一旦这几种不同领域的"力"的作用模式达到结构上的一致时,就会激起审美经验,也就是说,人的审美经验实际上是"异质同构"而达成的。这种理论观点从新的角度阐释了看起来是一个整体的一些对象在构成上的复合性,所以影响很大。尽管语言现象与审美经验这样的心理对象在性质上有许多不同,不能简单比附,但"异质同构"的观点还是对我们观察语言问题有一定的启发。

语言的内部差异表现于许多方面,一般把语言内部差异所表现出来的各种变体分为三大类:地域变体、社会变体、功能变体。

第一节 语言的地域变体

一、方言的差异

语言的地域变体也就是方言。在社会统一的力量推动下,还会形成通行于全社会的民族共同语,如汉语的普通话。在有方言的情况下,民族共同语是在某种方言基础上形成的一种跨地域的变体,也可以说是标准变体。不过,对于非基础方言区的人们来说,共同语仍然带有一定的地域色彩。比如对于南方人来说,普通话属于北方话,甚至不少人认为普通话就是北京话。

从共时的角度看,方言间的差异存在于语音、词汇、语法各个方面。同样是"甘薯",不同的地方有"地瓜""白薯""红薯""红苕""山芋""芋头""番薯"等各种说法;同样是"女孩",不同的地方有"姑娘""闺女""妮儿/妮子""媛儿""妞儿""囡""女娃""妹仔"等叫法。北京话说"我给你一本书",上海话说"我拨给一本书侬"。Car,英国英语读[ka],美国英语读[kar];"电梯",英国英语说lift,美国英语说elevator;年月日的排列次序,英国英语是"日、月、年",美国英语是"月、日、年",如2010年8月3日,英国英语是3rd August 2010,美国英语是August 3,2010。

不同的语言中方言的差异程度不一。比如英国英语和美国英语尽管在语音、词汇和语法各方面都有一定差异,但对交际的影响很小,有人打比方说,两者就像北京话和东北话一样;而汉语各方言之间差异甚大,甚至无法通话。

在有方言的语言中,方言就是这种语言的存在形式。不同地方的人们习得不同的方言为母语(母方言),并用方言来进行交际。对于说这种方言的人来说,方言也就是他的语言。比如一个说广州话的人和一个说天津话的人,两个人说的都是汉语,但前者的汉语是粤方言,后者的汉语是北方方言。[①]

有些语言中有方言也有共同语,如汉语;有些语言中有方言但没有共同语,如壮语有南北两大方言,差距也比较大,但没有共同语;有些语言有方言没有口头的共同语,但有共同的书面语,如藏语有卫藏方言、康巴方言和安多方言三大方言,相互之间差别较大,但有共同的藏文。

二、跨方言交流

在进行跨地域、跨方言交流的时候,如果两个方言差别不大,那么各自用各自的方言进行即可,双方都能理解或基本理解对方的话语(比如北京话和天津话);如果两个方言差别较大、影响交际,那么就有两种解决的途径:一是双方通过共同语来交际,二是需要至少一方能够听懂或使用对方的方言。通过共同语来进行跨方言交际,前提是该语言中存在着共同语。使用对方的方言来进行交际,则需要兼通两种方言。一个人使用两种或两种以上方言的现象称为双言。如上所说,共同语和方言都是语言的变体,所以,一个人既使用方言也使用共同语也属于双言。

使用双言的时候,具体使用哪一种方言(或共同语)需要根据不同的语言环境来选择。比如,对同乡多用方言,对操不同方言的人使用不同的方言或使用共同语;教育、公务场合多用共同语,家庭内部多用方言。有时候在同一场景根据不同情况也会分别使用不同的方言,如岳母说上海话,母亲说陕西话,而说话人既会说上海话也会说陕西话,还会说普通话,那么说话人可能是对岳母用上海话,对母亲用陕西话,同时对母亲和岳母使用普通话。再比如说话人一开始与对方用普通话交谈,后来发现对方是老乡后改用家乡方言,当知道对方是来找自己走后门办私事时又改用普通话。语言的不同变体之间的转换称为语码转换,不同地域变体的转换是语码转换的一种,语言的其他变体之间的转换以及不同语言之间的转换都属于语码转换。

尽管双言人可以自如地转换语码,但不同语码之间肯定会有一定的干扰,这样每一种语码都不会是纯粹的。一个离乡多年的人回到家乡后,即

---

①于涛. 语言的地域变体与汉语学习[J]. 重庆三峡学院学报,2015,31(04):109-112.

使他尽量说家乡话,但也难免夹杂一些外地词语或口音。人口来源复杂的城市中,口音往往比较杂,除了有外地口音外,也有外地人说的本地话中夹杂着的外地方言成分,这样也会造成一个方言的变化。比如老北京话中"歌"和"根"儿化后同音,都读[kər],但20世纪50年代以来,相当多的北京人已经将两者区分开来,"歌儿"读[gər],而"根儿"读[kər],这是因为从中华人民共和国成立后外地人大量涌入北京,这些新北京人的原籍方言中"歌儿""根儿"有别,因此他们说的北京话中保持了两者的对立,这种区分对于意义的分辨也是有好处的,所以便推广开来。

地域变体的系统性强(特别是语音的系统性),特征明显,所以是语言中最为突出的变体。各种地域变体之间存在着竞争的关系,也存在着相互影响的关系。如汉语闽粤方言中"有+动词"与北方话中的"动词+过(或了)",吴方言等南方方言中"动词+掉"与北方话中的"动词+了",表示的语法意义基本相当,但这些方言的说法正逐渐渗入到普通话中来。港台地区"国语"的一些语音特点也影响到一些人所说的普通话,方言词进入普通话就更多了。当然,相比之下,普通话对方言的影响更大。

第二节 语言的社会变体

一、语言的社会变体概说

不仅不同的地区有差异,同一地区的不同的人说话也有差异。在社会上具有共同特点的人说话时也有其共同点,这些共同点无疑是与社会因素有关的。由社会因素造成的语言变体就是语言的社会变体。[①]

社会变体与地域变体一样,也是一种变体。比如同一个事物,不同的地区有不同的说法,这是地域变体;不同社会类型的人对此有不同的称说,这是社会变体。像"铁锈"有的方言称"姓镦",有些专业人士称"氧化铁",前者是地域变体,后者是社会变体。对于一般人来说,地域变体和社会变体的区分是明显的,但对于一个外国人来说或是对一个儿童来说,就

---

① 白葵. 语言的社会变体浅析[J]. 湖北经济学院学报(人文社会科学版),2007(11):121-122.

可能将两者混淆。孩子三岁多的时候,通常说普通话的他说了一个带有方言特点的词"yue chi"(钥匙),这很可能是受了父母在家说方言的影响。笔者告诉他,应该说"yao shi"不能说"yue chi"。他恍然大悟地说:"哦,大人说yue chi,小孩应该说yao shi。"显然,他是把地域变体的不同当成了社会变体的不同。

社会变体与地域变体有着明显的差异。其一,从全社会来看,地域变体以地域性为主要特征,而社会变体不具有地域性或不以地域性为主要特征。在一个社会中,不同地域但属于同一社会类别的人的语言变体往往相同。其二,地域变体只是就全社会范围的语言来说的,在一个方言地区内部,它其实是全社会共同使用的,一般没有地域变体的问题(除非有人用了外地方言);而即使在一个方言区内,仍然有社会变体(尽管这些社会变体有些是与其他方言亦即全社会相同)。其三,地域变体在其方言区内是一个完整的系统,包括方言语音系统、词汇系统、语法系统等,而社会变体无论从方言看还是从共同语看都只是使用于一定的社群或一定的场合的一部分内容,并不是一个独立的系统。如涉及政治立场对立的词语只是很少的一部分词语,大部分词语还是社会通用的。其四,地域变体只通行于当地,其他地区的人们往往很难理解其含义,如苏州人读"三",对北方人来说就听不懂,再如济南把"好"说成"赛",外地人也不知何意;而社会变体分两类情况:一类是一般人不懂的(极端的如秘密语,专业用语、某些社群的特殊用语一般人也不熟悉,但并不拒绝别人理解),另一类是社会成员所理解的,只不过在使用频度和评价的色彩上不同。其五,地域变体对于当地的人来说是具有强制性的,所有人都采用同样的变体(当地的社会变体除外),而社会变体并非具有强制性,按照社会因素划分出来的同一类人,不一定完全一致地使用同样的变体。

某些地域变体与当地的社会文化因素结合,也会具有社会变体的性质。在改革开放的初期,因为港台地区的经济发达、文化产品丰富,港台商人在内地经商、投资者很多,影视歌曲流行全国,所以带有港台味的普通话(国语)就成了被模仿的对象,一些歌手、电台电视节目主持人故意模仿港台腔。这里,本是地域变体的语言特点具有了先进、时尚的意味,成了追求时尚的人们的一种标志,也就成了社会变体的特点。"给力"本是闽南语的方言词,但近年来在各地青少年网民中广泛流行,那么,这个词也就由地域变体变成了无地域局限、但具有鲜明青少年网民特点的所谓"网络用语",成为社会变体。

社会变体表现在语音、词汇、语法、说话方式以及文字书写等各个方面。词汇的社会变体最为明显,下面还要加以讨论。

早在20世纪30年代的时候,就有学者发现北京话中有所谓的"女国音",到20世纪80年代的时候,有学者对此做过调查,结论是这种现象一般出现在从10多岁到50多岁的女性中,该年龄段中大约有一半人发这种音。这种体现少女到中年妇女的发音特点属于性别变体,是社会变体的一种。社会因素复杂多样,语言的社会变体也是多种多样。社会语言学已经对此有了比较深入的研究,下面只介绍一些常见的社会变体。

二、阶级、阶层变体

社会中的人按照不同标准可以划分为不同的类别。在生产资料私有制社会中,一定生产关系体系中地位不同的集团即所谓阶级。根据财产状况、社会地位、文化程度、谋生方式等不同划分出的集团为社会阶层。这种区分对于具体的人来说,只是一种外在的标签,属于同一阶级、同一阶层的不同的人,言语行为可能不尽相同;但是,不同的阶级、阶层由于经济条件、社会地位及其他方面的差异,在语言的使用中会表现出各自不同的一些特点,产生一些语言变体。反过来,通过说话人使用何种变体,便可以知道其属于哪个阶级、阶层。这些变体在以下两个方面表现得比较突出。

(一)政治标准不同而产生的变体

由于政治立场、价值标准不同,对社会中同一事物或现象,不同的阶级或阶层会有不同的评价,反映在语言上通常就是用不同的词语来体现不同的褒贬。再如20世纪20年代南方的农民运动,贬之者称为"痞子运动",褒之者称为"革命运动"。同义而褒贬色彩不同的词语的选用即鲜明地表现了说话人的立场。如敌人的抵抗称为"顽抗",我方的抵抗为"反抗、抵抗、抗击"等。即使用同一词语,不同的立场、标准不同也会有不同的褒贬色彩。

(二)言语标准不同而产生的变体

不同的阶层对于言语有着不同的标准和追求,例如,知识阶层往往比较注意文雅、礼貌,口中书面语词、委婉说法较多;而劳工阶层则更崇尚直接、粗犷,主要使用口语词、俚俗说法,甚至使用粗口。前者视粗犷为粗鲁,而后者视文雅为矫情。《水浒传》中宋江因为读过书,又做官吏,所以说话就文绉绉的;而李逵则没有文化,说话粗鲁直率。书中描写李逵第一次见宋江时的情形:李逵看着宋江问戴宗道:"哥哥,这黑汉子是谁?"戴宗对宋江笑道:"押司,你看这厮怎么粗卤! 全不识些体面!"李逵道:"我问大哥,怎地是粗卤?"戴宗道:"兄弟,你便请问'这位官人是谁'便好。你倒却说'这黑汉子是谁',这不是粗卤却是什么? 我且与你说知:这位仁兄便是闲常你要去投奔他的义士哥哥。"李逵道:"莫不是山东及时雨黑宋江?"戴宗喝道:"咄! 你这厮敢如此犯上! 直言叫唤,全不识些高低! 兀自不快下拜,等几时!"李逵道:"若真个是宋公明,我便下拜;若是闲人,我却拜甚鸟! 节级哥哥,不要赚我拜了,你却笑我!"宋江便道:"我正是山东黑宋江。"李逵拍手叫道:"我那爷! 你何不早说些个,也叫铁牛欢喜!"扑翻身躯便拜。宋江连忙答礼……

17世纪的法国贵族、文人、艺术家等常常在贵族的客厅(沙龙)聚会,谈论文艺,他们自命高雅,喜欢使用冷僻的典故、华丽的辞藻、婉转地表达,严厉避忌俗语粗话,矫揉造作到十分可笑的程度。例如,把"日历"称为"将来的记录",把"镜子"称为"风韵的顾问",把"森林"称为"乡村的装饰",把"哑巴"称为"丢失了语言的人",把"喝水"说成是"一次内部的洗澡",招呼人入座时不说"请坐"而说"请满足这把椅子想要拥抱你的愿望吧",等等。这种风格的语言被称为"客厅语言"(沙龙语言)。这在劳动大众看来,完全是"吃饱了撑的"。另外一个比较普遍的现象是,上层的人士更多地使用语言的标准变体(共同语),而下层的人士更多地使用非标准变体。美国学者拉波夫(W.Labov)曾调查过纽约市下东区各阶层的语音分化情况。他把调查对象按照职业、文化程度和家庭收入三项变量同等加权的方法,划分为10级4个阶层(下层、劳工阶层、下中阶层、中上阶层),这四个阶层在随便说话、留意说话、读短文和念词表四种不同的情景里发thing、three、this、them 等词的齿间擦音 th 的总态势是:阶层越低,把标准变体[θ]发成[t]或[d]的频率越高;阶层越高,发非标准音的频率越低。在中国,说普通话的比率与文化程度、职业、社会地位等也有密切的关系。

三、行业变体

行业是社会劳动分工的结果。不同的行业有不同的专业用语,即行业词语。我们这里所说的行业变体包括一般行业词语和科学术语,两者特点相似,只不过科学术语被纳入一定学科的科学体系当中,而行业词语过去更多地指手工业或工业的工艺等方面的专业用语。随着科学技术的广泛应用和工业、手工业的现代化发展,两者的界限也逐渐模糊起来,所以把它们统称为行业变体。

行业变体一般只使用于本行业内部。从事某一行业的人熟悉并经常使用这些变体,汉语熟语"三句话不离本行"说的就是这种特点。从一个人的言谈往往可以判断出他的职业。但对于非专业人员来说,既不使用这些行业词语,也不十分理解它们的含义。从这个方面来说,行业词语与其他的变体不同,其他的变体(包括地域变体和社会变体)是同一意义有不同的表现形式,不同形式之间互为变体;而行业词语是在社会的某一领域使用的用语,往往没有与其相对应的变体。当然,有些行业词语也有相应的通常说法,比如上面提到的"铁锈"与"氧化铁"。如果我们听到一个人在说声调是"阴平、阳平、上声、去声",那么就可以基本判断出他是中文专业的,因为一般人常常说成"一声、二声、三声、四声"。

行业词语的另一个特点是分类比较细。普通用一个词语来表示的事物或动作,被分解、分析为若干个单位。如汉语中一个自然的语音单位(音节)被分析成为声母、韵母、声调三部分,其中韵母又被分析成韵头、韵腹、韵尾三个成分,声母、韵母又被划分为若干种类型,声调则分析成为不同的调类、调值、调型等。

行业词语和非行业词语并没有截然的界限。由于社会的变化,少数行业词语会被跨域使用,从而兼有行业词语和普通词语两种性质。比如在计算机发明和使用的初期,计算机及其相关术语属于行业词语;但随着应用范围的扩大,计算机进入千家万户,由此成为像家用电器一样的普通物品,跟计算机应用有关的一些术语就广为人知,进入普通词语的范围。像内存、硬盘、软盘、光盘、鼠标、操作系统等,其术语性的色彩就减弱了,有些词语甚至在生活中有了一些比喻的用法,如用本是标志计算机中央处理器(CPU)型号的术语"286""386"比喻思想落伍或脑筋不够快。再如军事用语"冲锋""撤退""演习""攻克""堡垒"等,体育用语"马后炮""将军""短平快""临门一脚""越位""暂停""裁判"等,医疗术语"动手术""透视""打预防针""输血"等,都进入了一般使用领域。当这些专业词语跨域使用的时候,其专业性削弱,而增加了一些新的意义,从而与非行业词语中的词语构成变体的关系。如"透视"原意为"利用X射线透过人体在荧光屏上所形成的影像观察人体内部",用为普通词语后意为"比喻清楚地看到事物的本质"。

四、宗教变体

宗教是一种特殊的社会现象,由共同的信仰、道德观念、仪礼和教团组织等要素构成。社会中不同阶级阶层、不同行业、不同种族、不同性别的人们共同信奉某种神祇而联系在一起。各种宗教都有自己的教义、教规和组织,形成了一整套概念体系及其相关的活动内容。反映在语言上,就是产生了一大批与宗教有关的专门词语。如,基督教的"弥撒""礼拜""圣诞""复活节""天主""修女""牧师""教父",佛教的"佛陀""菩萨""和尚""尼姑""寺庙""涅槃""业""轮回",伊斯兰教的"真主""阿訇""清真寺""斋月""开斋节""会礼",道教的"道士""道姑""全真""符箓""抱朴",等等。

宗教词语反映的是各个宗教对客观世界和主观世界的独特认识及相关活动,主要是宗教信仰者使用。但是随着宗教影响的扩大,这些词语也会传播到整个社会当中,成为社会普遍使用的词语而与是否信仰该宗教无关。例如一般将星期日称为"礼拜天",实行每周五天的工作制后周末休息两天称为"休大礼拜",这只是一种习惯的说法,信教与不信教的人都如此说。

五、社群变体

这里说的"社群",指的是社会上除了阶级阶层、宗教之外的一些亚文化群体。这些群体并没有固定的组织,而是根据性别、年龄、兴趣爱好、生活方式等被划分出来的一些人群类别。这些不同的社群在语言使用中各有其特点,我们平常所说的"娃娃腔""学生腔"等就是对此类现象的一种概括。

男性和女性在说话时有一定差异。上面举到了北京的"女国音"现象的例子,女性还有一些特征不同于男性。如女性说话方式通常比较委婉,较少说粗话,有一些习惯用语(如汉族女性在表示不高兴时常说"讨厌！"），各地城市中女性说普通话的比例要高于男性，而农村中的女性则往往保留更纯粹的方言，等等。男性的话语特征则与此相反。体现在语言特点上的这种性别差异，并非由于生理因素，而是由于历史上形成的社会角色定位不同造成的。女性在父系社会之后一直处于低层地位，这使得她们在言语表达方面更具防守性，同时也更期望通过言语来争得更好的地位。

年龄差异对语言的影响，表现在多个方面。幼儿时期处于学语阶段，儿童语言不仅还不成熟，而且还有与成人很不相同的一些表达方式。如汉族儿童在学语时期，常常将名词重叠，说"果果""凳凳""碗碗""狗狗"等，尽管幼儿这样说话的机理还不是很清楚，但这种方式的确是幼儿语言的特点。年轻人喜欢时尚的东西，所以新词语、时髦词语和表达方式在青年人中间很容易流行。同样是称赞"很好"，20世纪六七十年代北京话中流行说"盖帽儿"，八九十年代流行说"倍儿棒"，最近流行说"给力"。老年人则与青年人相反，尽管他们口中的"老"词语也可能是几十年前的流行词语。

股民、棋迷、体育迷、明星迷、"宅男"等都各有各的"术语"。像前几年一个名叫《超级女声》的电视节目很受青年人喜欢，"超女"成为万人迷的偶像，中央电视台《星光大道》捧出了反串的李玉刚，于是大批的"钢丝"（李玉刚的"粉丝"）登场。此类词语，若非关心流行娱乐的人，看起来是莫名其妙的，然而却广受各类"粉丝"青睐。流韵所及，2010年年底，网上曝光我国第四代（或称第五代）战机问世，军事迷们亲切地为其起了绰号为"黑丝带"（谐音黑色的四代机），幽默地表现出了国人的爱国、兴奋、喜悦之情。

20世纪90年代以来引起汉语语言学界特别关注的是所谓"网络语言"，即在因特网上聊天、通信、发"帖子"、玩游戏等使用的语言形式。为了输入快捷而有意利用的形式（如数字"886"谐音英汉混杂的"拜拜了"，拼音MM谐音"妹妹"，英文缩写GF表示girl friend）、无意出错但将错就错的形式（如"稀饭"为按"喜欢"的方言读音拼音输入得出的同音词），再加上新创造的词语（如"恐龙""青蛙""菜鸟"等），受到追求新奇的网民主力军青年人（大中学生又占多数）的喜爱，于是变成了独成一体的语言样式。许多词语是非网民所不能理解的，有些表达方式也是让人觉得混乱（可能还有有趣）的（如"偶""生气ing"）。对于这种语言现象已经有了许多的讨论。

六、秘密社群变体

秘密语又叫隐语,是某些行帮、组织或集团制定的对外保密的内部交际用语。因一般用于秘密组织,所以又叫作黑话。秘密语采用共同语的语音形式,但对通用词语加以改造,赋予新的含义或新造一些外人难以揣摩其意思的词语,因此在外人听起来是熟悉的语音但完全不能理解其含义。常见的有江湖秘密语、帮会秘密语等。

再如旧时进行牲畜交易时,经纪人往往用隐语来讨价还价,如鲁西南地区,数字的隐语分别是:留(一)、撇(二)、品(三)、格(四)、半(五)、搔(六)、捏(七)、又(八)、勾(九)、整(十)。有些秘密语也进入了普通使用领域被广泛使用。如"大腕""扬名立万"中的"腕""万"就是来自江湖黑话,字原为"蔓"(旧时口语音"万"),用来指姓氏,后来指江湖门派的名号、名声,"报万(蔓)"或"道蔓"指报上自己属于哪一门派,"大腕(万)"指很有名、很有影响的人物。

第三节 语言的功能变体

一、语言的功能变体概说

语言的基本功能是用来传递信息进行社会交际,但是社会交际是多方面的,为了满足交际的不同需要,语言中也产生了一些具有不同表达功能的变体。[①]比如"父亲"和"爸爸"都指称同一亲属,但前者多用于书面,并且带有庄重的色彩,后者多用于口语,没有前者的庄重色彩。像这样表示相同意义内容但社会交际功能不同的变体就是语言的功能变体,说话时需要根据不同的交际需要来选择使用不同的功能变体。

语言的功能变体虽然也与社会有关,但与语言的社会变体不同。语言的社会变体与其所联系的使用者有比较固定的联系,什么人使用什么样的社会变体,比如女性变体一般只有女性使用,如果男性使用就会被视为

①王跃平,杜敏.语言选择的内涵特征及其功能旨向[J].北京科技大学学报(社会科学版),2021,37(03):264-272.

"娘娘腔"。语言的功能变体通常是所有社会成员都会使用的,与使用者的社会身份、地位、角色等没有固定的联系。

对于使用双言的人来说,不同的地域变体(或共同语)也具有不同的交际功能。比如一个既说方言也说共同语的人,在公共交际、教学等场合使用共同语,因为在这些场合共同语比方言有更强、更规范的交际功能,使用共同语能取得更好的交际效果;而在同乡之间、家庭内部(如果全家人都说同一方言的话)用方言更显亲近,交际效果通常更好。

语言的功能变体出现在语言的方方面面,下面只介绍几个方面的内容。

二、语体

语体是适应不同的社会交际需要而形成的具有一定功能风格特点的语言表达体式。在不同的社会交际领域,与不同的表现内容与形式特点相适应,语言表达也呈现出一些不同的特点,对这些特点的概括就形成了语体的概念。

通常首先把语体分为口语语体和书面语语体两类。口语语体即口头使用的一般语言形式,书面语语体即书面语言使用的一般语言形式。这种分类说明,语言的口头使用和书面语形式有着较大的差异。这种差异最突出地表现在词汇方面,即口语词和书面语词的差别。口语词可以通用于口语,用于书面语时带有口语色彩;书面语词一般只用于书面语,偶尔用于口语时带有书面语色彩,往往有比较庄重、严肃的意味。例如:脚—足(前者为口语词,后者为书面语词),头儿—首领,丈母娘—岳母,筷子—箸,红—赤,站—立,磕头—叩首,快—迅速、迅疾,慢—缓慢,马上、立马—迅即、立即,和(连词)—与。口语和书面语在语法方面也有一定差异,如"同桌的你""继承并发展""唯首是瞻"等都是带有书面语色彩的句法结构。读音方面口语和书面语也有可能存在差异。再如日语中用于汉字词一般用音读(从古代汉语中吸收进日语的读音),口语词一般用训读(日语固有词的读音),例如"食"在"食品""食物""食器""食堂"等词中读音读 shioku,在表示"吃"的意思时读 taberu。

当然,语言中还有大量词通用于口语和书面语,没有明显的语体色彩,如"人""手""笔""小说""电灯"和一般的数词等,在语法和语音方面,口语和书面语相同之处更多。所以,所谓的语体变体,主要是就口语语体和书面语有对立的成分而言,两者没有对立的语言成分,当然也就无所谓变体了。

书面语语体之下,还可分为文艺语体、政论语体、科技语体、公文事务语体等次类,每个次类之下还可细分类别。每类及次类的语言特点都各有其特点(如小说和散文的语言特点就有不同)。

三、禁忌语和委婉语

(一)禁忌语

禁忌语是语言中不能、不敢或不愿意直接说出的词语。不能说是指社会上的文化规范不允许说,不敢说是指如果说出会导致不利的后果,不愿意说是指自己主观上不想。比如在中国的封建社会时代,皇帝的名字是不能直接说的,如果说了就是"大不敬",就可能被治罪。过去渔民以在船上捕捞为生,忌讳说"沉""翻"等词(以及同音的词),说出这些词会被认为是不吉利的。再如人的生理排泄物通常被认为是污秽的,如果直接提及,也会令人有不愉快的感觉,也是不雅的,所以在公众社交场合也要避免说出。

禁忌语主要有以下几种类型:一是按照社会文化观念需要避忌的尊敬的人或物的名称,如果直接说出会被认为不敬。如皇帝的名字、尊长的名字、祖先的名字、某些图腾的名称等。二是畏惧的或不吉利的事物,如果直接说出会被认为不幸。如死亡是人类无法摆脱但又十分不愿意面对的宿命,所以对于"死",人们往往不愿意直接说出,而改用一些委婉的说法,如把"死"说成"老了""没了""去世""逝世""辞世""和我们永别""永诀";信奉马克思主义的人则说是"去见马克思",等等。在商品社会中,商人最希望获利而最怕赔钱,所以广州话中把猪舌(与折本的"折"同音)叫作"猪脷"(谐音"利"),北方话许多地方则叫作"口条"。北方许多地方过年吃水饺时忌讳说饺子"破"了,因为"破"还有"破产""破败""破家"的含义,在一年开始的喜庆节日里说"破"不吉利。三是一些被认为不雅、不洁、不光彩的事物或行为。其中最突出的是社会的性禁忌带来的与性有关的词语,包括男女性生殖器的名称、交媾,甚至怀孕、避孕、分娩等。如山东一些地方称怀孕为"有喜""双身",称小产为"小失",称生孩子为"拾孩子"。另外,如人的排泄器官及其排泄物、排泄行为。如拉屎、撒尿本是凡人天天必做之事,但因事涉"污秽",就以各种方式避免直说,如说"方便"(大便、小便),"解手"(解小手、解大手),"上厕所","洗个手","打个电话",有时候干脆说"有点儿事""出去一下"等。

禁忌的产生主要来自古人对于语言的迷信。古人分不清名称与实体、语言描绘的世界和客观的现实之间的关系,而认为一个人的名字、一个事物的名称与人或事物的实体是密不可分的,具有同样的价值。例如尼泊尔人要给孩子起一个本名,但这个名字只是写在类似于八字簿之类的文书上,只有父母知道而从来不叫,如果叫了真名让鬼祟知道,就会收走孩子的灵魂,所以,还要给孩子起另外一个名字被人呼叫。基于这样的认识,对于崇敬尊崇的人、物或行为,如果直接说出其词语,就是不敬,对于畏惧的人、物或行为,如果直接说出其词语,就会导致不好的事情发生。所以,在社会上迷信盛行、禁忌很多的时代,禁忌语自然众多;现代社会中各种迷信和禁忌大大减少,禁忌语自然也就越来越少了。禁忌语的产生还有一个原因是人们求雅的需要。随着社会的进步、文明程度的提高,有些被认为粗俗、不雅的词语会被人尽量避免直接提及,这样也形成了一部分禁忌语。在现代社会中,尽管带有迷信色彩、封建色彩的禁忌语大部分消失了,但是由于人们的求雅心理和趋祥避凶的心理总是会存在的,所以禁忌语尽管会减少,但也会长期地存在下去。

禁忌语本来都是语言当中的普通词语,但由于社会的原因而变成了禁忌的对象。如果违反禁忌直接说出,就会被认为不敬或不雅、不祥。不过,禁忌的程度是因使用的人群、使用的场合和使用的时代而异的。说话人社会等级越高、场合越正式庄重,禁忌的程度越高。比如一般的劳动阶层通常说话的禁忌就比较少一些(当然也会被认为是说话粗鲁);在私下的、随意的场合禁忌也会比较少一些。时代变了,有一些原来被禁忌的词语也会变成非禁忌语。电视连续剧《末代皇帝》中,伪满洲国的大臣们见了伪满洲国皇帝溥仪只能尊称为"皇上""陛下";后来他们与溥仪一起被关进了苏联远东地区的战俘营,但溥仪还是受到了特殊的待遇:他住楼上,而他的"大臣"们住楼下,思想还未改变的"大臣"们虽然不敢称呼他为"皇上""陛下"了(因为他们都是战俘,伪满洲国已经覆灭),但还是尊称溥仪为"楼上的";等到了沈阳的战犯管理所,溥仪的特殊待遇也被取消了,改与其他战犯同住,而其他战犯也不再畏惧和尊敬溥仪,改而直呼其名;溥仪被特赦之后,其他人多称呼他为"老溥"。皇上—楼上的—溥仪—老溥,这些名称的变化,正反映了末代皇帝溥仪从皇帝到公民的变化历程。

(二)委婉语

委婉语是婉转表达意义的词或比较固定的短语,也叫作婉辞,包括替代禁忌语的委婉语和替代一些字面有消极含义的词语的委婉语。禁忌语不能在很多场合使用,因此,当确实需要表达禁忌词语所表示的意思时,就要用一些替代的说法。如上面在讨论禁忌语时提到的一些例子,替代的方法常见的一种是以与之有关的事物来替代。如现代的厕所内多有供便后洗手的设施或空间,后来便以"洗手间"婉称厕所。皇帝、王公贵族的名字不能直接称呼,就以"陛下"(陛指宫殿的台阶)、"殿下"(殿指宫殿)、"阁下"(阁指楼阁)等代称。妇女的"月经"被认为污秽,便以经期的休假"例假"代指。另外一种方式是反其道而行之,对不吉利的事物干脆以吉利的说法来替代。如过春节吃饺子说"破"不吉利,改说"挣"(字面意义是挣开,谐意挣钱)。行船之人希望航行顺利、害怕因故停止,便把"箸"(谐音"住")改称"筷"(谐音"快")。

有些词语本无禁忌,但字面上有消极的含义,使用时也常常以有积极意义的说法婉称。如生理上有残疾的人过去叫作残废,因为"废"含有"无用、失去原来的作用"的意思,改称"残疾人",就把这种"废"的含义去掉,只是当作一种"疾病"来对待了。"发展中国家"其实就是经济比较落后的国家,但直指"落后"有贬义,改称"发展中国家"则有积极的评价意味。落后地区称"欠发达地区",与此异曲同工。

委婉语与表达上的修辞手法婉曲(婉约)、借代等不同。修辞上的婉曲包括以句子为单位的表达(如以"你的自行车今天下午用吗?"代替直接向对方借用自行车)和以词语为单位的表达(如"你的那位"代指对方的妻子或丈夫),但都是临时性的用法;委婉语最初应该是来自委婉的用法,但是后来已经固定为词或比较固定的结构(如用"上厕所"代替大便或小便)。并且,修辞上的婉曲还有其他的作用,如出于保密的需要。借代是用与本体有关的事物来代替本体(如以"白背心"代替穿白背心的人),也是一种临时性的用法,与委婉语也不相同。

三、礼貌语

礼貌行为在人际交往中具有重要的作用,语言中也有相应的一些形式来表达礼貌,这就是礼貌语。礼貌的基本特点是对别人恭敬、对自己谦虚(其实对自己谦虚也是为了表示对别人的恭敬),所以礼貌语中最常见的是敬称和谦称。

敬称是对对方或与对方有关的人或事物的尊敬的说法。如普通话中第二人称代词"你"是普通的说法,而"您"则表示敬称。再如称对方为"阁下""先生",称对方的儿子为"令郎"、对方的女儿为"令爱",称对方的文章或著作为"大作""大著"等。又如在祈使句中加敬辞"请"("请坐""请听我说""请把手伸出来")表示尊敬、礼貌。谦称是对自己或与自己有关的人或事物的谦逊的说法。如自称"后学""不才""愚弟""愚兄"等,称自己的儿子为"犬子",自己的女儿为"小女",称自己的文章或著作为"拙文""拙著"等。

有些语言中语法形式有敬体与非敬体的区别。敬体表示尊敬,用于对尊长说话时;非敬体不表尊敬,用于对具有平等关系的人或下辈、下级。如日语中有敬体与简体,两者主要是语法形式不同。

语言中表示礼貌的手段还有很多。例如道谢或致歉的话语、问候的话语,都是表示礼貌的。再如对并非同一方言的人讲话时,使用共同语比使用自己的方言更有礼貌;对自己讲方言的父母讲话时,使用方言更有礼貌。使用文雅的词语对对方更礼貌,而使用粗话则对对方不礼貌。再如英语中如果在句子中对方和自己并列时,要先说对方(如 you and me),这样才表示礼貌。

礼貌用语实际上是社会等级观念在语言中的反映。在中国的封建社会中,等级森严,所以敬称、谦称特别多,甚至在文字书写上都有一些表示敬谦的做法。如尊者的名字,或者另起一行顶格写,或者在本行中空一格书写以示尊敬,自己的名字则写得较小以示谦卑。进入现代社会以来,等级观念逐渐减弱,所以古代的一些敬称、谦称也就很少有人用了。但是,现代社会又是更讲究互相尊重的社会,所以礼貌用语同样是必不可少的,只不过具体形式和古代有所不同罢了。

第三章 语言学的重要分支

第一节 语音学

一、什么是语音学

语音即人们通过发音器官所发出和形成的声音。这种声音是有目的的,其是满足人们的交际需要。换句话说,直接地记录思维活动的符号体系就是语音;言语交际工具的声音形式就是语音。语言一般涉及三个方面:音、形、义。其中,语音是第一位的,是语言的基本属性之一。语音是语言得以形成的一个重要标志。世界上不存在没有语音的语言,但存在没有文字的语言,这就说明语音在人类语言的变化和发展中发挥着重要作用。然而,语音是发音器官发出的具有区别意义功能的声音,所以不可将语音单纯地看作自然物质。

作为语言存在的基本形式,语音是语言形成的基础,也体现着语言的本质特征。正是因为语言有语音和文字两种形式,使得人类可以运用语言进行沟通与交流。人类社会出现最早的是口语,之后又有了书面语,由此可见,语言首先是一种有声音的工具,人类只有借助有声音的语言才能实现思想、情感方面的交流。实际上,世界上的所有语言均是记录有声音的语言,属于一种表现媒体,即语言是不能离开语音这一基本存在形式的,语音是形成言语的关键因素,是第一位的。语言是不能脱离语音而独立存在的。此外,人们在利用语言进行信息传递、思想交流、情感表达及从事建立在语言符号基础上的各种艺术活动时,均要借助语言的语音层面。①

语音是语言的物质外壳,是语言意义表达的载体,所以对语音进行研究有着重大的现实意义与理论意义。经过人类长期的研究,语音积累了大

---

①陈沛莹. 语音系统性与语音演变的关系:读《语音学教程》[J]. 石家庄学院学报,2021,23(02):94-101.

量的理论知识,最终形成了一个系统的学科——语音学。在语音实践中,重音、语调、连音、同化、省音等语音变化非常普遍,它们对于意义、语气、情感的表达具有不容忽视的作用。而这些都是语音学研究中的重要内容。

二、语音学的基础理论研究

(一)人体的发音器官

不同的发音器官能发出不同的声音,如唇音、齿音、硬腭音、软腭音、小舌音、鼻音。这些都是辅音,相当于汉语中的声母。人们可以用舌的不同位置与唇的不同形状发不同的元音。有些人还将腭、气管、肺脏、横膈膜当成发音器官。但这些显然与常规的发音器官有所不同,它们仅能起到辅助发音的作用。

(二)辅音与元音

1.辅音

辅音即气流在口腔或咽头受到阻碍而形成的音。辅音也称为"子音"。换句话说,发音时气流受到发音器官的各种阻碍,声带不一定振动,不够清晰响亮的音素就是辅音。气流从肺部出来不一定振动声带,通过口腔时受到一定阻碍,其主要依靠阻碍发出的音就是辅音。

2.元音

元音也称为"母音"。通常,元音具有以下特点:在发音时,气流在口腔、鼻腔中均不受任何阻碍,能顺畅地流出,只要利用口腔、鼻腔等造成的共鸣器就能发出不同的元音;发音器官均衡地紧张;声带颤动,声音响亮;气流弱。此外,元音均为乐音,这也是它的一个特征。

元音可以分为单元音和双元音两种。当发单元音时,唇形和舌位不变。双元音包含两个因素,发音时由一个元音向另一个元音滑动,元音之间的差异取决于舌位的高低和前后、牙床开合的程度、唇形的大小与圆扁。

单元音可以进一步分为前元音、中元音和后元音,其区分点在于发音时舌身是在口腔的前部、中部还是后部,牙床的开合决定发出的元音是开口元音、半开口元音、半合元音,还是合元音。

实际上,早在1888年,国际语音学会(International Phonetic Association,IPA)就拟定了一套记音符号,基本用的都是拉丁语的印刷体的小写字母,加上大写、草体、合体、倒排、变形、加符等方式进行补充。在国际音标中,每个符号都表示一定的读音,每个民族语言均可以用它记录本民族语言中的音素,必要时可以增补音标,以便表示本民族中特有的音素。国际音标的数量庞大,直到今天还在不断增加,各个民族语言中使用的仅是其中的一部分。

为了方便起见,语音学家们将这个图样画成一个上长下短的直角梯形。该梯形有着无穷的魅力,几乎所有语言的所有元音均能在其中找到适合自己精确的位置。

为了便于语音教学与研究工作,一些语音学家将舌高点的位置分为四等,分别是闭口(舌位高)、半闭(舌位半高)、半开(舌位半低)和开口(舌位低)。舌位在高低上被划分为四个等级,在前后方向还分为三个等级,分别为前、中、后。

(三)音位过程

音位是语言中表达语义的单位。国际语音协会指出,音位即某个语言中不加分别地一组相关的声音。音位过程是指一个音有了邻近音的一部分或全部特征的过程。音位过程中涉及鼻化、齿化、腭化等现象。

鼻音化、齿音化和软腭化均属于同化现象,是指一个音获得邻音的某些或全部特征的一个过程。同化现象一般有两种可能:后面的音影响前面的音属于逆同化;前面的音影响后面的音属于顺同化。另外,同化现象的发展可以越过音节和词的界限。

通过研究英语擦音和塞擦音可知,它们的带声性会受其后辅音带声与否的影响。英语中有以下五擦音和塞擦音:f,v;θ,ð;s,z;ʃ,ʒ;ʧ,ʤ。

这类语音发生变化的过程就是音系过程,在此过程中目标音段或承事音段在特定的环境或语境中发生了结构上的变化。在每个过程中,这种变化以其后接的音(或顺同化中的前一个音)为条件,或由其引发,因此可以说任何音系过程必定包括三个因素:①一套经历音系过程语音;②一套音系过程产出的语音;③一套音系过程得以适用的条件。这个过程可以用箭头"→"来表示。

/v/→/ʃ/研究表明,这种变化不仅适用于/v/,还适用于/z/,/ʤ/等其他擦音,所以可以归纳出一个更加普遍的规则来表明带声擦音在不带声音段前变成不带声擦音。

带声擦音→不带声擦音/_____不带声音。这就是音系规则,其中斜线(/)表示变化产生的环境,横线(_____)(称为焦点线)表示目标音段的位置。规则读作:当带声擦音出现在不带声音前时变成相应的不带声擦音。鼻音化、齿音化和软腭化也是典型的音系过程,可以表述成下列规则。

鼻音化规则:/-鼻音/→/+鼻音///_____/+鼻音/;齿音化规则:/-齿音/→/+齿音///_____/+齿音/;软腭化规则:/-软腭音/→/+软腭音///_____/+软腭音/。

(四)插音、规则调整和别处的条件

英语中存在一种有趣的现象,即有不定冠词a/an。例如:a hotel,a boy,a wagon,a big man,a yellow rug,a white house;an apple,an honor,an orange curtain,an old lady。上述两组词中,第一组词前面均带有a,第二组词中前面均带有an。英语语法规则中指出,以元音开头的词前面要用不定冠词an,对此,我们要怎样从音位表征的层面进行考究呢? 我们要意识到正是由于缺乏辅音才要求在冠词a后面加上鼻音/n/的。因此,我们将a到an的变化视为插入了一个鼻音,这种做法可以称为"增音"。

如今,英语复数形式的三种变体主要用于如下方式中:其一,语音/s/出现在清音之后。其二,语音/z/出现在浊音之后。其三,语音/əz/出现在咝擦音之后。

为了总结出支配这些模式的规则,要把出现在多数情况下的/z/看作基础形式,把其他两种形式看作由它派生而来。在术语上,基础形式称为底层形式或底层表达式(UR),派生形式称为表层形式或表层表达式(SR)。因此/s/就成为清音化现象,/əz/就成为插音现象。规则表示如下:

/z/→/s//-voice,C/(/-带声,C/)_____(清音化)。

(五)区别性特征

言语语音根据各种属性被分成若干类。例如,辅音根据发音部位和发音方式得以描写,而元音是依据它们位置的前后得以描写。最早提出区别特征这一说法的是雅克布逊(Jakobson),其主要是为了找出一套音系的对照或对比特征,以便概括语音的某些方面。之后,又出现了几个不同版本的区别性特征,这从不同时期出版的著作就能发现。

辅音化、响音、鼻音和浊音是一些主要的区别。辅音与元音可以用辅音化加以区分,所有辅音均有辅音化这一特征而元音均没有。响音可以区分

阻塞音与响音,阻塞音可以标记为/－sonorant/,其他的被标记为/sonorant/,鼻音和浊音分别用于区分鼻音和浊音化的语音。

这些被认为是二分特征,因为我们可以将其归类成两大范畴:一种带此项特征,另一种没有此项特征。二分特征有两种由"+""－"所表明的值或特性,所以浊阻塞音被标记为/+sonant/,而清阻塞音标记为/－sonant/。

发音部位的特征不是二分特征,它们被分为四种值:/部位:唇音/,/部位:舌前音/,/部位:舌背音/,/部位:腭音/。这些音常被简写成/唇音/P,/舌前音/P,/舌背音/P,/腭音/P。在当代音乐学领域中,大概有20多项有着这些特征被用于从不同角度来区分语音。

我们找不到辅音的一个非常有用的特征/±扁唇音/,其是用于区别送气与不送气的清阻塞音。送气音是扁唇音,而不送气音不是扁唇音。

在本阶段,只要能够找出哪些特征可以把一组音和其他音区分开即可。有时无法将某一个音位从表中分离出来,这是因为音系规则不会只影响到一个音位,而是一组有共同特征的音位。下面请看英语规则动词过去式。

a.stopped,walked,coughed,kissed,leashed,reached。

b.stabbed,wagged,achieved,buzzed,soothed,bridged。

c.steamed,stunned,pulled。

d.played,flowed,studied。

e.wanted,located,decided,guided。

上述每组词的拼写都很简单,均是在动词原形后面加-(e)d,但词尾发音有所不同:在a组中的词读作/t/,b、c、d三组词中的词读作/d/,在e组词中读作/ɪd/。我们可以很容易得出这些变化的潜在规则:英语规则动词过去式结尾-ed在不带声辅音后读/t/,在带声音后读/d/,在/t/和/d/后读作/ɪd/。

第二节 词汇学

一、什么是词汇学

词汇学可以界定为"对某种语言的词汇进行研究"。在英语中,vocabulary,lexis和lexicon均可以表示"词汇",这三个术语属于同义词,但vocabulary更加口语化,lexicon更具有学术味道,而lexis介于二者之间。"词"在词汇学研究中处于核心地位,但词汇学除了研究简单词的各个方面,还研究复杂词与复合词。由于这些方面需要从形式与意义两方面展开分析,词汇学既要依靠从形态学获取的信息,又要依靠从语义学获取的信息。词源学也是词汇学研究的一个重要方面。但词汇学不应与词典学混淆,因为词典学是一种特殊的学问,而不是语言研究的一个层面。

词汇学仅为语言分析的一个层面,其他层面有音位学、形态学、句法学以及语义学。尽管能够孤立地研究某一层面,但必须指出:不涉及其他层面就难以顺利地进行该层面的研究。这些不同的分析层面以不同的方式相互发挥作用,我们在运用语言时,总不自主地涉及所有层面。①

从英语词汇的结构上看,词汇是某种语言的全部单词。假设词汇存在某种内部的组织,我们此时要提出的基本问题就是:英语所有单词的结构如何?英语所有单词是如何组织起来的?为了得出词汇组织的普遍原则,学界已经做了大量研究工作。这些研究大体集中在三个领域中:单个的词及其联想场,语义场或词汇场。另外,词类也是说明英语词汇结构的一种方法。由联想场理论可知,每个词均处在与其他词连接起来的联想网络中。有些联想是以意义的相似为基础的,还有一些联想是单纯地以形式为基础的,甚至有些联想既以意义为基础,又以形式为基础。根据语义场或者词汇场理论,一种语言中的词汇本质上是通过意义关系组织起来的、动态的、形成整体的词位系统。由词族理论可知,通过形态将词归为词族,一个词族涉及基本形式、曲折形式、派生词等。由词类的理论可以将整个词汇分成多种词类,如名词、动词、形容词、副词、代词、介词、连接词等。

二、词汇学的基础理论研究

(一)主要的构词法

构词法是指根据一定规律构成新词的方法。英语中比较常见的构词方法有派生法、复合法、转化法、缩略法、逆声法等。下面重点研究前面几种方法。

1.派生法

派生法是指派生词缀与词根相结合,或者黏着词根与黏着词根相结合

---

①吴娟.《语言研究》词汇学论文研究[D].武汉:华中科技大学,2012.

构成单词的方法。显然,由派生法构成的词就是派生词。

派生词的基础是词根。不同的词缀可以加在同一个词根上,用于表示不同的意思,还可以表示不同词类。例如,词根duce-及其变体duct-加上前缀后可以构成conduct,produce,abduct,induce等词,加上其他前缀或后缀可以构成conductiveness,conductible,conduction,conductorial,conduit,non-conductor等词。我们要记住成千上万个单词是非常困难的一件事,但通过词根、前缀和后缀记忆就会简单很多。在英语中有很多构词能力强的前缀。比如,re-,pre-,non-,un-,de-,anti-等。下面列举一些由这些前缀构成的词。recycle回收利用;preemptive先发制人的;nonperson毫无地位、微不足道的人;unflappable沉着的,冷静的;depollute消除污染;anti-cancer抗癌的。

同样,英语后缀中也有一部分词根的构词能力很强。这里根据词类进行阐述。

构词能力强的名词后缀有:-er,-ness,-ese,-ism,-ist,-ics等;构词能力强的形容词后缀有:-able,-ish,-less,-ic等;构词能力强的动词后缀有:-ise/-ize,-ify等。

英语中的前缀和后缀在语法功能、语义上,以及与词根关系的密切程度上均不同。多数后缀会改变词根的词性,而多数前缀不影响词根的词性和其他语法范畴,仅对词根的语义加以修饰或限定。从这个角度说,前缀的作用和副词相仿,可以表示方式态度、程度、时间、地点和否定等意义。

表示"方式"的前缀:mis-(错误地),mal-(恶,不良),co-(共同)等;表示"态度"的前缀:anti-(反对),re-(反对),pro-(亲)等;表示"程度"的前缀:super-(超越),under-(低于,不足),over-(过分);表示"时间"的前缀:pre-(在……之前),post-(在……之后),ex-(前……);表示"地点"的前缀:inter-(在……之间),trans-(跨越),super-(在……之上),over-(……上面),sub-(……之下,在下面的);表示"否定"的前缀:否定前缀与not相当,但其否定意味更强。

2.复合法

复合法也称为"合成法",是将两个或两个以上独立的词结合在一起构成新词的方法。同样,用复合法构成的词就是复合词。

复合词有很多种类。从词性上看,有复合介词、复合连接词、复合副词、复合代词、复合数词、句式复合词等。其中,复合名词的数量是最多的,复合形容词位居第二,然后是复合动词。下面分别对这三种类型的复合词进行研究。

（1）复合名词

复合名词主要有以下几种

第一,形容词+名词:soft disk（软盘）,dark lantern（有遮光装置的提灯）,deadline（最后期限）等。

第二,名词+名词:mousemat（鼠标垫）,bar code（条形码）,shoelace（鞋带）,information highway（信息高速公路）等。

第三,副词+名词:after effect（后效,副作用）,overburden（过重的负担,浮盖层）等。

第四,动名词+名词:lodging house（分间出租供人住宿用的房屋）,reading lamp（台灯）等。

第五,现在分词+名词:working party（作业队）,ruling class（统治阶级）等。

第六,动词+名词:swearword（骂人话）,jump suit（伞兵跳伞服,连衣裤,工作服）等。

第七,名词+动词:window-dress（布置橱窗）,watersupply（给水,自来水）等。

第八,动词十副词:slip-up（疏忽,不幸事故）。follow-up（连续广告法）等。

第九,副词十动词:upset（颠覆）,upstart（暴发户）等。

（2）复合形容词

复合形容词可以从词法和句法两个角度进行归纳。从词法层面说,复合形容词有以形容词为中心、以动词的分词为中心、以名词为中心和以介词短语为中心四种。

第一,以形容词为中心的复合形容词。名词+形容词:toll-free（不交费的）,dust-free（无尘的）,care-free（无忧无虑的）,life-long（终生的）,dog-tired（累极了的）等;形容词+形容词:icy-cold（冰冷的）,bitter-sweet（又苦又甜的,又苦又乐的）等;现在分词+形容词:soaking-wet,wringing-wet（湿淋淋的,湿得可拧出水来的）,biting-cold,freezing-cold（冷得刺骨的,冰冷的)等。

第二,以动词的分词为中心的复合形容词。名词+现在分词:time-saving(省时间的),ocean-going(远洋的)等;名词+过去分词:air-borne(空降的,空运的),hen-pecked(怕老婆的),poverty-stricken(贫困不堪的)等;形容词/副词+现在分词:easy-going(随和的),hard-working(努力工作的)等;形容词/副词+过去分词:well-balanced(平衡了的),hard-won(来之不易的)等。

第三,以名词为中心的复合形容词。名词+名词+-ed:chicken-hearted(胆怯的、软弱的),paper-backed(平装的)等;形容词+名词+-ed:tender-hearted(软心肠的),sweet-tempered(性情温和的)等。形容词+名词:full-length(全长的,未删节的),red-letter(喜庆的)等。动词+名词:cut-rate(减价的,次等的),break-neck(危险的)等。

其四,介词短语构成的复合形容词。例如:at-risk 处境危险的;in-your-face 明目张胆的。

从句法关系上看,复合形容词主要有以下几种。

第一,形容词+状语。比较状语:dog-tired(累极了的←as tired as dog after a long chase);程度状语:wringing-wet(湿得可拧出水来的←so wet that it needs wringing);原因状语:travel-worn(旅行得疲乏的←worn because of travelling);地点状语:oven-fresh(刚出炉的)。

第二,动词+状语。方式状语:quick-frozen(速冻的←to be frozen quickly);程度状语:half-baked(烤得半生不熟的,肤浅的←to be baked partially);时间状语:new-born(新的←to be born recently)地点状语:home-made(家制的←to be made at home)。

第三,主语+谓语。动词谓语:book filled[放满书籍的←Book fill(the room)];表语:heartsick(沮丧的←The heart is sick)。

第四,动词+宾语。peace-loving(爱好和平的←to love peace),telltale(把弄是非的←to tell tales)。

第五,定语+名词。定语为形容词:white-collar(白领阶层的←white collar);定语为所有格名词:chicken-hearted(胆怯的,软弱的←chicken's heart)。

（3）复合动词

复合动词也由两个词复合而成,如 test-drive(试车),但这样构成的复合动词不多。复合动词主要是通过转化法或逆生法从复合名词变来的。

由复合名词转化来的复合动词:to nickname(给人起绰号)←nickname(绰号),to outline(画……的轮廓)←outline(轮廓)等。

由复合名词逆生来的复合动词:to soft-land(软着陆)←soft landing(软着陆),to tape-record(用磁带为……录音)←tape recorder(磁带录音机)等。

3.转化法

词类转化法是指不改变词的形态,仅使词从一种词类转化成另一种词类,从而使该词具有新的意义与作用,成为一个新词。

（1）转化成动词

转化成动词包括下面两种情况。其一,名词转化成动词。名词常常原封不动地当作动词使用,此方法既生动又省力,如 to elbow one's way through the crowd 显然比 to push one's way through the crowd with one's elbows 更加形象,更加简洁。转化成动词的含义是多种多样的,不可一概而论。其二,形容词转化成动词。虽然形容词转化成动词没有名词转化成动词那么常见,但其转化后的语义很容易理解,多数表示状态的变化。这类动词一般既可以用作及物动词,又可做不及物动词。

（2）转化成名词

转化成名词包括下面两种情况。其一,动词转化成名词。转化而成的名词多来自动词。来自动词的名词大多表示原来的动作或者状态。从语义上看,来自动词的名词还指:动作的执行者,动作的结果,做动作的工具,动作的地点。其二,形容词转化成名词。形容词转化成名词也很常见,其有两种情况:一是完全转化,二是部分转化。其中,完全转化的名词有名词的一切语法特点,可以加-s构成复数,加-'s变成所有格,也受形容词的修饰。

部分转化的名词没有名词的所有特点,通常在前面带有定冠词,总作为复数表示一个整体,如 the poor(穷人),the wealthy(有钱人)等。

（3）转化成形容词

转化成形容词包括很多类型,其中,名词用作定语就是一种情况。此处介绍的是由介词短语转化成的形容词及其他类型的转化成形容词。

（二）词汇变化

英语词汇的生命力是我们不可低估的,因为其始终处在变化中。这里就简单研究词汇的变化。

1.词义变化

人们在日常交际中经常使用各种词汇和符号表达自己的思想,但人们无法创造出无数个单词,对此人们就赋予已经存在的单词以新的意义,从而创造新的词汇。词义变化主要涉及以下两种情况。

（1）词义扩大

顾名思义,词义扩大就是将原来特定的、具体的含义扩大为概括的、普遍的含义,从而使新义大于旧义的现象。例如:journal日报→一切报刊等。

（2）词义缩小

同理,词义缩小就是将原来概括的普遍的含义缩小为特定的、具体的含义,从而使新义小于旧义的现象。例如:catch抓住、捉住→拉手、窗钩。

2.词性的转换

词性的转换会使词语从指某种具体的实体或概念变为指某种方法或属性,从而改变原来的词义。例如:stump做名词是树桩,做动词是挑战。

3.词义的升降

词是有感情色彩的,或褒义或贬义,它们是在人们使用的过程中被赋予的。通常,贬义词或中性词获得褒义就是词义的升格,褒义词或中性词获得贬义就是词义的降格。例如:angle信使→天使(词义升格)。

第三节 句法学

一、什么是句法学

句法学(syntax)是研究词是如何组成句子以及如何支配句子构成规则的一个语言学分支。该语言学术语来自希腊语,意思为排列。句子是根据特定的排列词的方式构成的。排列正确的句子就是合乎语法的句子。合乎语法的句子是根据一套句法规则构成的。句法是一个规则系统。句法是由一套数量有限的抽象规则组成的系统,句子由单词组成。句子的语法性即句子的合成必须符合操本族语者头脑中的语法知识。

二、句法学的基础理论研究

(一)句法关系

1.位置关系

位置关系也叫"词序",即"语言中词汇的排列顺序"。假如句子中的词语没有根据语言的常规要求,按照固定词序进行排列,那么其形成的言语就是不合语法的,也是没有意义的。例如:The boy kicked the ball;The ball kicked the boy;Boy the ball kicked the。上述三个句子中,后两个句子均不符合语法。事实上,世界上所有语言都有三种分类方法:词序分类、起源性分类以及区域分类。如果按照词序进行分类,世界上所有语言均存在以下六种类型:SVO,VSO,VOS,SOV,OVS,OSV。其中,S代表主语,V代表谓语动词,O代表宾语。英语属于SVO语言,即使这不代表SVO是英语中唯一可能的词语排列顺序。[1]

2.替代关系

替代关系具体包含两种情况。其一,可替代某一语言单位的语法现象。例如:The woman/girl/boy smiles该例中的The woman,The girl,The boy可以相互替代,作为本句的主语。其二,语法上可共同替代某一词语的词语集合。例如:He went there yesterday/ the day before/last week.这句话中的副词短语可以相互替代。这就是索绪尔提出的联想关系(associative relation),叶尔姆斯列夫(Hjemslev)将其称作"聚合关系"(paradigmatic relations)。

3.同现关系

同现关系指"不同组小句中的词语可以准许或要求另一个集合或类别中的词语同现,从而构成句子或句子中的某一个部分"。例如,名词短语之前可以有一个限定词和一个或多个形容词,其后跟一个动词短语。

---

①吴玲.句法学视角下汉语形容词词性问题研究[J].郑州大学学报(哲学社会科学版),2016,49(03):89-92.

（二）句法层级

1.短语

短语（phrase）是由句法、语义和语用三个层面能够搭配组合的没有句调的语言单位，也称为"词组"。短语是大于词而又不成句的语法单位。

短语会围绕一个中心词展开。这个中心词在短语中起着语法作用，并且受其他词修饰。

根据中心词的词性进行划分，英语短语有以下几种。名词短语主要以名词为中心，其可以在句子中充当主语、补语和定语等成分；限定动词短语就是中心词为有人称和数的变化的动词的短语；形容词短语的中心词为形容词，其在句子中通常充当定语或补语的成分；副词短语是以副词为中心的词组。副词短语可以修饰介词短语、动词短语、句子等成分；介词短语主要由介词和介词宾语构成。在英语句子中，介词短语可以充当定语、状语、补语等成分。

2.分句

分句（clause）主要由一个或一个以上的短语构成，其形成一个主谓结构。根据分句的不同用法，可以将其分为独立分句和非独立分句。

独立分句可单独使用，其本身可构成一个简单句的分句。独立分句有三种类型：简单句、并列句中的分句以及复合句中的主句；非独立分句不可作为独立成分使用，需要从属于其他分句。非独立分句实际上就是常说的从属分句，即从句。从句又分为名词性从句、定语从句以及状语从句。

3.句子

从传统意义上说，句子是语言中可以表达思想的最小语言单位。

（1）句子的结构分类

按照传统的二分法，可以将句子分为简单句与非简单句两种。

（2）句子的语气分类

按照句子的功能可以将其分为陈述句和祈使句。陈述句和祈使句还可以进行细分。

（3）句子的词类分类。著名语言学家鲍林格（Bolinger）指出，按照词类可以将句子分为以下五种：名词词组+不及物动词；名词词组+系词+补语；名词词组+及物动词+名词词组；名词词组+及物动词+名词词组+名词词组；There+存在性动词+名词词组。

第四节 语义学

一、什么是语义

semantics 一词源自希腊语 semantikos,意思是 significant(有意义),即语义学。语义学是语言学的分支学科,其主要研究语言的意义。要想弄清楚什么是语义学,应该先清楚什么是语义。对于语义的定义,人类学家、哲学家、心理学家和语言学家至今还没有形成统一的看法。实际上,语义涉及词的意义和句子的意义。20世纪60年代之前,语言学家仅注重研究词的意义,而忽视了句子的意义。很多人认为词的意义就是词典上给出的定义,但词典往往是编撰者根据人们日常使用不同的词编写成的,所以词的意义是由使用词的人决定的,而不是由词典决定的。

世界上的一切都可以通过语言反映出来。柏拉图指出,语言形式是语言中的一个词,语义是其所代表、所指示、所表示的世界上的实体——指称。词是事物的名称。例如,dog 一词代表了属于这一类的实体。其相当于给事物命名。一些词是没有指称的,如 dragon(龙),unicorn(独角兽),sincerity(真诚)等,但它们是有意义的。再如,the Prime Minister of Britain 和 the leader of the Conservative Party 两个短语在 1994 年所指的都是 John Major,它们的指称相同,但意思不同,the Prime Minister of Britain 不可定义成 the leader of the Conservative Party,反之亦然。

一些人认为大脑中的意象就是词的意义。例如,世界上没有 unicorn,dragon 和 Santa Claus 等实体,但在人类的大脑中可能构筑它们的意象。可是有的词是难以形成意象的。例如,nitrogen(氮),if,very,forget 等词。并且,不同的人对同一个词的脑中意象是不同的,如 lecture 这个词,学生脑中的意象可能是一个人站在黑板前讲话,教师脑中的意象可能是一排排的学生面对他坐着听讲以及粉笔拿在手中的感觉等。因此,学生大脑中 lecture 的意象与教师脑中的意象不同。

德国语言学家和数学家戈特洛布·弗雷格(Gottlob Frege)对词的指称意义和词的系统意义进行了区分。他们认为,词的指称意义即词和句子等语言成分与语言外部世界之间的关系;词的系统意义即附加意义,指语言成分本身之间关系的意义,其涉及语言内部的关系,一个词的系统意义通过与其他词的对照关系表现出来。例如,ram的指称意义是指世界上为雄性的羊,ewe的指称意义是世界上为雌性的羊。如果我们将ram和ewe放在一块进行对照就能发现它们的系统意义,分别为特定性别的羊。假如将ram和ewe与其他几对词放在一块进行对照,如cow/bull,sow/boar,mare/stallion等,这些词的系统意义就在于它们表示了与性别有关的一种模式。再如,father/son,uncle/nephew两对词的系统意义是表示家庭关系;wide/narrow,dead/alive,buy/sell几对词的系统意义在于它们表示了反义关系。

在最近几十年来,越来越多的语言学家开始关注句子意义。句子意义主要取决于组成句子的词汇单位的意义,但其并非所有词的意义总和。例如:The cat chased the dog;The dog chased the cat。这两个句子使用的词汇是完全相同的,但它们表达的意思完全不同,这主要因为词在句子中的顺序不同。词在句子中的顺序决定着句子的语义,这种因句子顺序等产生的意义称作"语法意义"。另外,词的组成成分结构也发挥着重要作用。

There are old men and women.该短语存在歧义,其有两种可能的意思:一是old仅修饰men,即:There are(old men)and women;二是old修饰组成成分men and women,即:There are old(men and women)。此外,句子的语义还与讲话的韵律有一定联系,具体包括语调、重读、节奏、响度及其他话语含义的语境。

二、语义特征

对词进行语义成分分析是研究词的语义的一个方法。词除了具有指称外部世界实体的指称意义外,还有内在意义。语义特征组成了词的内在意义。当有人说:John's wife broke the lamp. 还可以说成:A woman broke the lamp;A person broke the lamp. 因为wife与woman均有female的语义特征,wife,woman和person均有human的语义特征。很多词可能共同拥有某个语义特征。[①]

要描述语义特征,可以采用对分法进行。一般可以用"+"号表示某词具有某个语义特征,用"-"号表示不具有某个特征。

[①]高雅. 基于内感受具身语义学的躯体化情感词的英译研究[D]. 上海:上海海事大学,2021.

一个词常常会有几个语义特征。通过语义成分分析能让我们了解词的语义组成,揭示相关词之间的异同,可以让我们将许多词进行归类。例如,man 和 boy 可以根据[+human, +male]两个特征归为一类,man 和 woman 可以根据[+human, +adult]两个特征归在一类。

我们也可以对动词、形容词等词进行语义成分分析。例如,darken, kill, uglify 均有[+cause]这一语义特征。

三、语义关系

词汇与词汇之间的意义是相互联系的,所以词汇的语义关系十分复杂,而且形式多样。研究语义的关系有利于进一步深化对词汇的研究和理解,同时对词汇习得、交际过程中词义的把握甚至在交际过程中的信息获取都非常有帮助。以下对常见的词义关系进行具体说明。

(一)一词多义和同形异义

两个不同的词有着相同的意义就是同义词。相反,两个或两个以上意义不同但词形相同的词就是一词多义。这种词形相同但词义不同的词就是多义词。例如,flight 就是一个典型的多义词,其主要有六层意思,分别为:passing through the air;distance covered by a flying object;air journey;unit of the Royal Air Force;a group of birds or aircraft flying together;swift passing, a set of stairs。

实际上,多义词的不同意义之间是存在联系的。其中有一个意义是原始意义,其他意义为派生意义;或者其中一个意义为中心意义,其他意义为次要意义;或者其中一个意义为字面意义,其他意义为比喻意义。

例如,cool 一词的字面意义为"凉的",其比喻意义为"不友好的""不热情的"。有些词相互之间的意义不同,但形式相同,这种现象就属于同形异义,这种词就是同形异义词。例如,bank 有两层意思,并且这两层意思之间没有任何联系。其中一层意思是"河岸",另一层意思为"银行"。此时,代表不同意思的 bank 就属于同形异义词。

词的意义之间是否存在联系可以区分同形异义词与多义现象。如果没有联系,就属于同形异义现象;如果有联系,就属于一词多义。

同形异义词主要分为三种:同形同音异义词、同音异形异义词和同形异音异义词。其中,拼写与发音相同,但意义不同,这种词称为"完全同形异义词"。例如,ear 既有"耳朵"的意思,又有"穗"的意思。发音相同但拼写与意义不同,这种词称为"同音异形异义词"。例如,meet(遇见)—meat(肉),sow(播种)—sew(缝纫)等。拼写相同,但发音和意义不同,这种词称为"同形异音异义词",如 tear[tɪə](眼泪)和 tear[teə](撕开)。

(二)同义关系

意义相同或相似的词即同义词,它们经常出现在英语语言中。这些有着相同或者相近意义的词放在一块可以构成同义关系。英语有着海量、丰富的同义词,也就是意义相同或相近的词。英语中,本族语与外来语混用的同义词有很多,一般有以下几种情况:结成一对的同义词;三词一组的同义词;英国英语和美国英语构成的同义词。

同义词还可以根据词义的相同程度分为两种:完全同义词和部分同义词。

顾名思义,完全同义词就是意义完全相同的词,这些词的含义与用法完全相同,在不同语境中可以互换使用。这类词的数量极为有限,通常是一些专业术语和名词,如 word building 和 word formation,二者意义相同,均表示"构词法"。需要指出的是,完全同义词在使用过程中受人们使用习惯等因素的影响,所使用的的场合也在不断变化。

英语中包含大量的部分同义词,这类词就是我们通常所说的同义词。虽然部分同义词的意思相近,但用法和搭配方式有很大差异。其一,部分同义词之间在语义上存在细微的差别。例如,to surprise—to astonish—to amaze—to astound(吃惊),均表示"吃惊",但吃惊的程度是逐步递增的。其二,部分同义词之间还存在感情色彩上的差异。按照感情色彩,部分同义词还可以分为贬义词、褒义词和中性词。例如,notorious,famous,celebrated 三个部分同义词中的 notorious 为贬义词,famous 为中性词,而 celebrated 含有褒奖的色彩。其三,部分同义词之间还有文体上的差异。例如,die 和 decease 均可以表示"死",但是 decease 的使用场合要比 die 正式一些。其四,部分同义词之间的侧重点不同。例如,denote 和 connote 均有"意指"的意思,但 denote 侧重事物的表面可以直接获取的信息,connote 则侧重事物暗示着某些信息。其五,部分同义词之间存在语境差异。一些意思相近或意义部分重叠的词语,只在某些特定的语境中才表示同义关系。例如,govern 的语境同义词有 direct,control,determine,tame 等。

（三）反义关系

英语中语义相反的词语之间的关系就属于反义关系。意义对立或相对的词就是反义词，具有反义关系的词一般表示关系、方向、性质、情感以及有取向性的动作等意义。一般有反义关系的词都是一些比较常见的词类，如形容词、名词、副词、介词以及一小部分代词，所以不是所有词类中都有反义词。一般，除了介词以外，虚词也比较少有反义词。例如：casual（非正式的）—formal（正规的）；optimistic（乐观的）—pessimistic（悲观的）；friendly（友好的）—unfriendly（不友好的）；lazy（懒惰的）—hard-working（勤勉的）；thick（厚的）—thin（薄的）。

反义关系根据词义含义的不同可以分为三种词：互补反义词、相对反义词和可分级反义词。其中，互补反义词中的两个词是一种非此即彼的关系，没有中间状态，肯定一方就等同于否定了另一方，如man—woman。相对反义词中两个词之间是一种对称关系，一个词是另一个词的反向意义，这一对反义词是对同一事物两个方面的不同描述如precede—follow。可分级反义词多是一些容易发生变化的形容词。

（四）上下义关系

上下义关系就是上义词与下义词之间的关系，也称"包含关系"或"语义内包"。上下义关系中包含支配词和受支配词，其中支配词就是语义较为宽泛的词，而受支配词则是语义范围较小的词。

词汇的上下义关系具有两个特征。其一，词汇的上下义关系具有相对性，也就是并不是绝对固定不变的。例如，animal和plant对于sheep和tree来说就是上义词，但对于living（生物）来说就是下义词。其二，有时，上义词与下义词会有重叠的情况。例如，sheep是ram，ewe和lamb的上义词，却是animal的下义词。

第五节 语用学

一、什么是语用学

不同学者对语用学有着不同的认识，这里仅列举一些有代表性的学者及观点。

作为一个分支学科,语用学与语言学中的其他学科有一定的相关性。正如格林(Green,1996)所言,语用学是涉及语言学、认知心理学、文化人类学、哲学、社会学和修辞学等的一门交叉学科,一些方面属于认知科学的范畴。因此,要对语用学进行界定,就要从不同角度出发。

这里再列举一些莱文森(Levinson)提出的有代表性的定义,以便帮助读者从中总结语用学关注的普遍问题及其涉及的普遍因素,进而加深对语用学的理解和认识。语用学研究语言结构中被语法化或被编码的语言与语境之间的关系;语用学研究语义学理论不涉及的意义的方方面面;语用学研究语言理解必需的语言与语境之间的关系;语用学研究语言使用者将语句和恰当地使用该语句的语境结合起来的能力。

由此可见,要为语用学下一个准确、全面且统一的定义是很难的。托马斯(Michael Tilson Thomas)指出,语用学研究一方面要考虑说话者,另一方面也要考虑听话者,还应考虑话语的作用与影响意义的其他语境因素。简单地说,语用学的研究对象是说话者与听话者、话语与语境之间的互动关系。

布莱克莫尔(Blakemore,1992)等从话语理解的层面指出,听话者的语言知识与世界百科知识之间有一定差异,其隐含了语义学与语用学的差异。①

根据上述定义我们可以发现,在什么条件下说话者会选择有特定意义的某个结果或话语,以及在什么条件下,听话者会以某种方式理解该意义而非其他方式,这就是广义上的语用观。

二、语用学的基础理论研究

(一)言语行为理论

奥斯汀(Austin)的言语行为理论首次将语言研究从传统的句法研究层面分离开来。奥斯汀从语言实际情况出发,分析语言的真正意义。言语行为理论主要是为了回答语言是如何用之于"行",而不是用之于"指"的问题,体现了"言则行"的语言观。奥斯汀首先对两类话语进行了区分:表

---

①许悦萌,刘永杰. 国内语用学翻译研究述评:现状与趋势[J]. 长春师范大学学报,2021,40(09):93-100.

述句(言有所述)和施为句(言有所为)。在之后的研究中,奥斯汀发现两种分类有些不成熟,还不够完善,并且缺乏可以区别两类话语的语言特征。于是,奥斯汀提出了"言语行为三分说",即一个人在说话时,在很多情况下,会同时实施三种行为:以言指事行为、以言行事行为和以言成事行为。

由奥斯汀的观点可知,语言教学的基本单位不仅仅是句子,而是陈述、请求、命令等行为,并且在听话者那里产生交际效果。奥斯汀的言语行为理论中的关键概念是言外之意。他的学生塞尔(Searle)对其言语行为理论存在的缺陷和不足进行了修正,并且进一步发展了言语行为理论。塞尔在奥斯汀的间接施为句的基础上提出了间接言语行为理论,且将格赖斯(Grice)的会话含义理论与言语行为紧密联系起来。塞尔的间接言语行为理论可以分为两种:规约性间接言语行为和非规约性间接言语行为。塞尔认为,要想理解话语的间接言语行为,应该先了解其字面含义,然后根据字面含义推导出间接用意,即句子间接表达的言外之意[①]。

1.表述句和施为句

(1)表述句

以言指事,判断句子是真还是假,这是表述句的目的。通常,表述句是用于陈述、报道或者描述某个事件或者事物的。例如:桂林山水甲天下。He plays basketball every Sunday。以上两个例子中,第一个是描述某个事件或事物的话语;第二个是报道某一事件或事物的话语。两个句子都表达了一个或真或假的命题。换句话说,不论它们所表达的意思是真还是假,它们所表达的命题均存在。但是,在特定语境中,表述句可能被认为是"隐性施为句"。

(2)施为句

以言行事是施为句的目的。判断句子的真假并不是施为句表达的重点。施为句可以分为显性施为句和隐性施为句。其中,显性施为句指含有施为动词的语句,而隐性施为句则指不含有施为动词的语句。例如:I promise I'll pay you in five days;I'll pay you in five days。

这两个句子均属于承诺句。它们的不同点是:第一个句子通过动词promise实现了显性承诺;而第二个句子在缺少显性施为动词的情况下实施了"隐性承诺"。

---

①赵亮. 塞尔言语行为理论探析[D]. 重庆:西南大学,2009:24-25.

总结来说,施为句主要有以下几个特点:主语是说话者;谓语用一般现在时第一人称单数;说话过程为非言语行为的实施;句子为肯定句式。

隐性施为句的上述特征并不明显,但能通过添加显性特征内容进行验证。例如:学院成立庆典现在正式开始!通过添加显性施为动词,可以转换成显性施为句:(我)(宣布)学院成立庆典现在正式开始!通常,显性施为句与隐性施为句所实施的行为与效果是相同的。

2.言语行为三分法

奥斯汀对于表述句与施为句区分的不严格以及其个人兴趣的扩展,很难坚持"施事话语"和"表述话语"之间的严格区分,于是提出了言语行为的三分说:以言指事行为、以言行事行为和以言成事行为。指"话语"这一行为本身即以言指事行为。指"话语"时实际实施的行为即以言行事行为。指"话语"所产生的后果或者取得的效果即以言成事行为。换句话说,说话者通过言语的表达,流露出真实的交际意图,一旦其真实意图被领会,就可能带来某种变化或者效果、影响等。

言语行为的特点是说话者通过说某句话或多句话,执行某个或多个行为,如陈述、道歉、命令、建议、提问和祝贺等行为。并且,这些行为的实现还可能给听话者带来一些后果。因此,奥斯汀指出,说话者在说任何一句话的同时应完成三种行为:以言指事行为、以言行事行为和以言成事行为[1]。例如:我保证星期六带你去博物馆。说话者发出"我保证星期六带你去博物馆"这一语言行为本身就是以言指事行为。以言指事本身并不构成言语交际,而是在实施以言指事行为的同时,包含了以言行事行为,即许下了一个诺言"保证",甚至是以言成事行为,因为听话者相信说话者会兑现诺言,促使话语交际活动的成功。

3.间接言语行为

间接言语行为是指在言语交际过程中,出于礼貌考虑间接执行请求、拒绝或抱怨等功能的言语行为。塞尔指出,间接言语现象其实是通过实施另一种言语行为来间接地实施某种言语行为[2]。间接言语行为可以分为两种:规约性间接言语行为和非规约性间接言语行为。

间接言语行为经常被用来传递请求、拒绝、不满等在本质上与礼貌原

---

①王志东. 对奥斯汀和塞尔言语行为理论的解读[J]. 国际公关,2019(09):233-235.
②王澎. 浅析奥斯汀与塞尔言语行为理论[J]. 现代妇女(下旬),2013(03):91-93.

则相排斥的信息。其中,规约性间接言语行为是对话语的"字面意义"进行一般性的推论而得出的间接言语行为,即根据话语的语法形式、人们常规性的思维习惯等,能够立即推断出该话语表达出的言外之意。例如:Could you turn off the radio?

在不同语境中,该例可以有不同的解释。假如说话者要集中注意力做某事,播放的收音机就容易分散精力,此时说话者的目的显然是发出一个间接的请求或者命令,从而实施间接言语行为。

与规约性间接言语行为相比,非规约性间接言语行为更复杂和不稳定。非规约性间接言语行为要依靠说话双方共有的背景与语境信息进行推断。因此,非规约性间接言语行为也可以称为"推理性言语行为"。例如:If that's my sister,I would like to speak to her。

该例句是某电视剧中的台词。这句话的背景是电话铃响了,说话者只想与姐姐通电话,但没有直接说不想和其他人说话。听话者经过推理,清楚了说话者的意思,接了电话,让说话者的非规约性间接言语行为得到了实施。

(二)模因理论

1.模因的概念

1976年,牛津大学动物学家理查德·道金斯(Richard Dawkins)在《自私的基因》(*The Selfish Gene*)一书中首次提出了meme(模因)这一术语。这本书认为,生物进化的基本单位是基因。生命的祖先是复制基因(replicator)。复制基因之间通过竞争获得生存,而生物体仅是基因传承与繁衍自身的"生存机器",基因唯一的兴趣就是复制自己。生物的进化是由基因决定的。推动生物进化进程的就是复制基因。理查德·道金斯指出,文化在进化的过程中,也产生了一种类似基因在生物进化过程中发挥作用的复制因子。也就是"模因"。"模因"是文化传播的单位。理查德·道金斯提出,模因有很多类型,如观念、训率、服饰时尚、宣传口号、建造房子的方式等。就像基因库中繁殖的基因,借助精子或者卵子,从一个身体跳到另一个身体以实现传播复制;模因库中的模因,其繁衍是通过模仿的过程发生的,其将自己从一个头脑中传到另一个头脑中。之后,理查德·道金斯认为在大脑、书本、计算机等媒介中互相传播的信息均是模因。

之后,模因的基本理论始终被研究者研究和阐述着,对其做出一定贡献的是布莱克莫尔。1999 年,布莱克莫尔指出,模因即那些从一个人的大脑传到另一个人的大脑的习惯、技巧、歌曲、故事或其他任何信息。如同基因那样,模因属于复制因子,也就是说,它们是通过变异和选择进行复制的信息。布莱克莫尔还强调,模因是通过模仿进行传递的,而模仿能力是人类特有的,其并非是动物式那种简单联想和试误学习,而是能动地通过模仿的学习。从广义上说,模仿就是从一个大脑传到另一个大脑的方式。模仿涉及观念与行为以任何一种方式向另一个人的传递过程。其具体包括教育、学习、讲述、演示、传播、告诉、阅读等方式。模因的载体可能是人类的大脑,也可能是建筑、书本等。布莱克莫尔指出,任何一个信息,只要它可以通过我们广义上的"模仿"过程而得以复制,那么就能算成一个模因①。

布莱克莫尔强调,作为一个复制因素,模因可以支持以变异、选择和保持为基础的进化的规则系统。她认为可以利用达尔文的通过自然选择而进化的理论分析文化进化的规律②。但她与理查德·道金斯一样,不同意社会生物学和进化心理学的学者在对人类行为进化基础研究中的做法:对文化进化机制的阐述,最终还是回到生物进化的意义上解释文化进化的内在动力。理查德·道金斯与布莱克莫尔指出,要考虑用另一种独立存在的复制因子说明文化的进化③。

在复制过程中,模因会出现变异,其方式有变形、合并、分裂、传递过程中的误差等,对变异之后的文化单位的自然选择或认为选择及其保持促进了文化的进化。新模因能通过变异衍生出来,还可以通过旧有模因的相互结合而成。这里,不论是变异过程还是结合过程,都既可以发生在一个人的内心中,又可以发生在模因从一个人向另一个人的传播过程中。模因与模因之间相互合并而形成大的模因组合更容易共同复制与传递,这种模因组合可以称为"协作模因""复制模因"。

理查德·道金斯认为,达尔文的"适者生存"的观点,其实就是"稳定者

①苏珊·布莱克摩尔. 模因机器 它们如何操纵我们又怎样创造文明[M]. 郑明璐,译. 北京:机械工业出版社,2022:49-50.
②苏珊·布莱克摩尔. 模因机器 它们如何操纵我们又怎样创造文明[M]. 郑明璐,译. 北京:机械工业出版社,2022:64-65.
③里查德·道金斯. 自私的基因[M]. 卢允中,等译. 长春:吉林人民出版社,1998:37-38.

生存"①。成功的复制基因也就是稳定的基因,它们或者本身存在的时间较长,或者可以寻思进行自我复制,或者它们精确无误地进行复制。如同成功的复制基因一样,成功的模因有着保真性、多产性、长寿性的特征。保真性即模因在复制过程中通常会保留原有模因的精要,而不是毫无变化。如果一种科学观念从一个人的头脑传到另一个人的头脑,多少会发生一些变化,但仍然保留着原有科学观念的精髓。多产性即模因的传播速度快和传播的范围广。长寿性即模因在模因库中存留很久,也就是说其可以在纸上或者人的头脑中流传很长时间。

理查德·道金斯对模因概念进行了详细的解释,在整个学术界产生了深远影响,随后也受到了诸多学者的赞同和进一步发展,如布莱克莫尔,布罗迪(Brodie),利奇(Lynch)和海利根(Heylighen)。学者们在对理查德·道金斯的观点给予肯定的基础上,进一步展开了研究与探讨,并且初步建立了文化进化理论。美国哲学家丹尼尔·丹尼特(Daniel Dennet)也非常赞同模因的观点,并在《意识的阐释》《达尔文的危险观念》等著作中应用模因理论对心灵进化的机制进行了阐释。另外,还有一些学者将模因理论用于解释一些文化现象的进化及相关问题,如大脑、意识、科学、知识、音乐、语言、婚姻、道德、电子邮件、病毒等。如今,"模因"一词已经得到了广泛的传播。该词还被收入《牛津英语词典》和《韦氏词典》中。在《牛津英语词典》中,模因即"文化的基本单位,通过非遗传的方式,尤其是模仿而得到传播";《韦氏词典》将模因解释为"在文化领域内人与人之间相互散播开来的思想行为、格调或者语用习惯"。

2.语言模因论

语言与模因既有联系,又有区别。语言存在于模因中,反过来,模因也可以促进语言的发展,并且依靠语言得以复制和传播。只要通过模仿得到复制与传播,语言中的所有字、词、短语、句、段落甚至话语,就均可以成为模因。

例如,"哥""雷""杯具""草根""超女""蜗居"等词语看似很普通,实际都是活跃的模因,有着很强的复制能力。通过其复制出的模因数不胜数。再如,斯宾塞·约翰逊(Spencer Johnson)所著的《谁动了我的奶酪》(*Who*

①(英)里查德·道金斯;卢允中等译. 自私的基因[M]. 长春:吉林人民出版社, 1998:39-40.

Moved My Cheese?)出版后很快成为畅销书。其书名也迅速家喻户晓,成为人们纷纷模仿的对象,于是派生出了大量的语言模因。请看下面几个句子。Who moved my happiness? Who moved my money? 谁动了我的幸福?(电影名)谁动了我的钱?(流行歌曲名)。上述四个句子均模仿了标题 Who Moved My Cheese? 由此可见,通过模仿与传播,这本书的名字成为一个活跃的模因。

3.强势模因与弱势模因

同基因一样,模因也遵从着"适者生存"的自然法则。各种模因都会为了生存而展开激烈的斗争,其中那些适应自己的生产环境的,在保真性、多产性和长寿性三个方面表现值都很高的情况下才会形成强势模因。例如:牛奶香浓,丝般感受(德芙巧克力广告);大家好,才是真的好(广州好迪广告)。

在上述两个例子中,第一个运用了明喻修辞,将巧克力比作看似不相关的牛奶和丝绸,给消费者带来了味觉和触觉上的想象,让人无法抵挡住诱惑,促使购买行为。另外,其运用了汉语中的四字短语形式,易于传播与模仿,属于典型的强势模因。第二个例子迎合了中国人传统的集体主义思想,并且通俗易懂,读起来朗朗上口,于是成为大家争相模仿的对象,成为活跃的强势模因。

与强势模因对应的是弱势模因。随着环境的变化,一些活跃不起来的模因就会逐渐消失。它们被替代或使用范围缩小,被局限在某些固定的领域,于是就形成了弱势模因。例如,instant noodles 和 chewing gum 的译文"公仔面""香口胶"的使用范围就已经缩小,仅在中国港台地区使用,在普通话中已经被"方便面""口香糖"替代。

第六节 方言学

一、方言的概念

(一)方言的定义

方言是一种语言的地方变体,是共同语的分支。方言在一定的地域为全民服务,并作为低级形式服从于全民共同语的高级的标准语(也叫"文学语言",是经过加工和规范化的共同语)形式。同一语言的方言与方言之间有许多共同的东西,但也有一些特征。这些特征表现在语言要素的各个方面。这些特征,使这一种方言能区别于另一种方言。一般说来,方言之间的差别,在语音方面表现得比较明显。我国三千年前的周代就有了"殊方异语"的说法。古希腊也对"方言"(dialektos)一词下过"指一个地方居民所说的话"的定义。但是这些概念都不能准确地反映"方言"的本质特征。"殊方异语"或"一个地方居民所说的话",所指的可能是"语言",也可能是"方言",还可能是方言的地方变体"土语"。一种方言总是以某地区的经济、政治、文化中心所在地的话作为自己的有权威的代表,而使其他的土语服从于它。所以,土语就往往既受共同语的约束,又要受方言的约束,而方言是直接服从于全民的共同语。斯大林在《马克思主义和语言学问题》中告诉我们:"除了语言之外还有方言、土语,但是部落或部族统一的共同的语言占着统治地位,并使这些方言、土语服从自己。"又说:"马克思承认必须有统一的民族语言作为最高级形式,作为低级形式的方言则服从于高级形式。"这很清楚地向我们指明了方言、土语和统一的共同语的关系。一个大区域的方言,包括大体上近似的而有个别差异的许多地点方言。例如,官话方言是个区域方言或叫地区方言,天津话、济南话、武汉话、成都话等就是地点方言。方言学里所用的"话"这个术语,广义地包括了方言和语言两个概念。"方言"这个术语适用的范围最广,它包括了"话"和"语"。"语"一般是用来组成方言区的名称。

(二)语言的变体

要回答混合方言是否存在的问题,首先要回答什么是方言。一般认为,方言是语言的变体。这种语言,通常被认为是和某个民族相关联的,即民族语。典型的例子是日本的和族与日语。有的语言被若干个民族作为母语使用,比如英语;有的民族也会使用不同的语言,比如壮族既使用壮语,也使用汉语。但不可否认的是,语言的形成与独立,往往和某种群体认同相关,这种群体认同通常是民族认同。因此,本文所说的语言仍然是指民族语。也就是说,方言是某个民族语的变体。具体的研究对象汉语方言,则是汉语的变体。①

---

①梁萍.谈传统方言学[J].特区实践与理论,2013(03):86-89.

变体包含三种意思。第一,方言是语言的一个子集。更准确地说,方言是若干个人言语的集合,语言则是若干个体方言或地域方言的集合。一种方言至少包含两个说话人。一种语言至少包含两种方言。在极其特殊的情况下,比如说某个方言只有一个说话人了。这个时候,这种方言实际上已经消亡了。不能用于对话的"方言"不是活的方言,不在本文讨论范围之内。第二,方言具备了该语言的所有共性。第三,方言之间相互区别。比如说,有声调系统是汉语方言的共性,声调的数目与调型、调值的差异则是它们的个性。也就是说,汉语方言是具有不同语言特征的汉语变体。

(三)分化和趋同

方言的产生首先是言语社团分化和语言差异累积的结果。在人类早期的社会形式里,言语社团规模很小,比如在原始社会,一个部落可能只有百来人。这个部落便是一个高度同质的言语社团。部落的每个个体的言语都会有所差异,通常是语音方面的,这是基于人体发音器官的不同;有时是词汇方面的,部落最有权威的人可能会掌握比较多的词汇。但就一般情况而言,新的语言差异要么就停留在个体,要么就迅速地扩散到整个言语社团。比如有人发现了一样新事物,给他的语言系统增添了一个新的词语,很快地整个部落的人都把这个词汇添加到自己的语言系统里了。在这种情况下,一个言语社团就只有一种语言,没有方言。人口总会繁衍,言语社团也必然会分裂。在落后的生产力条件下,分化的言语社团之间的交流必然不如之前那么方便,那么新的词语或者新的发音方式可能就只会在某个言语社团传播。这些差异随着时间累积起来,分化出来的言语社团之间就会感到彼此的明显差异,而且这些差异由于群体认同的差别不会迅速消失,这时方言就产生了。如果没有时间的因素,差异就无法累积。如果多个分散的言语社团交流起来仍然如一个言语社团一样,就像今天的信息化社会,差异就会迅速扩散,无法成为某个群体的特征。一般情况下,言语社团总是分散在不同的地域,地理条件阻碍了彼此的交流,因此言语社团的语言差异就表现为同一起源的语言在不同地域分别演变的结果。这就是最常用的方言的基本概念:方言是语言的地域变体。

方言除了分化之外,还有趋同(leveling)。趋同其实是比分化更为普遍的语言活动。这是因为语言是人类交流信息的主要工具,采用同样的符号系统无疑可以更有效地发送和接收信息,符合系统之间存在的任何一个差异都会对信息交流起到阻滞作用。在这个前提下,使用和别人同样的语言或者方言便成为客观需要。另一方面,和同一言语社区的人使用同样的语言也显示了群体认同的心理需要。

语言或方言的分化和趋同是对立统一的。假设有言语社团A,语言创新总是先出现于其中的个人方言当中,这个时候是个人方言和言语社团A的分化。通过趋同活动,该项语言创新传播到整个言语社团,这个时候就达到了个人方言和言语社团的统一。如果在传播过程中受到阻碍,言语社团在语言特征上就分为有语言创新的A_1和没有语言创新A_2,如果该项语言创新在传播过程中发生再创新,言语社团就可以不断地分裂。这就是言语社团内部的分化,这种分化和局部趋同是一个事实、两种说法。当语言创新通过个人方言的趋同活动扩散到其他言语社团(比如B)时,一方面,这是言语社团A和言语社团B之间的趋同,另一方面则有可能导致言语社团B分化为B_1和B_2。通常所说的分化和趋同都是针对言语社团而言。趋同在言语社团内部之间比在不同的言语社团之间更为容易,更为普遍。这是因为:第一,内部交流比外部交流更为容易和频繁;第二,群体认同使得说话人向同属一个言语社团的人趋同。因此言语社团可以积累起来一系列来自内部的语言创新,这些创新构成言语社团的特质,根据这些特质可以将不同的言语社团区别开来,即划分方言。

(四)方言的划分

方言的划分有不同的方法。可以纯粹只考虑方言的语言特点,比如说可以按照主元音系统的不同将汉语方言分为五元音方言、六元音方言、七元音方言,等等。这种划分固然可以有效地把方言划分为若干个子集,但反映不出方言和社会的联系,因此通常情况下用处大不。常见的划分方案需要参考方言的人文历史背景,正如划分语言要参考社会政治情况一样。

传统方言学对汉语方言的划分工作称为方言分区。方言分区一般认为依据的是历史比较语言学的理论体系,如朱德熙认为:方言分区实质上是方言亲缘关系在地理上的分布[①]。划分方言区是给现代方言分类,可是划分出来的类要能反映亲缘关系的远近。因此,这种研究实质上属于历史比较语言学的范畴。

---

① 朱德熙. 建议设立语言学系[J]. 群言,1986(02):21-22.

历史比较语言学主张通过形态变化和语音对应关系（主要是后者）来确定语言或方言之间的亲属关系，进而给语言或方言分类。汉语形态不发达，因此语音对应关系也就成了汉语方言分区的主要标准。

选用语音特征进行分区时常常面临单一标准还是多项标准的选择。李小凡认为："按照分类的一般原理，划类标准应该是越少越好，最好只用一条标准，这样才能最大限度地避免兼类。[①]"

就一般事物而言，采用单项标准划分的前提是该项因素是事物的本质属性，比如说我们根据原子量的大小来划分元素，每一个元素的原子量都和别的元素不同。那么，语音特征是否是方言的本质属性？没有任何证据表明语音特征和方言之间存在着必然联系，因此不能根据单项语音特征来划分方言。其次，方言分区的目的是找出方言之间的亲属关系，而主要的判断标准是语音对应关系。存在语音对应关系的字或者词越多，方言之间的亲属关系就越密切。在这个前提下，笼统地讲，多项语音特征无疑比单项语音特征更能准确地说明方言之间亲属关系的远近。因此，尽管在实际操作中，单项标准有时能较好地划分方言，但大多数情况下使用多项标准更为常见。正如李如龙所说的："其实，先有多项标准在手，才能有单一特征的选择。[②]"

结合历史人文资料，一般将汉语方言分为七大区：官话、吴语、湘语、赣语、闽语、粤语、客家话。《中国语言地图集》增加了三个方言区：晋语、徽语和平话。不过这新增的三个方言区的独立性未能获得大多数人的赞同，仍然采取七大方言的说法。

谱系分类法的一个基本假设是语言创新只在言语社团内部传播，由于传播的局限性，语言或者方言因此分化。然后更进一步假设所有的方言都有一个共同的祖语，每经历一次受限的重大创新就分裂一次，从而形成汉语方言如今的分布。因为内部传播比外部传播更容易，这种方言形成模式有一定的合理性。它的不合理之处在于，方言的形成不可能只考虑分化而不考虑趋同。特别是在两种情况下，言语社团会受到外部的强烈影响。一种情况是言语社团的边缘区域。在汉语方言中，如果把一个县看成一个言语社团，那么和其他县市邻近的乡镇方言总是带有其他方言的特征。另外

---

①李小凡.汉语方言分区方法再认识[J].方言,2005(04):356-363.
②李如龙.二十世纪汉语方言学的经验值得总结[J].语言研究,2001(01):79-83.

一种情况是言语社团重组,在这个过程中大量来自其他言语社团的人加入该言语社团的同时也带来了其他言语社团的语言成分。

为了弥补谱系分类法划分方言的不足并充分考虑接触(外部趋同)对方言分化造成的影响,许多卓有见识的方言学者都主张修改树形图。

二、方言的形成及其发展

语言是一种社会现象,它是随着社会的产生而产生,随着社会的发展而发展的。方言是语言的地方变体。因此,要了解方言的形成及其发展,只有紧密地联系社会发展的历史,联系创造这种语言和使用这种语言的人民的历史去进行研究,才有可能。方言形成的原因,一般说来,有以下几种。

(一)社会的分化

社会的分化引起语言的分化,原始公社制时代、奴隶制时代、封建制时代是语言分化为方言的最活跃的时期。我国汉唐之间的六朝和唐宋之间五代十国时期,中原地区由于民族间的征战造成了社会的分裂,政治上的割据等促使进了新的方言形成。

(二)集体的迁徙

由于战乱和灾荒,引起人民群众集体的迁徙,语言随着使用者的分离日益走向分化的道路,这样天长日久,新的方言区域便逐渐形成。分布在闽、赣、粤、桂等许多地方的客家方言是集体迁徙形成方言的典型例子。秦始皇统一六国,实行"耕战"政策,曾派五十万大军驻守百越,中原汉人大批移民到岭南,促进了粤方言的形成。

(三)语言的接触

不同语言的接触,常常造成方言的差异,加上其他的条件,便形成了新的方言。就汉语方言来说,闽、粤两大方言区内部各自存在着许多差异,其中有些差异是跟当地少数民族语言和外语接触的结果。我国少数民族语言跟汉族语言频繁地接触,也造成了少数民族语言内部方言的差异。

(四)地理的因素

在社会发展的一定阶段上,地理的因素,如山脉的阻隔、河流的有无等也会造成方言的差异。地理的因素造成方言的差异不是绝对的。河流和山脉有时是不同的方言分界,有时却是同一方言蜿蜒的途径。长江下游是吴语区和"官话"区的天然界限,而闽江下游却分布着同一闽东方言;五岭可以把湘方言和粤方言隔开,但南岭和武夷山却阻挡不了客家方言向南方福建、广东等地的分布。

语言在发展过程中随着社会发展的不同特点而有不同的性质。社会分裂了,语言就日趋分化;社会混合了,语言就随之整化。方言的产生是语言分化的结果;方言的繁荣是社会分裂所维持的;方言的消亡是语言的整化所造成的。方言发展为民族共同语也是社会的集中、语言统一的标志。语言的整化可以说是资本主义时代语言发展的主流。方言在资本主义时代已经带有残余的性质,但是,由于资本主义社会所固有的矛盾和资本主义发展的不平衡性,在资本主义时代里方言差异的消失往往是慢慢地发展的,只有到了人民当了国家的主人,逐渐消灭城乡差别的社会主义社会时期,才能为民族共同语的发展和方言的集中与消磨开辟新的康庄大道。

三、汉语方言研究的历史概述

我国对汉语方言的研究有其悠久的历史。周秦时代,统治者为了体察民情风俗,博通天下名物,每年秋后都要派遣使臣到各地去搜集民间歌谣和方言异语。两千年前,西汉的扬雄就参考了历代积累的一些材料,加上自己亲自向来自各地会集京都的孝廉、卫卒调查的材料,用了二十七年时间编成了现存十三卷的《輶轩使者绝代语释别国方言》(简称《方言》)一书。这是我国最早的一部汉语方言比较词汇集,也是现存的世界上最早的一部方言专著。其中搜集了各地不同的方言词九千条左右。体例跟以解释字义为目的的《尔雅》大致相似。它先把有关的每类意义相同或相近的字词排在一起,然后用一个当时较通行的说法来加以解释,许多词条还列举了各地不同的说法。例如:党、晓、哲,知也。楚谓之党,或曰晓,齐宋之间谓之哲。

《方言》中所收录的包括当时不同地域的方言(即某地语、某地某地之间语)、通行地域较广的方言(某地某地之间通语)、当时的普通话(凡语、凡通语、通语、四方之通语)和古方言(古今语、古雅之别语)等四种。《方言》一书在我国方言研究史上开创了实际调查的先例。书中为我们保存了汉以前许多语言、方言的重要资料,是一份珍贵的文化遗产。扬雄着眼于活的口语,并注重变化的词义和语音的时地观念,是值得称道的。此外他认识到周秦汉时代错综的方言区,并提出"通语"这个概念来代替"雅言",这对我们了解古代方言分布的雏形,也是难能可贵的。

扬雄《方言》问世后,晋代郭璞曾第一个为它做了注解。这部《方言》注本在我国汉语方言研究史上也有重要的地位。郭璞不但对《方言》一书中的词语加以各种解释和说明,而且还常拿当时的方言来和汉代方言互相比较,以证实古今词语的变化,指明某些汉代方言词语保存在某地,或转移到别处,或上升为"通语"。王国维说得对:"读子云书可知汉时方言,读景纯注,可知晋时方言。"历来研究《方言》的人把郭注《方言》视为重要注本。

东汉时刘熙著《释名》,也是一部与考证古方言有关的重要著作。刘熙应用声训的方法,从语音和词义两方面来探索名物的来源和异同。《释名》一书虽然夹杂了不少主观唯心的成分,但它无疑是我国最早的一部语源学著作。汉魏以后,我国的汉语研究已从词义研究转入了音韵的研究。隋朝陆法言的《切韵》(公元601年),是我国保存下来最早的一部韵书。陆法言编写的目的,是想对当时方言分歧的现象有所斟酌取舍,企图求出全国方言的"最小公倍数"来,定为统一的标准音。他大概是拿当时政治、经济、文化集中的黄河中游地区(从长安到洛阳、开封一带)的方言作为基础,并"取诸家音韵、古今字书、以前所记者,定为切韵五卷",又由于他的协作者都是当时一些精通音韵的人,所以能做到"捃选精切,除削舒缓",这样一来,《切韵》便为后代研究方言者提供了中古时期共同的语音模式,使得今天各地方言才有可能进行语音历史的比较研究。《切韵》以后,唐宋时期的韵书如《唐韵》《广韵》《集韵》等都带有正音的目的,其中《集韵》搜集方言词较多,对方言词的比较研究有较大的参考价值。清代的方言研究在方言俗语的辑录和考证方面有:钱大昕的《恒言录》、孙锦标的《通俗常言疏证》、钱坫的《异语》、翟灏的《通俗编》、张慎仪的《方言别录》。有以个别方言为对象的,如孙锦标的《南通方言疏证》、李实的《蜀语》、张慎仪的《蜀方言》、胡韫玉的《泾县方言》、胡文英的《吴下方言考》、范寅的《越谚》、毛奇龄的《越语肯綮录》、茹敦和的《越言释》、詹宪慈的《广州语本字》、杨恭桓的《客话本字》等。此外,散见于诸家笔记及各省地方志中的还不少。在辑录、考证方言词语的同时,清代还出现了许多续补扬雄《方言》的著作,如杭世骏的《续方言》、戴震的《续方言》、程际盛的《续方言补正》、徐乃昌的《续方言又补》、程先甲的《广续方言》和《广续方言拾遗》、张慎仪的《续方言新校补》和《方言别录》。这里要特别指出的是章太炎的《新方言》和刘献廷的《广阳杂记》。前者对《方言》续补研究功力较深,后者提出的一些调查方法较为切实可行。

地方韵书是明清以后各地方言同音字表的保留。现在能看到的地方韵书有泉州的《汇音妙悟》、福州的《戚林八音》、漳州的《雅俗通十五音》、潮汕地区的《潮声十五音》、连阳的《拍掌知音》、广州的《千字同音》、建瓯一带的《建州八音》、徐州一带的《十三韵》、武昌的《字汇集》、徽州的《乡音字汇》、合肥的《同声韵学便览》、江西一带的《辨音摘要》、河北一带的《五方元音》、山东一带的《十五音》等。这些地方韵书都是按方言的声韵调系统排列的字书,有的在字的下面注明了意义,它对帮助方言区人民辨音认字不无好处。上述两类韵书,在历史上都曾起过它应有的作用,今天它对语音、词汇的比较研究仍有重要的参考价值。由于隋唐以后广泛地运用了反切注音,这比上古时期使用读若、直音,在审音、标音方面更趋准确。体现在这两类韵书中对音韵的"剖析毫厘,分别黍累"的成果,标志着我国传统的汉语方言在语音研究上已前进了一大步。

明清以后,到我国来的欧美一些国家的传教士和外交官,为了他们的政治、文化侵略的需要,也调查研究过一些汉语方言,编写过一些地方性的方言词典和用罗马字拼写一些地方方言的圣经译本。例如,用拉丁字母标注北京音的有威妥玛的《语言自迩集》,关于广州话的有艾德尔的《广州方言字典》,客家话的有雷氏的《汉法客话字典》,广州陆丰话有桑克的《陆丰方言》,厦门话有道格拉斯(Douglas)的《厦门话字典》,福州话有麦克莱(McCloud)的《福州话字典》,上海话有大维(David)和奥尔斯比(Olsby)的《汉英上海话字典》等。这些方言字典,多数是用拼法不一致的拉丁字母标音,对我们了解一时一地的语音和词汇概况有一定的参考作用。但是,由于各种条件的局限,这些字典也有着不少缺陷,对我国语言学界影响不大。在研究汉语方言中有较高水平,对我国语言学界有影响的是瑞典汉学家高本汉(Klas Bernhard Johannes Karlgren)。他是二十世纪二十年代第一个运用欧洲现代科学方法,来中国亲自调查山西、陕西、甘肃、河南四省十三处方言的人。他写的《中国音韵学研究》一书中专辟了"汉语方言描写语音学"和"方言词汇"两章,在分析汉语方言和应用方言材料来研究汉语的古音方面取得一定的成就。

从二十世纪二十年代开始,我国的语言学家就运用了现代语言学的理论和技术,开展了一系列的方言调查研究工作。1924年北京大学研究所成立了方言调查会,拟定了一套方言字母。同年出版了刘复的《四声实验录》,这是一部以北京、南京、旌德等十二处方言声调作为研究对象的著作。清华大学在1927年首先组织了对吴语的调查,随后在前中央研究院历史语言研究所的倡导和组织下,有过几次规模较大的调查。

汉语方言的研究,虽然在近三十年间有了长足的进步,积累了不少材料和调查研究的经验,从此汉语方言学建立在一个比较科学的基础上,并逐渐发展成为语言科学中相对独立的部门,但对我国丰富复杂的汉语方言来说,这个时期的工作还有不足的地方,就数量来说,全国汉语方言以一县一市为一点计算共有两千多个,而以往的调查总共只有一百七十多点(其中属官话方言区的有129点,其他方言区的45点)。区域性调查的材料往往只限于几个字音。在质量上,调查材料和方法因人而异,价值不等。这些调查都是偏重语音而忽视词汇和语法,在重视语音的情况下,又大都倾向历时而忽略共时的比较研究。

新中国成立后,党和人民政府对于语言文字工作十分关怀和重视,1955年组织了大批人力,进行了全国性的汉语方言普查工作。

20世纪70~80年代,汉语方言的调查研究又得到恢复和发展,主要包括以下方面:

第一方面,从发表在《中国语文》《方言》各大学学报及其他刊物上的方言论文和专著看,数量增多了;从内容看,和过去各期比较有以下几个明显的特点:一是调查研究的领域扩大了,例如,运用传统的并结合新兴的社会语言学的调查研究方法,对上海话、南京话、福州话、碗窑话、韶关话等进行共时和历时的研究;二是研究的课题集中、深入;三是填补了一些专题研究的空白;四是开展了对汉语方言分区实质性的研讨。

第二方面,从培养方言研究的人才看,近几年来,不但综合性大学开设《汉语方言学》课程,连许多师范院校也开设了这门选修课。许多老、中年方言学者近年来陆续招收了方言研究生。这个时期培养的一批具有较高水平的方言工作者数量之多是新中国成立以来少有的。

第三方面,与国内外学者进行学术交流频繁了。随着我国开放政策的实施,来我国学习、研究汉语方言(其中如北京话、广州话、上海话、厦门话等)的外国学者、留学生、进修生越来越多。国内研究方言的学者也出国讲学、参加国际学术会议,扩大了相互间的交流往来。

第四方面,《方言》杂志的创刊和全国汉语方言学会的成立。1979年春,我国语言学史上第一份方言研究的专门性刊物《方言》杂志创刊了,它恰似科学春天里的语苑奇葩,受到国内外语言工作者的欢迎。1981年11月,汉语方言学会成立暨首届学术讨论会在厦门大学举行。这是我国方言研究史上一件划时代的大事。它团结日益壮大的汉语方言调查研究工作者,推动汉语方言的调查研究朝着协作、深入的方向发展。

当然,百废俱兴,汉语方言的调查研究也还有美中不足之处。如各地方言材料与方言概况的出版还较少,有关汉语方言词汇、语法方面的论文还不多,方言调查研究工作如何为新时期的四化建设服务还探讨得不够等。我们相信,随着时代的前进,事业的发展,汉语方言的调查研究工作也会不断前进,不断发展。

第四章 现代语言学理论

第一节 布拉格学派和马泰休斯的语言理论

一、布拉格学派

布拉格语言学派又称功能语言学派。这一学派主张从结构和功能两个方面来研究语言,为结构主义语言学的主要流派之一,在欧美的结构主义学派中具有自己的特色。学派的组织者和领导人是捷克斯洛伐克语言学家维论·马泰休斯(Vilem Mathesius)。

布拉格学派是形成较早的一个结构主义学派,而且形成这个学派的思想早在酝酿。雅柯布逊(R.Jakobson)回忆说:"记得1920年我一到布拉格,马泰休斯就向我询问了关于莫斯科语言学会的组织和工作情况,并且说:'我们这里也需要一个这样的组织,不过现在还为时过早,我们得等进一步的发展。'"1926年10月16日,布拉格语言学会在马泰休斯执教的查理大学召开了第一次会议,宣告学会成立。参加这个学会的,主要是捷克斯洛伐克从事斯拉夫语文学和日耳曼语文学研究,并主张采用新的观点和方法来探讨语言和文学理论问题的学者。除作为学会组织者和领导人的马泰休斯外,还有哈弗拉内克(B.Havranek)、特伦卡(B.Trmka)、瓦赫克(J.Vachek)、穆卡若夫斯基(J Mukatovsky)、里布卡(J.Rybka),以及后来加入的斯卡利奇卡(V.Skalicka)、霍拉列克(K.Horalek)、诺瓦克(L.Novak)、科里内克(L.M.Korinek)、文加特(M.Weingart)、特罗斯特(P.Trost)等。值得一提的是,三位当时侨居国外的俄国语言学家参加了学会,他们是雅柯布逊、特鲁别茨科伊(Nikolai Trubetzkoy)和卡尔采夫斯基(Karczevsky),前两位为这一学派活动的积极参加者和代表人物,学派的许多成就是与他们的名字分不开的;后一位是索绪尔的学生,属日内瓦学派,他的加盟加强了日内瓦学派和布拉格学派之间的联系。布拉格学派与欧洲各国的语言学家有广泛的联系,有些学者虽非学派成员,但在观点上与布拉格学派相当接近,也参与学派的一些活动。这些学者包括奥地利的比勒(Biller),荷兰的格罗特(A.W. Groot),挪威的萨默费特(A.Sommerfelt),南斯拉夫的彼利奇(Pilic),波兰的多罗舍夫斯基(W.Doroszewski),英国的琼斯(D.Jones),法国的班维尼斯特(E.Benveniste)、马丁内(A.Martinet)、泰尼埃尔(Danielle),苏联的波利瓦诺夫(Polivanov)、维诺库尔(Winocour)、鲍加蒂廖夫(Bogatilev)、蒂尼亚诺夫(Tinyanov)、托马舍夫斯基(Thomaschewski)等。

20世纪20年代末和整个30年代是布拉格学派的鼎盛时期。1928年,在荷兰海牙召开了第一届国际语言学家大会,马泰休斯、雅柯布逊、特鲁别茨科伊和卡尔采夫斯基参加了会议,功能结构语言观写进了布拉格学派和日内瓦学派的联合宣言,刊登在这次大会出版的文件中。1929年,第一届国际斯拉夫学者代表大会在布拉格举行,学会向大会提交了一份《论纲》,全面地阐述了学会的理论和方法原则。《论纲》发表在同年创刊的《布拉格语言学会论丛》上,是专为这次大会而准备的,布拉格语言学派就此闻名于世。该论丛从1928年到1939年共刊出8卷,刊登了该学会成员的许多重要著作。1935年,马泰休斯又和哈弗拉内克等人创办了《词与语文》杂志,作为学会的机关刊物。1939年3月,德军占领捷克斯洛伐克后,学会成员流散,活动中断,至1948年方始恢复,但已比不上30年代的盛况。到1952年,由于一系列的原因:有的成员(如特鲁别茨科伊、马泰休斯)谢世,有的(如雅柯布逊)离开,有的(如穆卡若夫斯基)转移研究方向,布拉格学派在组织上解体了。后由特伦卡、瓦赫克带领一批年轻的学者,在捷克斯洛伐克科学院以现代语文学部功能语言学小组的名义,继承学派传统,开展研究工作,《词与语文》杂志也从1953年起由捷克斯洛伐克科学院现代语文学部接办,继续出版。

布拉格学派的结构和功能观来源于波兰语言学家博杜恩·德·库尔特内(J.N.Baudouin de Courtenay)和瑞士语言学家索绪尔(F.de Saussure)。马泰休斯在《我们的语言学走向何方》一文中明确指出:"索绪尔的两个主要思想——要求对语言进行共时分析和关于语言系统、语言结构的思想,以及博杜恩在索绪尔之前就已提出的关于语言功能的思想,毫无疑问,是建立新的语言学的基本支柱。"这里特别要提出关于"功能"的概念,斯卡利奇卡在1948年发表的《哥本哈根的结构主义和布拉格学派》一文中,列举了哥本哈根学派与布拉格学派的八点区别,其中谈到了两个学派对"功能"这一术语的不同理解。布拉格学派是从目的论的角度来理解"功能"的,"对我们来说,功能就等于目的";哥本哈根学派则从数学的函数方面来理解功能,"他(叶尔姆斯列夫[L.Hjelmslev]——引者)认为功能就是严格的依赖关系的表现"。

布拉格学派对现代语言学的贡献是多方面的,首先表现在它开功能主义研究倾向的先河。1976年,以马丁内(Andre Martine)为首,法国成立了国际功能语言学协会,其目的就在于发展布拉格学派的基本思想。在当代西方语言学中,功能主义已形成一股势头,足以与形式主义研究倾向相抗衡。尽管集合在功能主义旗帜下的研究者们在目标、观点和方法上并不一致,但布拉格学派的倡导之功是不能抹杀的。其次是这一学派广泛探讨了标准语、标准语的多种功能和任务、语言修养、功能语体等方面的问题,对修辞学和语体学的发展有积极的意义。再次是他们扩大了语言比较的范围,提出了"分析比较"的原则和语言联盟的思想,推动类型语言学和地域语言学的研究向纵深发展,并且成为对比语言学的源头之一。①

在具体语言研究方面,布拉格学派最杰出的贡献是建立了音位理论。特鲁别茨科伊的《音位学原理》(1939)是一部划时代的著作,可以说,音位学作为一门独立的学科,是以这部著作的问世为标志的。其中阐述的理论原则和研究方法,对以后的语法研究和语义研究都产生了深远的影响。这一学派的功能句法理论也为人们开阔了视野,马泰休斯制定的实义切分方法已被广泛采用,成为篇章语言学和语篇分析中切分话语序列的重要手段。

二、马泰休斯的生平和主要著作

马泰休斯1882年出生于当时奥匈帝国波希米亚地区帕尔杜比策的一个手工业工人家庭。在中学学习期间,他学习了多门外语,除拉丁语、希腊语和德语外,还学习了法语、英语、意大利语和俄语。1901年,他进入查理大学文学院,攻读日耳曼语言和罗曼语言,从1903年起,专攻英语。1905年大学毕业后,他曾在中学担任外语教师四年。1909年,他以《当代英语的词序》为题,通过论文答辩,获得博士学位,随即被聘任为查理大学

①李京育. 布拉格学派句子功能前景理论研究[D]. 长春:吉林大学,2011.

英语和普通语言学副教授,1912年晋升教授,他是查理大学第一个由捷克人担任的英语教授。

马泰休斯早年从事英国文学的研究。1910—1915年曾出版过两卷英国文学史的著作,收录了他撰写的有关莎士比亚、笛福、萧伯纳、高尔斯华绥和其他英国著名作家的论文。后来他转向语言理论的研究,先研究具体语言(捷克语和英语),后研究普通语言学。

1926年,在他的倡导下成立了布拉格语言学会,终身担任学会会长。他是一位"天才的组织者"(雅柯布逊语),通过组织各种报告和讨论,激励学会成员积极开展研究工作,使学会的活动十分活跃。他密切注视世界各国语言科学的进展,与欧洲的一些著名语言学家保持密切的联系,并且关注语言学与其他有关科学的联系,比如说,他曾邀请德国现象学家胡塞尔(E.Husserl)和德裔美籍哲学家和逻辑学家卡纳普(R.Carnap)来学会做报告,以扩大学会成员的视野,他把布拉格学会称作"工作共存体"。

20世纪20年代末,马泰休斯遭到了病魔的严重打击,他的眼病不断加重,使他几乎双目失明,不得不依靠别人(他的夫人或助手特伦卡)的帮助进行阅读和写作。到30年代又得了脊柱炎,长期卧床不起。尽管疾病缠身,但他仍然不废研究和写作,直至1945年在布拉格去世。

马泰休斯一生撰写了近四百种论著。在他去世后,由他的学生瓦赫克等人整理出版的论文集和专著有:《捷克语和普通语言学》(1947)、《在普通语言学基础上对当代英语的功能分析》(1961)、《语言和语体》(1966)、《语言、文化和语文》(1982)等。在这些出版物中收集了他语言研究方面的主要论著,有些论著已被译成德语、英语、俄语、日语和汉语出版。

马泰休斯于1911年在波希米亚皇家学会做了一个题为《论语言现象的潜能》的报告。在这个报告中,他提出必须对现代语言进行共时研究的观点。报告认为,语言的表层是不稳定的,充满了任意的和组合上的各种变异,这一表层为静态(即共时)的波动,与动态(即历时)的变化相对立,而语言的潜能则是语言变化的原因。他曾经不无自豪地说:"我在1911年试图用语言现象的潜能理论来消除共时分析的要求和言语不断变化之间的矛盾,先于结构主义语言学关于语言系统事实及其在言语中的不同体现的论述。"事实上,就在同一年,索绪尔在日内瓦大学第三次讲授普通语言学课程,于6~7月间讲演了他语言理论中的中心思想之一《静态语言学:

几个普遍性原则》。也就是在这一年,美国的博厄斯(F.Boas)领导编写的《美洲印第安语手册》第一卷出版,由博厄斯撰写的《美洲印第安语手册·序言》中,详细地阐明了调查和描写印第安语所采用的原则和方法。三位学者在毫无联系的情况下,不谋而合地发表了与历史比较研究相对立的见解,展示了对语言进行共时分析的前景,标志着现代语言学的开端,因此1911年被认为是应该载入语言学史册的一年。

1929年发表的布拉格语言学会《论纲》,以雅柯布逊和马泰休斯为主执笔起草,并经五人小组(马泰休斯、雅柯布逊、特伦卡、哈弗拉内克、穆卡若夫斯基)最后讨论审定。《论纲》的观点应该被视作马泰休斯语言理论的组成部分,我们将在下面结合他的其他著作加以阐述。

三、马泰休斯的语言理论

(一)结构和功能统一的语言观

如前所述,马泰休斯接受了索绪尔关于语言系统和语言结构的思想,但是他主张用功能的观点来对待语言结构的分析。《论纲》指出:"语言是人类活动的产物,语言和人类活动一样具有目的性。对作为交际手段的言语活动所作的分析表明,说话人最为普遍的目的在于表述,这一点是显而易见的。因此,必须采取功能的观点来进行语言分析。从这个角度看,语言是为某种特定目的服务的表达手段系统。不考虑语言所隶属的系统,就不可能理解任何语言现象。"在20世纪50年代,捷克斯洛伐克语言学界曾开展过一次讨论,这次讨论涉及布拉格学派的理论基础问题。在哈弗拉内克、霍拉列克、斯卡利奇卡和特罗斯特于1958年向第四届国际斯拉夫学者代表大会提出的《论纲》中,结构和功能统一的语言观再次得到肯定。这份《论纲》指出:"布拉格学派的语言观有两个同样重要的特点,这也是布拉格学派对语言学作出的贡献。第一是结构观,布拉格学派成员把结构问题(即语言及其相互联系的组成部分的结构性质)列为语言学所要研究的课题;第二,不要忘记布拉格学派是功能学派,当然,这里'功能'指的是任务而不是依赖关系。"正因为这样,布拉格学派也称为功能语言学派。

奥地利哲学家和心理学家比勒提出,人有三种心理能力:思想、感觉和表达意志;语言也相应具有三种功能:表述功能、表现功能和呼唤功能。这一论述对布拉格学派颇有影响,布拉格学派认为语言现象的智能性和感情性是语言特征的重要标志。与此相应,语言具有两个基本功能:体现智能言语活动的功能是社会功能,旨在沟通人与人之间的关系;体现感情言语活动的功能是表现功能,旨在抒发说话人自己的感情或引发听话人的感情。社会功能又分两个方面:一是交际功能,侧重于符号的所指(表述内容),即说什么;一是诗歌功能,侧重于整个符号本身(表述方式),即怎么说(参见《论纲》)。以上观点构成了他们讨论标准语功能和功能语体的出发点。

(二)标准语的功能和功能语体

捷克斯洛伐克原来属于奥匈帝国,1918年成立捷克斯洛伐克共和国后,捷克语才成为捷克的官方语言,但在书面语和口语之间仍存在着很大的分歧。正是这种实际的需要促使他们进行标准语的功能和功能语体问题的研究,这方面的工作主要是由马泰休斯和哈弗拉内克完成的。

布拉格学派首先区分标准语和民间语言。《论纲》中指出:"标准语的特点表现在它所起的作用,特别是它要满足比民间语言更高的要求:标准语反映文化生活和文明(科学、哲学和宗教思想的成果,政治和社会工作的成果,法律和行政事务工作的成果)。"标准语是对民间语言进行有意识的加工的产物,"对标准语的更高要求是与它的经过整理而更富有条理的性质和规范性相联系的"(《论纲》)。在马泰休斯和哈弗拉内克的主持下,布拉格学派制定了"语言修养的一般原则。""语言修养"指的是对标准语(包括书面语和口语)特征的关注,标准语具有三项特征:第一是稳定性,标准语必须摆脱不必要的模棱两可的状况;当然,这种稳定性是"有伸缩的稳定性",因而,语言的规范标准也应保持一定的灵活性,不能用静止的观点即"历史纯洁性"的观点把规范标准看成是一成不变的东西(参见马泰休斯《标准语需要稳定性》)。第二是准确性,标准语应该清楚、准确、细致而又毫无困难地表现多种多样细微的含义。马泰休斯说:"我不知道是否有人考虑过这样一个问题:我们借助语言手段可以多么准确而细致入微地表现出丰富多彩的现实世界。"(《论语言的准确性》《语言和语体》)第三是独特性,标准语应该加强能用以确定语言独特性的那些品质。这也是与马泰休斯关于语言特征学的论述密切相关的,我们将在下面加以分析。

功能语言和功能语体的思想是哈弗拉内克1932年在《标准语的任务和修养》一文中提出来的。他认为,标准语的不同功能产生不同的功能语言;而功能语言的应用,就是功能语体。二者的区别在于:功能语体是受某段话语的具体目的制约的,这是言语的功能;而功能语言则是由规范的语言表达手段综合体的一般任务决定的,这是语言的功能。布拉格学派区分出以下标准语的功能和功能语体。

标准语的功能包括:交际功能;实际专用功能;理论专用功能;诗歌(美学)功能。

功能语体包括:日常口语;公文事务语言;科学语言;诗歌语言。

马泰休斯指出,语言理论必须最大程度地与语言实践相结合,因为语言不是存在于真空之中,而是存在于语言集体之中,它是为交际和交流思想感情的需要服务的。语言理论要帮助全民族提高运用标准语的水平,要推动语言规范化的进程,要指导母语教学和外语教学。

(三)语言特征学和分析比较

布拉格学派认为自己是新语法学派的继承者,但它并不仅仅步新语法学派的后尘,而是对历史比较研究的原则作了重要的革新。这首先表现在强调共时分析的优先地位,但又不把共时和历时对立起来。《论纲》指出:"认识语言本质和特点的最好方法是对现代语言的事实作共时分析,它们才是能够提供详尽材料和构成直接感觉的唯一事实。"但共时分析不能排除进化的概念,因此"不能像日内瓦学派那样在共时方法和历时方法之间设置不可逾越的障碍"。其次是扩大比较方法的运用范围,《论纲》指出:"比较方法应该得到更广泛的运用,它可以揭示语言系统结构及其进化的规律。通过比较我们不仅可以从非亲属语言或结构迥异的远亲语言中,也可以从同一语系的语言中获得有价值的材料。"马泰休斯说:"新语法学派所比较的是亲属语言,旨在确定这些语言中各种现象的共同来源,功能—结构语言学派同时也比较非亲属语言。"(《比较音位学的任务》)

马泰休斯认为,每种语言和每个时代都有自己的表达手段。这些表达手段与其他语言和其他时代的表达手段不仅在外部方式(形式)上,而且在意义内容和感情色彩上都不相同(参见《语言和语体》)。通过一种语言表达手段与另一种语言表达手段的比较,能够认识不同语言的不同结构系统,揭示不同语言的语言特征。在这个基础上他制订了语言特征学的原则:"语言特征学只与某种语言在特定时间内重要的本质特征打交道,要在普通语言学的基础上对这些特征进行分析,努力弄清楚它们之间的关系。"(《语体和语言特征学》)他把语言之间的共时比较称为分析比较。特伦卡还据此提出了与历时比较相对立的共时比较原则,认为语言学中运用分析的目的在于确定一个表达系统内不同因素之间的关系,也即证实那些重复出现的相互联系的因素。

(四)功能句法观和句子的实义切分

布拉格学派把传统语法学加以改造,提出了语言称名理论和组合方式理论。前者研究作为称名活动成果的词和熟语,包括传统词法学和词汇学的内容;后者研究在组合活动中产生的各种非固定的词的组合(参见《论纲》)。然而,在语法研究方面产生深远影响的,则是由马泰休斯提出,后来被西方语言学家称为"功能句法观"(functional sentence perspective)的句子实义切分(又译句子实际切分)理论。

实义切分是马泰休斯在1939年发表的一篇文章中提出来的,他说:"有必要把句子的实义切分和形式切分区别开来。如果形式切分是从语法要素的角度研究句子成分的话,那么句子的实际切分就是研究句子以何种方式与上下文的具体情景发生联系,而句子也正是在这种具体上下文的基础上形成的。"他又说:"句子的形式切分的基本要素是语法主语和语法谓语,实义切分的基本要素是表达的出发点(即在该语境中已知的或容易得知的东西,说话者即由此出发)和表述核心(即说话者关于表述出发点的所述内容或与其有关的内容)。"应该指出的是,马泰休斯当时使用的是"表述出发点"和"表述核心",主位(theme)和述位(rheme)这两个术语是德国学者博斯特(K.Boost)后来才提出来的。简言之,形式切分是一种语法切分,而实义切分则是一种功能切分或交际切分。马泰休斯主要是依据词序来进行实义切分的,他区分客观词序和主观词序。客观词序是表述出发点,位于句首,表述核心位于句末;主观词序是首先出现表述核心,而后才出现表述出发点。试比较:"这套时装真漂亮"(客观词序)——"真漂亮,这套时装"(主观词序),主观词序带有语体和感情成分,多用于口语和文学作品中,表示强调某种感情色彩。

不少语言学家对主位和述位的排列问题进行了有益的探讨,仅举捷克学者达内施(Arman Danesh)继承布拉格学派传统而提出的主位—述位推进的五种类型为例。

1.简单线性主位推进型

例如:这闾门外有个十里街,街内有个仁清巷,巷内有个古庙……(《红

楼梦》)

这里第一句话的述位"十字街"成为第二句话的主位,第二句话的述位"仁清巷"又成为第三句话的主位。

2.连接主位推进型

例如:看,我年轻的共和国!你身披灿烂的锦绣,满怀胜利的鲜花!一手挥动神笔,一手扬鞭催马!(贺敬之《十年颂歌》)。

这里一个主位"你"连接不同的述位。

3.派生主位推进型

例如:青年少女到了这时刻上,会感到人生无边的幸福。做起活儿,不再孤单;睡起觉来,像有个人儿在陪伴。她的眼睛整天价笑啊,合不拢嘴儿地笑。她的心情,像万里星空里悬着一个圆大的月亮,窥视世界上一切,觉得什么都是美好的。(梁斌《红旗谱》)

这里后两句的主位"她的眼睛""她的心情"是由总主位"青年少女"派生出来的。

4.分裂述位推进型

例如:湖里有十来枝荷花,荷苞上清水滴滴,荷叶上水珠滚来滚去。(《儒林外史》)

这里第一句的述位"荷花"分裂出第二句的主位"荷苞"和第三句的主位"荷叶"。

5.跳跃主位推进型

例如:沿着荷塘,是一条曲折的小煤屑路。这是一条幽僻的小路,白天也少人走,夜晚更加寂寞。荷塘四面,长着许多树,蓊蓊郁郁的。路的一旁,是些杨柳,和一些不知道名字的树。(朱自清《荷塘月色》)

这里第一句的述位"小路"成为第二句的主位,第三句的主位又是"荷塘",第四句的主位却又是"小路",主位错落,呈跳跃形式。主位—述位的推进模式有助于阐明句际的语义联系以及语段中主题的展示形式,它们已成为篇章语言学和语篇分析中分析话语序列的重要手段。

第二节 叶尔姆斯列夫和语符学理论—— 哥本哈根学派和叶尔姆斯列夫的语符学理论

哥本哈根学报(又称语符学派)是建立于20世纪30年代的一个重要的

结构主义学派。与其他的各个学派——布拉格功能学派、美国描写语言学派、伦敦结构学派——相比,哥本哈根学派以理论见长。叶尔姆斯列夫是这个学派的创始人和主要理论家。他所创立的理论叫语符学,以《语言理论导论》(1943)(以下简称《导论》)为代表作。叶尔姆斯列夫精雕细镂,把语符学理论构筑得十分精致,但使用的术语繁多(全书共用了一百多个新的术语),行文迂曲,读起来不是很好理解,所以《导论》至今尚没有中译本。①

一、叶尔姆斯列夫的生平和主要著作

丹麦著名语言学家路易斯·特罗尔·叶尔姆斯列夫(Louis Trolle Hjelmslev)1899 年出生在哥本哈根一个学者的家庭。他的父亲是一位数学家,在学术界享有很高的声誉,曾任哥本哈根大学教授、校长。耳濡目染之下,路易斯接受了父亲的一些数学思想,更继承了他学者的素质。

叶尔姆斯列夫从小对语言现象感兴趣。1917 年他进入哥本哈根大学,学习罗曼语言学和比较语言学。哥本哈根大学是丹麦历史比较语言学的中心,叶尔姆斯列夫对语言的研究也是从这方面起步的。1921 年大学毕业后赴立陶宛考察语言,1923 年以《立陶宛语音研究》为题完成硕士论文,获硕士学位。他的导师是著名语言学家、《十九世纪欧洲语言学史》一书的作者裴特生(Holger Pedersen)。1923—1924 年,叶尔姆斯列夫到布拉格进修,当时布拉格学派尚未成立,所以他仍是学习传统印欧语方面的知识。所幸他结识了在 1920 年到达捷克的雅柯布逊(Roman Jakobson),两人一直保持联系,私交颇为融洽,不过在音位问题上因为观点不同而常有争执。1926—1927 年,叶尔姆斯列夫又到巴黎深造,结识了梅耶(Antoine Meillet)和房德里耶斯(Joseph Vendryes)。当时叶尔姆斯列夫已经开始设想运用新的观点和方法来研究语言,并在着手思考普通语法问题,曾就此向梅耶讨教。巴黎之行对叶尔姆斯列夫一生的语言研究产生了巨大的影响。一是学习了索绪尔(Ferdinand de Saussure)的《普通语言学教程》,从中受到很多启示;二是熟练地掌握了法语,他的不少著作是用法语写作的。1928 年,他的第一部著作《普通语法学原理》问世。

1931 年,在布拉格语言学会的影响下,叶尔姆斯列夫与布伦达尔(Bu-

①费乔荣. 索绪尔与叶尔姆斯列夫语言思想对比——是继承还是背离[J]. 现代交际,2020(07):62-64,61.

rendahl)一起建立了哥本哈根语言学会,他担任会长。顺便提一下,从1931年到1965年,除1934—1937年间他不在哥本哈根的情况下,由布伦达尔担任会长外,学会一直由叶尔姆斯列夫担任会长职务。学会一开始成立了语音研究小组,后来又成立了语法研究小组,叶尔姆斯列夫和学派的另一位代表人物乌尔达尔(Urdah)都参加了这两个小组。两人的意见一致,主张采用新的观点和方法,通过对语音和语法现象的考察,扩大研究对象,以建立语言研究的一般理论。

1932年,叶尔姆斯列夫开始撰写博士学位论文,原来他打算写有关普通语法学的题目,但导师裴特生认为这个题目过于抽象和形式化,要求他写一篇以实际语料为基础的论文。叶尔姆斯列夫只好改弦易辙,以《波罗的语言研究》为题,从历史语音学的角度对波罗的语言中的音位和超音段音位进行了阐述。1934年他通过答辩,获得博士学位。

获得博士学位后,叶尔姆斯列夫于1934年到奥胡斯一所大学任教,讲授历史语言学。同年乌尔达尔也来到奥胡斯。两人志同道合,致力于语言结构或结构主义语言学的研究;1935年年底,为了与传统语言学(他们把以前的语言学,包括历史比较语言学在内,都称作传统语言学)相区别,确定把自己的语言理论命名为语符学(glossematics)。原来两人准备合作撰写一部《语符学纲要》的专著,因考虑不够成熟未能完成。1939年乌尔达尔出国,两人失去联系,创立语符学理论的任务便落在叶尔姆斯列夫一人身上了。

从1931年起,叶尔姆斯列夫曾受委托整理编辑和注释丹麦学者、历史比较语言学奠基人之一拉斯克(Rasmus Rask)的著作,分别在1932、1933和1935年出版了3卷。有意思的是,叶尔姆斯列夫竟把拉斯克称作结构主义的先行者。尽管他因此而受到抨击,但也可以看到叶尔姆斯列夫对结构主义语言学情有独钟。1937年,叶尔姆斯列夫回到哥本哈根大学,接替裴特生讲授比较语言学,以后一直在哥本哈根大学工作。

叶尔姆斯列夫是一位勤奋的学者。从1928年出版《普通语法学原理》起,在20世纪30年代到50年代,他一共撰写并发表了100多篇(部)著作。他十分重视学术交流,经常出席国际性的活动,如参加国际语音科学会议、国际语言学家会议等;50年代初,他到英国伦敦大学和爱丁堡大学讲学,1952年应美国语言学会的邀请,去暑期语言学院讲学,以宣扬语符学学说。

1953—1954年,叶尔姆斯列夫任哥本哈根大学副校长,1957年又建立语言学和语音学研究所,并任所长。行政工作占去了他不少精力和时间;后又受脑病的困扰,在生命的最后5年里,几乎卧床不起,无法继续研究工作。1965年,叶尔姆斯列夫去世。

叶尔姆斯列夫的主要著作有:《普通语法学原理》(1928);《格的范畴》(两卷,1935,1937);《支配关系的概念》(1939);《语言和言语》(1942);《语言理论导论》(1943);《语言学中的结构分析法》(1950—1951);《语言行为的层次》(1954)。

其中最主要的代表作当推《语言理论导论》(omkring sprogteoriens grundlaeggelse),因是用丹麦文写的,没有多少人能读懂,影响不大;全仗法国语言学家马丁内(A.Martinet)的一篇长篇书评《论叶尔姆斯列夫的〈语言理论导论〉一书》(1946),对他的理论观点详加阐述,才为较多的读者了解。1953年,由惠特菲尔德(F.J.Whitfield)翻译的英译本 *Prolegomena to a Theory of Language* 出版,并于1961年再版,开始引起学术界的广泛重视。

在语言理论方面,对叶尔姆斯列夫思想发展起主导作用的是索绪尔的《普通语言学教程》。叶尔姆斯列夫把索绪尔推崇为结构主义流派,也是现代语言学的奠基人。他接受索绪尔区分语言和言语、能指和所指、形式和实体的观点,但把它们加以变动和补充。他接受索绪尔的符号理论和价值理论,在著作中吸取了这两种理论的精髓。最受他赞赏的是《普通语言学教程》中的两句话。一句是:"语言学的唯一的、真正的对象就是语言和为语言而研究的语言。"叶尔姆斯列夫不无得意地写道:"索绪尔在日内瓦大学语言学教研室的继承人巴利(Ch.Bally)教授,在逝世前几个月给我的一封信中写道:'你一直遵循着索绪尔的理念,即他在《普通语言学教程》的结束语中的那句话。'真的,奇怪的是,为什么从前没有人这样做。"这也是他提出语言学"内在性"的根据。另一句是:"语言是形式而不是实体。"这是《普通语言学教程》在"语言的价值"这一章的结束语。叶尔姆斯列夫采用并发挥了这个观点,使它成为语符学的核心论点之一,他甚至把它推向极致:只注重形式,无视并撇开实体。

叶尔姆斯列夫承认受到索绪尔学说的许多启示,但强调不能把语符学理论与索绪尔的理论等同起来。

语符学的哲学基础是逻辑实证主义。这是以数学推理为依据而形成的哲学派别，其创始人为怀特黑德（Alfred North Whitehead）、罗素（Bertrand Russell）以及卡纳普（Rudolf Carnap）。叶尔姆斯列夫特别推崇当时任芝加哥大学教授的卡纳普，认为他的句法学和语义学著作对从语言学角度研究语言具有无可争辩的意义。事实上，语符学回避语言要素本身，排除语音学和语义学，而只研究语言的关系模式（relation pattern），其做法与语言的逻辑理论特别是卡纳普如出一辙。

二、语符学理论

（一）叶尔姆斯列夫的语言观

叶尔姆斯列夫用抒情的甚至带有诗意的笔触对语言作了如下的描述：语言，人类的言语，是纷繁多彩和取之不尽的宝库。语言与人是不可分的，它伴随着人的一切活动。语言是人们用来形成思想、感情、情绪、希望、意志和行动的工具，也是人们用来影响他人并受他人影响的工具。语言，这是人类社会初始的、必不可少的基础，它又是每个个人最终的必要的支柱。当人们处于孤独的时候，它给予庇护；当理性产生矛盾和斗争的时候，诗人和思想家总是用独白来消除冲撞的。在我们的意识最早觉醒之前，语言就已在耳边萦回，准备接待我们思想最初稚嫩的呼唤；它始终不渝地伴随在我们左右，从最简单的日常行为到最细腻、最温馨的瞬间，也就是我们借助记忆在日常生活中汲取温暖和力量的那一刻，而这种记忆正是语言给予我们的。然而语言不是外在的伴侣，它深深地与心智相联系。它是由个人和家族继承下来的记忆的财富，起着提醒和警示作用的清醒的意识。不仅如此，言语，个人性格的显著特征，不管这种性格有好有坏；它是家庭和民族的显著特征，是人类特有的高贵的标志。语言如此之深地根植于个人、家庭、民族、人类和生活本身，有时候我们不禁会提出这样一个问题：语言不仅仅是上述现象的反映，而是这一切的具体体现，也即它们赖以生长的种源。

叶尔姆斯列夫通过语言与个人、家族和社会的关系，语言与思维的关系，语言与文化的关系的描述，充分肯定了语言对人类存在社会生活中的重要作用。但是我们却不能认为这是他给语言所下的定义，因为在《导论》和其他著作中，他都没有就这些关系来研究语言。他之所以强调语言的重要性,只是为他的目标张本:既然语言如此重要,就必须重视语言研究,把语言学建成一门独立的科学。

人们可以从不同角度来研究语言,叶尔姆斯列夫是从符号学和结构主义的角度研究语言的,然而他没有从这个角度给语言下过定义。不过他曾对符号系统下过这样一个定义:符号系统是"层级体系(hierarchy),这一体系的每一个被切分的部分都可以进一步切分成通过其相互关系而确立的层级,从而这些层级的每一部分又都可以切分成通过相互逐层变异而确立的分支层级"。由于语言是一种符号系统,所以有些语言学家,如马丁内、兹维金采夫等,把它看作叶尔姆斯列夫给语言下的定义。另外,叶尔姆斯列夫把语言看作是一种特殊的结构,他曾不止一次地给结构下过定义。"语言的结构是依赖关系的网络,或者说得更明白专门和确切些,它是功能的网络。"(《支配关系的概念》)"结构就其定义来说,是依赖关系或功能的网络(功能一词用的是逻辑数学中的定义)。"《语言和言语》尽管叶尔姆斯列夫没有说这是他的语言定义,但从他著作的整体思想来看,通过"层级体系"和"关系或功能网络"来理解他的语言观,也就八九不离十了。

叶尔姆斯列夫指出,语言作为特殊的结构具有以下五个基本特征:第一,语言由内容和表达组成;第二,语言由连续序列(或语篇)和系统组成;第三,内容和表达通过接换(commutation)相连接;第四,在语篇和系统之间有一定的相互关系;第五,内容和表达之间的对立关系,并不是某一平面、某些要素和另一平面某些要素之间的直接对应关系,但语言符号可以分解为更小的组成部分。符号的这些组成部分可以是:如所谓的音位——我宁可把它称作表达基素(taxemes of expression);其本身不具有内容,但可以组成具有内容的单位,如"词"(《语言学中的结构分析法》)。

叶尔姆斯列夫把语言分成两个平面:内容平面和表达平面,所以说语言由内容和表达组成。他又提出除表层的连续序列[他又称之为过程(process)或语篇(text)]之外,语言还有里层的系统,所以说语言由语篇和系统组成。

前面说过,叶尔姆斯列夫把索绪尔语言和言语的区分加以变动。作了一些什么样的变动呢?他在《语言和言语》一文中提出,语言的概念可以进一步分为:模式(scheme),这是语言的纯粹形式,对模式的确定与它的社会体现和物质表现无关;范式(norm),这是语言的物质形式,它由某一社会现实所确定,而与表现的具体方式无关;用式(usage),这是语言习惯的总和,它是某一社会集体所接受和采用的,由可以观察到的表现的种种事实所确定。

言语的概念用于狭义,指个人的言语行为(speech act)。那么,它们之间的关系又是怎么样的呢？第一,范式依赖于或取决于用式和言语行为,而绝不是相反。言语行为和用式在逻辑上和实践上都先于范式,或者说,范式是由用式和在言语行为中产生的;第二,用式和言语行为是相互依赖的关系,两者互为前提。第三,言语行为、用式和范式都依赖于或取决于模式,而绝不是相反。

叶尔姆斯列夫认为,模式是设定的,范式、用式和言语行为都是实现的;以用式为中心,范式是它的抽象化,言语行为是它的具体化。其中,模式是最主要的,它作为纯粹形式,与索绪尔的"语言是形式而不是实体"这句名言相一致。范式虽然是一种物质形式,但与表现无关,只是人为的虚构的东西,无足轻重。用式与言语行为互为前提。因此,索绪尔语言和言语的区分,可以用模式和用式的区分来取代。模式是与系统相联系的,而用式则与过程或语篇相联系。

(二)理论原则和研究方法

在提出自己的理论之前,叶尔姆斯列夫在《导论》中批评了传统语言学的短处和缺点。他认为,过去的语言学没有把语言研究作为目的,而是作为研究语言以外知识的手段,如为了了解历史时期和史前时期的社会环境和各族人民的接触之类,他们所研究的只是 disiecta membra,即语言的零星片段,不能从中概括出作为整体的语言。总之,传统语言学所研究的,是语言的物理学和生理学、心理学和逻辑学、社会学和历史学等方面的现象,而不是语言本身。在他们那里,语言学无法构成一门独立的科学,而只是一门辅助性的科学。因此必须建立一种新的语言理论,使语言学成为一门真正的独立的科学。这门科学必须是"内在的"(immanent),也即把语言看成一种自足的整体、特殊的结构。

叶尔姆斯列夫提出,他的语言学理论并不特别看重言语中的例外和变异,而应当寻求一种常量(constant),常量是不与语言之外的"现实"发生关系的。它对所有的语言来说是稳定的、共同的成素,决定语言的本质,使语言成为语言。叶尔姆斯列夫写道:"语言学理论的目的,看来是在绝对合适的客体(即语言—引者)的基础上提出这样一个命题:在过程的里层存在着系统,在变量的里层存在着常量。①"

为了描写常量,叶尔姆斯列夫制定出经验主义原则,需要指出的是,他的"经验主义"不同于通常对这个词的理解,而有其特别的含义。这一原则包含三项要求:描写应该不自相矛盾(自身一致)、详尽无遗和尽量简易。无矛盾性的要求先于描写详尽的要求,描写详尽的要求先于描写简易的要求。

第一,无矛盾性只能由理论本身来验证,这跟数学一样,在数学中是没有自相矛盾的定理和公设的。第二,详尽无遗说的是,它所提供的程序方法对客体的描写是全面包罗的。设定这一客体为语篇,就该遍及所有语言的语篇;不仅遍及现有的语篇,而且遍及所有可能出现的语篇。第三,尽量简易是指对程序方法的选择。如果理论能提供几种程序对语篇进行不相矛盾而又详尽无遗的描写,那就该选择描写简易的那种程序;如果几种方法都能作出简易的描写,那就该选择最为简易的那种方法。

与传统语言学相反,叶尔姆斯列夫主张采用演绎法。因为他认为传统语言学依靠归纳法得出的一些范畴,如"属格""完成体""虚拟式""被动态"等等,在各种语言(即使是印欧系语言)中表现得各不相同,缺乏普遍意义,显然达不到前面所说的自身一致、详尽无遗的要求。他把演绎强调到如此程度,有时甚至把他的理论原则称作"经验—演绎"原则。

这里还要说一下理论与经验的关系。语符学理论有两个特性:一是任意性(arbitrariness)。理论的建立不以经验数据为依据,与任何经验无关。经验既不能加强理论,也不能削弱理论。它是一个纯粹的演绎系统,它可以单独通过若干极富概括性的前提进行推导,估计并预示各种可能性。它不包括实际的基准,构成一个封闭的系统。二是适用性(appropriateness)。理论所凭借的某些前提,理论家从以往的经验中知道能应用于某些经验数据,也即能满足应用于经验数据的条件。这些前提具有很大的概括性,所以有可能涉及大量的数据。这样,经验数据能够加强或削弱理论的适用性。由此可以说,理论本身与经验无关,理论是否适用与经验有关。

语言学理论的目标有二:第一,通过一定的程序方法来分析语篇,也即

---

①戚雨村,龚放.Hjelmslev和语符学理论[J].外国语(上海外国语大学学报),2004(04):26-33.

通过连续的切分把语篇分解成愈来愈小的部分,直到不能切分为止。例如,语篇被切分成语段,语段被切分成句子,句子被切分成词,词被切分成音节,音节被切分成音位。那么,这种程序方法是如何实际运演的呢?荷兰语言学家西特塞玛(B.Siertsema)曾在《语符学研究:对其基本概念的评述》书中,为它开列了以下要点。

对某种具体语言来说,必须借助以下的方法发现这些表达单位(如音位和音节)和内容单位(如词根、前缀等):通过接换测试建立起来的表达单位和内容单位之间的关系;这些单位的实体特征;对同一语言表达单位之间关系和内容单位之间关系的描写,不能借助于它们的实体;在这些单位和关系的基础上为某一语言建立起一种假设系统,予以定性;以上要点有多少语言就可以重复多少次;从在这些语言中实际发现的关系的总和推断出理论上可能存在的关系的总和;这些可能存在的关系的总和归结成一个演算式,这一演算式构成了语言系统,而不是某一或某些具体语言的系统;之后,每一具体语言根据从可能存在的关系的总和中挑选出的实际出现的关系类集,予以定性。

第二,更主要的,是确定整体各个部分之间的依赖关系。按叶尔姆斯列夫,在过程(语篇)的里层存在着系统,有些关系是系统和过程共有的,有些关系属于系统或过程,他分别用不同的术语加以表示。先说共有的,分三种:互依关系(interdependence),两个关系项的关系是双向的:A项和B项互相依赖,互为前提,如元音和辅音;偏依关系(determination),两个关系项的关系是单向的:A项依赖B项,以B项为前提,反之则不然,如前缀或后缀依赖词根才构成词;相容关系(corelation),两个关系项的关系是自由的:A项和B项互不依赖,都不以另一方为前提,如并列成分。再说分属的,在过程中,关系项之间的互依关系叫协同(solidarity),在系统中,这种互依关系叫互补(complementarity);在过程中,关系项之间的偏依关系叫选择(selection),在系统中,这种偏依关系叫规定(specification);在过程中,关系项之间的相容关系叫组配(combination),在系统中,这种相容关系叫自主(autonomy)。

叶尔姆斯列夫给功能下过定义:我们把能够满足分析条件的依赖关系称作功能。因此,功能和依赖关系这两个概念相辅相成。从过程和系统共有的关系来看,互依关系是两个常量之间的功能,偏依关系是一个常量和一个变量之间的功能,相容关系是两个变量之间的功能。功能的成员叫作功能项(functive)。从过程和系统分属的关系来看,一种功能是"和……和……"(both...and...),两个功能项是可以共现的,称作有关(relation),又叫联言(conjunctive),这是属于过程的功能。一种功能是"或……或……"(either...or...),两个功能项是排斥的,只能二者择一,称作相关(correlation),又叫选言(disjunction),这是属于系统的功能。

P-e-t、m-a-n之间的功能是有关,它们可以共现;p-m、e-a、t-n之间的功能是相关,它们是互相排斥的,只能二者择一。"在这样的基础上,"叶尔姆斯列夫说,"我们可以把系统定义为相关的层级体系,把过程定义为有关的层级体系。"有关功能与协同、选择、组配等关系相一致,相关功能与互补、规定、自主等关系相一致。可见,在语符学理论中,"层级体系""关系""功能"这些术语是相通的。

(三)两个平面和四个层面

叶尔姆斯列夫把索绪尔"语言是形式而不是实体"的理念奉为圭臬,但对后者"符号是能指和所指的结合"的论断并不满足,认为它达不到形式化的要求,有进一步加以审视的必要。因为按索绪尔的观点,能指指的是音响形象,与物理的声音相联系;所指指的是事物的概念,与意义相联系。两者都是实体,尽管是心理实体。叶尔姆斯列夫提出语言由内容和表达组成,从而区分出两个平面:内容平面(plane of content)和表达平面(plane of expression);而内容和形式又各有其形式和实体,两两组合,就得出四个层面:内容形式和内容实体,表达形式和表达实体。

索绪尔尽管强调形式,但并不忽视对实体的研究,叶尔姆斯列夫则趋于极端。以语篇的组成部分——句子为例:"我读书"可以由各种不同的实体,如声音、书写符号、莫尔斯字码、旗语、手势等来实现;而它们所实现的,就是他称之为形式的东西。同一个形式可以由全然不同的实体来实现,因此形式具有绝对独立的性质。他认为,形式是常量,处于主导的位置;实体是变量,处于从属的位置。"实体……并不是语言形式存在的必要前提,而语言形式则是语言实体存在的必要前提"[①]。从语言描写的角度说,不能把实体的描写作为语言描写的基础。相反,实体的描写从属于语

①(瑞士)费尔迪南·德·索绪尔. 普通语言学教程[M]. 北京:商务印书馆,2009:41-42.

言形式的描写。在这方面,语言学就跟代数学一样,在代数学里,两个实体之间关系的研究,可以在不考虑构成这些关系的因素实际内容的情况下进行,它所依靠的是被任意标志的数或值。叶尔姆斯列夫认为,撇开实体,可以使语言学更具有科学性,即更具有代数学的性质。顺便提一句,建立语言代数学,或者说得确切些,使语符学成为语言代数学,一直是叶尔姆斯列夫的心愿,遗憾的是,最终他没有写出这样一部著作。

这样,在语符学中,形式是描写和分析的首要客体,语言中同一和差别的确定,必须从形式着手,而不是从实现这一形式的实体着手。叶尔姆斯列夫把符号看成是表达形式和内容形式的结合,他宣称,研究语言表达方面的学科不能由语音学来承担,因为它是描写表达实体的;研究语言内容方面的学科不能由语义学来承担,因为它是描写内容实体。那么,语符学究竟包括哪些学科呢? 叶尔姆斯列夫把研究表达形式的学科称为cenemics(表达形式学),其单位叫作 ceneme(表达形素);把研究内容形式的学科称为 pleremics(内容形式学),其单位叫作 plereme(内容形素)。

前面在列举语言的基本特征时谈道:"内容和表达通过接换相连接。"叶尔姆斯列夫把接换看成是考察语言现象的一个十分重要的原则和测试手段。接换原则可以理解为:如果内容平面上的差别能够在表达平面上找到相应的差别,那么这一差别在某种语言中是有本质意义的;同样,如果表达平面上的差别能够在内容平面上找到相应的差别,这一差别在该语言中也是有本质意义的。反之则不然。

从语篇分析的过程中可以看到,语篇的有些组成部分在数量上是无限的,有些则是有限的。以其主要组成部分来说,句子的数量是无限的,词的数量是有限的,但有些语言也可能极其庞大,如英语词数多达50万。句子和词都具有表达和内容,它们是符号或符号的组合。但按照描写详尽的要求,进一步分析下去,就会发现音位只是表达形式,而不具有内容,它不是符号,而只是符号的组成部分,因此有必要区分符号和非符号(nonsign)。这样就有了两个系统:一个是符号系统,这是就语言与非语言因素之间的关系而言的;一个是非符号系统,这是专就语言的内部结构而言的。

叶尔姆斯列夫把非符号称作符象(figure)。作为表达形式的符素——音位的数量,是很有限的,一般语言只有20～30个音位,多的也不超过70～80个音位。作为内容形式的符素大致相当于现代语义学中的语义成分(semantic component)或义素(sememe),叶尔姆斯列夫并没有作出明确的表达,但他举出过这样的例子:ram=he-sheep,ewe= she-sheep,stallion=he-horse,mare= she‐horse;ram 与 ewe、stallion 与 mare 的区别在于"he/she",ram 与 stallion、ewe 与 mare 的区别在于"sheep/horse"。义素在数量上也不会很大。

语言为了真正成为纷繁多彩和取之不尽的宝库,它必须提供在数量上无限丰富的符号,这是一方面;另一方面,为了便于人们掌握和使用,它必须借助为数有限的符素不断地构造新的符号。只有这样,语言才能完成自己的任务:作为人们形成思想、感情、希望、意志和行动,影响他人并受他人影响的工具。

第三节 布龙菲尔德的语言理论——结构主义语言学和布龙菲尔德的语言理论

伦纳德·布龙菲尔德(Leonard Bloomfield,1887~1949)是美国描写语言学派的奠基人。他在美国语言学界的地位,相当于索绪尔(F de Saussure)在欧洲语言学界的地位。随着语言科学的发展,结构主义语言学(包括描写语言学在内)作为一个历史阶段已经成为过去,布龙菲尔德语言理论中当时被认为新鲜的观点,有些也已经变得陈旧了。尽管如此,传统语法、结构主义语法和转换生成语法仍一起被列为当前语法研究中的三大派别;以布龙菲尔德语言理论为基础建立的听说法现在也还是外语教学中一种比较流行的教学法;他的代表作《语言论》(*Language*)至今仍然是语言专业学生的重要参考书,这本书的中译本1980年才在我国出版;1982年在《中国语文》杂志上展开的有关语法分析方法的讨论,其中的层次分析法,就是在布龙菲尔德首先提出的"直接成分"概念的基础上形成的。因此,对布龙菲尔德的语言理论做些介绍和评论,不仅对了解他在语言学史中的地位有作用,而且还具有一定的现实意义。

一、布龙菲尔德的生平和主要著作

布龙菲尔德于1887年4月1日出生于美国伊利诺斯州芝加哥。九岁时随家迁往威斯康星州。1906年毕业于哈佛大学,得学士学位;同年暑假到威斯康星大学,想在那里觅得一个助教职位。正是从这个时候起,他决心献身于语言学。对这件事他曾写过一段有趣的自述:我立志终身从事科学研究工作,但对于选哪一门科学好像心里没有底。通过一位教授的介绍,我认识了青年教师普罗柯希(E.Prokosch)。有一天普罗柯希请我去做客,在他餐室的一张小桌上放着几本语言学的书,记得其中有一本是莱斯金(A.Leskien)的《古保加利亚语语法》。在吃早饭之前,普罗柯希向我介绍了这几本书的性质和内容。就在我们坐下来吃早饭前的这段时间里(不过15分钟光景),我作出了从事语言学研究的决定。1908年他在芝加哥大学进修并担任教学,在伍德(F.A.Wood)教授的指导下,完成了学位论文《日耳曼语次元音变换的语义差异》(*A Semasiologic Differentiation in Germanic Secondary Ablaut*),1909年在那里取得博士学位。1909—1910年他先后在辛辛那提大学和伊利诺斯大学任德语讲师。1913—1914年到德国莱比锡大学和哥廷根大学进修,结识了新语法学派的几位主要人物,如布鲁格曼(K. Brugmann)、保罗(H.Paul)和上面提到的莱斯金等。这一学派对他有深远的影响。他高度评价"格林定律",恪遵语音变化规律性的原则。他回国后写的第一部著作为《语言研究导论》(*An Introduction to the Study of Language*, 1914),有人评论说,这是新语法学派理论家保罗的名著《语言史原理》的美国版绪论。其后一直在国内从事教学和著述工作,1914—1921年在伊利诺斯大学任比较语文学和德语副教授,1921—1927年在俄亥俄州立大学任德语和语言学教授,1927—1940年在芝加哥大学任日耳曼语文学教授。1940年到耶鲁大学任斯特林讲座语言学教授,直到1949年。由于他的这段经历,人们也把他和他的追随者称作耶鲁学派。1949年4月18日在康涅狄格州纽黑文逝世。

布龙菲尔德在语言学中的成就是多方面的。他既是历史比较语言学方面的里手,更是共时描写语言学方面的巨擘;他对普通语言学理论做出了贡献,又对许多具体语言进行过深入的研究,他还是一个外语教学法专家。布龙菲尔德一生写了许多著作。他主要是通过著述来传播和扩大自己的影响的。其中流传最广、影响最大的著作,当推1933年出版的《语言论》。这本书奠定了布龙菲尔德作为一个普通语言学家和描写语言学带头人的地位。他在这方面的重要著作,还有《供语言科学用的一套公设》(*A Set of Postulates for the Science of Language*, 1926)和为《国际统一科学百科全书》写的《科学的语言学诸方面》(*Linguistic Aspects of Science*, 1939)等。

布龙菲尔德开创了一个学派(尽管他本人瞧不起什么"学派",认为这只能使一门严肃的科学的根基遭到破坏),培养了一代语言学家,使语言描写方法在客观性和形式化方面达到前所未有的高度。在他的周围结集了一批有才能的语言学家,如哈里斯(Z.S.Harris)、布洛克(B.Bloch)、特雷格(G.L.Trager)、霍克特(Ch.F.Hockett)、威尔斯(W.s.Wells)和裘斯(M.Joos)等,他们在语言理论和语言描写方面都取得了出色的成就。布龙菲尔德只提出了基本原则,而并没有制订出描写方法和程序的细则,他的学生和追随者则把他提出的原则加以证实,进行加工甚至修正,使之精确和严密起来,从而进一步扩大了布龙菲尔德的影响。他们写了大量的论文和专著,对音位和语素进行描写和分析,其中集大成的是哈里斯的《结构语言学的方法》(*Methods in Structural Linguistics*, 1951),后来改名为《结构语言学》(*Structural Linguistics*, 1960)。萨丕尔学说的有些继承人,如弗里斯(Ch.C.Fries)、奈达(E.A.Nida)和派克(K.L.Pike)等,后来也相继接受了布龙菲尔德的观点。值得提出的是弗里斯的《英语结构》(*The Structure of English*, 1952)一书,它采用结构主义的方法对英语句子进行了结构分析,同时又保存了传统语法中有价值的东西,是一本拥有广泛读者和巨大影响的作品。描写语言学在当时的美国语言界占有主导地位,有人把1930—1950年称作"布龙菲尔德时期",这不是没有原因的。①

布龙菲尔德对索绪尔是加以推崇的。《普通语言学教程》第二版(1922)印行后,布龙菲尔德专门写了一篇书评,其中说:"重要的是,索绪尔在这本书里第一次勾画出一个天地,印欧语历史语法(20世纪的巨大成就)在这个天地里仅占一个部分。他为人类语言的科学建立了理论基础";"在某一个特定的时期(共时态),某个社团的语言被看成一个系,这个严格的系统,也就是'描写语言学'的对象,即我们所说的语言(langue)"。

布龙菲尔德接受了索绪尔奠定现代语言学基础的一系列主要理论观点。例如,他接受了索绪尔关于语言是一个符号系统的论点,并在《语言论》中一再提出:"使用同一个语言符号系统的一群人,称一个语言社团。"他接受了索绪尔关于语言符号能指和所指关系的观点,不仅区分语言形式和语言意义,而且制订了一套术语以表示词汇特征和语法特征的对立

---

① 田耀收. 布龙菲尔德语言科学理论的哲学基础[J]. 学术交流,2017(04):50-55.

关系。

他接受了索绪尔"语言是形式而不是实体"(即重要的不是语言实体本身而是它们之间关系)的论点,如在阐述音位时指出,音位的重要性并不在于它的声波的实际形状,而仅仅在于这种波形跟同一语言里所有其他音位波形之间的差别。他也接受了索绪尔区分语言的共时研究和历时研究,认为对语言系统来说前者更为重要的论点,明确指出,为了描写一种语言,人们根本不需要什么历史知识;实际上,凡是让历史知识影响他的描写工作的人,一定会歪曲他的资料。正因为如此,美国描写语言学派与丹麦语符学派和捷克功能学派并列,被称作结构主义的三大派别。

二、布龙菲尔德的语言观和意义观

对布龙菲尔德这样一位人物,在美国国内和国外当然是有许多评论的。评论有好有坏,褒贬不一。议论和指责最多的,集中在关于他的行为主义、机械主义和形式主义(在语言研究中排斥意义)等问题上,下面就这几个方面做些分析。让我们先看看他是怎样给语言下定义的。布龙菲尔德在有五六百页篇幅的《语言论》中,没有正式给语言下过定义,而只是在叙述中顺便提到。比较明确的说法是:"任何言语社团的语言在观察者看来总是一个繁复的信号系统。"但在《供语言科学用的一套公设》中,他却给语言下了这样一个定义:一个言语社团中可能说出的话语的总和,就是该言语社团的语言。那么话语指的又是什么呢?他在该书中写道:"一个具体言语行为就是一个话语","每个话语全部由形式组成"。

这样,布龙菲尔德是把语言符号跟话语搅在一起。在布龙菲尔德看来,语言符号和语言形式是同一回事,而语言形式又包括语素、词、短语和句子。话语既然由形式组成,而且本身也是一个形式,那岂不是也在语言符号之列了。由此可见,布龙菲尔德即使没有把语言和言语混为一谈,至少也是把语言单位和言语单位等同起来了。至于他的语言是"话语总和"这一提法,则显然扩大了语言研究的对象。不少结构主义语言学家所描写和分析的,实际上只是言语。他们的研究对象,是大量的话语,也即"语料"(corpus),而他们的工作目的则在于提供从语料中分析出音位和语素的一套工作方法,也即"发现程序"(discovery procedure)。乔姆斯基(Avram Noam Chomsky)1965年在《句法理论的若干问题》中提出了语言能力(competence,大致相当于索绪尔的"语言")和语言运用(performance,大致相当于索绪尔的"言语")的区分,并指出结构主义者只分析语言运用,不注意语言能力。他的批评是有一定道理的,不过他自己也说过类似的话。

其次是把语言符号跟言语行为搅在一起,并用行为主义的术语来解释语言现象。在《语言论》中,布龙菲尔德是用华生(J.W.Watson)行为主义心理学的"刺激—反应"论来说明言语行为的。他提出了一个著名的公式:S—r...s—R。

这里S指外部的实际刺激,r指语言的替代性反应,s指语言的替代性刺激,R指外部的实际反应。这个公式可以解释为:外部的实际刺激通过言语的中介达到外部的实际反应。由此可见,布龙菲尔德虽说要排除心理主义,但并没有排除一切心理学说,只不过是指排除冯特(W.Wundt)等人的心理学体系罢了。这也使得他把具体言语行为与话语混淆起来。

不过,我们不能就此而把布龙菲尔德看作极端的行为主义者。弗里斯公允地指出,布龙菲尔德的这一公式,并不是为了把语言描写为"刺激—反应"的过程,而是为了形象地说明语言在社会中的功能;因为布龙菲尔德在《语言论》中确实调强指出:语言可以在一个人受到刺激(S)时让另一个人去做出反应(R);劳动分工以及人类社会按分工原则进行活动,都依靠语言;说话人和听话人身体之间原有一段距离——两个互不相连的神经系统——由声波做了桥梁。

就问题的本质来说,布龙菲尔德之所以采用行为主义心理学的观点和术语来说明言语行为,是因为这种心理学同他对语言研究的方法论要求相一致。他要使语言学成为一门科学,但他却把科学的客观性与经验方法和直接观察到的事物、现象等同起来。对于归纳和演绎两种方法,他偏向于前者。因为"对于语言,唯一有用的概括是归纳的概括"。行为主义者也主张用经验的方法来建立心理学,以抗衡先验的心灵主义,所以两者的观点是一致的。布龙菲尔德在《科学的语言学诸方面》中,更明确提出了语言研究的科学方法必须满足的四项要求:科学只能同当时当地每一观察者都能感受到的现象打交道(严格的行为主义);它只能同处于一定时间地点坐标上的现象打交道(机械主义);科学只能采用能导致进行实际操作的初始陈述和预断(可操作性);它只能采用从与物理现象有关的常用术语中通过严密的定义得出的那些术语（物理主义）。一句话,依靠经验的归纳方法和实际语言现象的观察,这便是布龙菲尔德的科学方法的基本原则。

　　尽管记录和描写语言事实,把观察到的现象进行归纳和分类,这对语言研究来说是必要的步骤,但仅仅这样做是有很大的局限性的。第一,观察只能涉及事物的表面,而不能深入事物的实质。比方说,直接观察到的日光是简单的,而在实质上它却是复杂的。因此,在语言科学中,除归纳概括外,演绎和推论都是必要的。无视理论思维的作用,不仅不能揭示语言内在的复杂关系,而且会束缚语言学家在认识中的主观能动性。第二,语言事实是无法收集齐全的,因为人们总是不断地在想、在说、在写。不管你把多少人在多少小时内说的话全部录了音,把整个图书馆的图书都收集来作为材料,也还只是沧海一粟。旧的材料收集起来了,新的材料又会涌现。把自己的任务局限于收集语料并给以分类,这只能使描写语言学家博得个"标本收集者"的称号。而语言学之成为科学,不仅仅因为它收集事实并给以分类,它还要对这些事实作出解释。布龙菲尔德对语言科学提出的四项要求,从方法论上看,是具有明显的实用主义和实证主义倾向的。把论证限制在经验的语料上,是当时在美国流行的逻辑实证主义在语言学中的表现。

　　下面谈谈有关意义的问题。布龙菲尔德在世的时候,就有人指责他在语言研究中忽视意义。他在1945年1月29日的一封私人信中谈到了这件事。

　　他写道:"许多人断言,我更确切地说,连我在内的那一批研究语言的人——不重视或忽视意义,甚至说我们打算研究没有意义的语言,即研究毫无意义的音的堆积……这使我感到很难过。这绝不是个人的问题。如果让这种意见任意发展下去,就会人为地把语言工作者分为两类,一类是承认意义的,另一类则忽视或否定意义;这会阻碍我们这门科学的进步。就我所知,这后一种人是根本不存在的。"

　　公允地说,确实不能认为布龙菲尔德忽视甚或排斥意义。布龙菲尔德在《语言论》和其他许多著作中,有很多地方谈到并肯定意义的作用。但是,他对意义的界说是不清楚的。在《语言论》中,布龙菲尔德从行为主义的角度,把语言形式的意义定义为"说话人发出语言形式时所处的情境和这个形式在听话人那儿所引起的反应"。这样广泛的"意义"是无法进行研究的,连他自己也承认,"要是研究清楚说话人的情境和听话人的反应,那便相当于人类知识的总和了"。在《科学的语言学诸方面》中,布龙菲尔德又把意义归结为各种关系的总和。他说:"所有语言学家都在使用的'意义'这个术语必然是广义的,因为它必需包括可以通过哲学或逻辑学分析加以确定的意义内容的一切方面:各个平面的言语形式同其他形式的关系;言语形式同非语言环境(事物、现象等)的关系;言语形式(也是不同平面的)同参加交际活动的人的关系。"这个定义实际上包括了整个现代符号学的内容,也难以用来指导语义研究。这是一方面。

另一方面,布龙菲尔德对意义的论述,是有它不一致的地方的。例如,他说过在人类的语言里,不同的声音具有不同的意义。研究一定的声音和一定的意义如何配合,就是研究语言具有意义的语音形式。照这种说法,意义是语言形式的内在组成部分,要在语言中进行研究。但他又说,凭语言科学,意义是无法加以确定的;言语形式的意义,只有在一切科学部门,特别包括心理学和生理学,都接近完善的时候,才有可能科学地加以确定。于是,意义似乎又成为语言形式外部的东西,不用(也无法)在语言中加以研究了。显然,布龙菲尔德是受到卡纳普(R.Carmap)提出的"统一科学"思想的影响,即认为一门科学无法处理本门科学中所有的问题,需要其他各门科学协力加以解决。正因为他的说法前后不一,后继者只好各取所需,从而导致对意义标准的使用作出不同的解释。

总的说来,在整个描写语言学时期,意义的研究始终处于不重要的地位,以至不仅在当时,而且直至今天,语义研究在语言研究中还是一个薄弱的环节。这不能说同布龙菲尔德没有关系。语言是交际工具和抽象思维的工具,是表达思想内容的,任何排除意义的做法都同语言的本质相抵触,也必然经不住时间的考验。现在西方语言学界(包括美国在内)又开始重视意义,语义学的研究已经放到重要的位置上来了。这也可以说是对描写语言学不重视语义研究的反驳。

有必要指出的是,在形式和意义的关系问题上,布龙菲尔德提出了一个重要的原则,主张"语言研究必须从语音形式开始而不是从意义开始",反对根据意义来识别和规定词类。这是针对传统语法过多依靠意义的做法提出来的。这一原则不仅在当时起过进步作用,即使在今天也仍然没有失去它的积极意义。

三、布龙菲尔德的语法理论

然而,布龙菲尔德语言理论的主要成就,却在于他对语言体系部分(特别是对语法部分)的论述。他提出了配置(arrangement)的学说,提出了形式和形式类(form class)的概念,区分黏着形式和自由形式,对词的问题也有独到的见解;他提出的直接成分的概念,为建立层次分析法打下了基础;他的结构关系的理论,也为说明语言片段的特征,为分析结构中的成分关系提供了模式。下面扼要做些介绍和说明。

布龙菲尔德把语言的语法定义为"各种形式的有意义的配置"。语言形式有四种配置方式:次序,指复合形式中各个成分排列的次序,如John hit Bill(约翰打比尔)和Bill hit John(比尔打约翰),两句语法意义上的不同靠次序来决定;变调,指次音位的运用,包括重音、语调、停顿等;语音变换,指形式中主音位的变化,如自由的:do not-don't;又如强制的:duke(公爵)-duchess(公爵夫人),run(跑,不定式)-ran(跑,过去式);形式的选择(selection)。选择的概念相当复杂,布龙菲尔德的说明不大清楚。别人也做过不少解释,但以赵元任的说法最合乎原意。赵元任在《汉语口语语法》中说,选择是"某些形式以某种方式活动,另一些形式以另一种方式活动";在《语言问题》中则干脆把它译成"类别";"就是什么样什么样的词素,或者是词或者是词组,它们在文法上,怎么样怎么样的行为,它自己分成类,这一类这么样作用,那一类那样作用,成文法上的类别"。总之,"选择"是同"形式类"的概念紧密联系的,这两个概念构成布龙菲尔德语法学体系的核心。

布龙菲尔德把语言信号称作形式,即具有意义的语音形式。它可以包括任何语言片段,从句子、短语、词到语素,如John fell,poor John;Monday中的mon和day,books中的book和s。有些语言形式可以单独说,有些不能单独说。布龙菲尔德把它们分成两类:可以单独说的(也即能作为句子出现的)形式叫自由形式;不能单独说的(也即不能作为句子出现的)形式叫黏着形式。粗略地说,黏着形式是指语素特别是指表示语法意义或构词意义的词缀和词尾,而自由形式则指词、短语和句子。词就是一个最小的自由形式。归结起来说,词是有意义的语音形式,是能够单独说的最小的自由形式。我们通常把词称作最小的音义结合和独立运用的语言单位,这个定义就是根据布龙菲尔德的学说得出的。

布龙菲尔德对词法、句法的划分,也是建立在自由形式和黏着形式的概念上的。词法研究黏着形式出现于组成成分中的结构,句法研究没有一个直接成分是黏着形式的结构。布龙菲尔德认为,并不是所有的语言中都能分出自由形式和黏着形式,而只有可以区分出这两种形式的语言的语法,才包括词法和句法两个部分。布龙菲尔德承认各种语言原有结构上的差别,比起某些传统语法学家硬把各种语言的语法都塞到拉丁语法的框子中去的做法,无疑是一个进步;但他武断地把汉语说成没有黏着形式,因而也就没有词法可言的观点,则显然是错误的。

形式可以按一定的语言特征归并成形式类。布龙菲尔德反对根据意义来规定形式类,主张以某个形式的功能(function)或位置(position)为标准来规定形式类。具有任何共同功能的词汇形式属于同一个形式类。所有能占据一定位置的形式因而就构成一个形式类。这正是结构主义语言学强调形式原则的具体体现。功能或位置是说明某一语言形式可能出现的环境即分布(distribution)的基础。所以,虽然布龙菲尔德本人没有提出分布的概念,但分布分析却是以他的形式类的概念为依据的。

布龙菲尔德把语言形式分成复合形式和简单形式。他提出,跟别的语言形式在语音、语义上有部分相似的语言形式是复合形式,跟别的任何一个形式在语音、语义上没有任何部分相似的语言形式是简单形式或者叫作语素。复合形式由成分(constituent)组成,是可以分析的,而且可以分析到语素为止,语素是最终成分。怎样分析复合形式呢?布龙菲尔德引入了直接成分(immediate constituent,简称 IC)的概念。如英语句子 poor John ran away(可怜的约翰跑掉了)的直接成分是 poor John 和 ran away 这两个复合形式,poor John 的直接成分是语素 poor 和 John,而 ran away 直接成分是语素 ran 和复合形式 away,后者的直接成分又是语素 a- 和 way。

直接成分分析是在线性原则的基础上发展的。从线性的角度看,语言中的每个句子都能作为组成成分(一般指词)的序列来描写。但句子不是它的组成成分 a+b+c+d 的简单的和,而往往是,比如说,先由 b 和 c 两个成分组合,然后 bc 跟 d 组合,最后 bcd 又跟 a 组合,这样一层一层组织起来的。因此,通过直接成分分析,能显示出句子组织的层次关系,正因为这样,直接成分分析法后来也叫作层次分析法。与此同时,直接成分分析也展现了分析句子的程序。这种分析方法有时候还能区别歧义的(或多义的)词的序列。如 old men/and women(老头儿们和妇女们)——old/men and women(老头儿和老婆子们);the king/of England's people(英国百姓的国王)——the king of England's/people(英国国王的子民)。不过它对有些序列却显得无能为力。例如:the growling of lions(狮吼,施事—动作关系)——the raising of flowers(种花,动作—受事关系);the shooting of the hunters(猎人的射击,施事—动作关系)——the shooting of the hunters(对猎人的射击,动作—受事关系);因为按照直接成分分析,这些序列分出来的成分都是相同的。所以后来转换—生成学派抨击描写语言学缺乏解释能力,他们提出了深层结构的学说来解释这类句子。

布龙菲尔德语法学体系的另一个重要概念是关于结构关系的概念。他把句型、结构和替代列为语法形式的三个大类。结构可以分为向心(endocentric)结构和离心(exocentric)结构两类。前者与它的所有成分或成分之一属于同一个形式类;后者则与它的任何一个成分都不属于同一个形式类。向心结构又包括从属结构和并列结构。例如:poor John 为向心结构中的从属结构,其中 John 与整个结构属于同一个形式类,是中心成分,poor 则是限定成分;boys and girls 为向心结构中的并列结构,其中 boys 和 girls 与整个结构都属于同一个形式类。离心结构的例子,如施事—动作结构 John ran 和关系—轴心结构 beside John,其中任何一个成分与整个结构都不属于同一个形式类。

这种分类模式至今还被不少学者沿用,或者根据不同语言的特点参照使用。19 世纪以来,语言学家一直致力于使语言学成为一门独立的科学。19 世纪的历史比较语言学是在语音变化规律的基础上使语言研究成为科学的,但仅仅在历时的方面。索绪尔区分语言和言语,提出语言符号系统的理论并强调对语言系统进行共时研究,他发出"就语言和为语言而研究语言"的号召,使语言学最大程度地不依赖其他科学而成为一门独立的科学。但他只是在理论上进行了阐述,没有来得及对细则进行探讨。经过许多学者的努力,到 20 世纪上半期,语言学明确了研究对象,丰富了理论体系,制订了专门方法,并且取得了丰硕的研究成果,早已稳固地取得了作为一门独立科学的地位。在这方面,布龙菲尔德和他始创的美国描写语言学派,也是做出了有益的贡献的。近二三十年来,国外语言学发展很快,学派林立,人才辈出。转换生成语法、系统功能语法,语篇分析、语用学,以及语言学与其他科学结合建立的边缘学科,如社会语言学、数理语言学、心理语言学,等等,各有重点,各具特色,不断推动语言科学的研究向广度和深度发展。它们的成就大大超过了布龙菲尔德和描写语言学,这是历史的必然。我们也要系统地研究这些理论,实事求是地加以介绍和评论,作为我们研究工作的借鉴,使我国的语言科学繁荣起来。

第五章 现代语言学特点

第一节 言语交际

一、语言运用与语用学

(一)语言运用

语言运用是人们用语言进行交际的活动,具体说,是交际双方在一定的语境中进行话语表达和话语理解等的活动。

一个人掌握一种(或几种)语言,熟悉了它的语音、语汇和语法,这并不等于就能很好地运用语言。要使言语交际达到理想的效果,出色地完成交际任务,就要求交际者能根据特定的语境进行准确、得体的表达,能对话语作出正确无误的理解。例如"已经9点了"这句话放在不同的情景中说出,表达的意思是不一样的,需要作出不同的理解。假设有这样几种情景。①夫妻俩一起逛夜市。妻子没戴表,不知时间早晚,便问丈夫:"现在几点了?"丈夫答:"已经9点了。"②女儿外出办事,说好晚上7点之前赶回家的,可是到了晚上9点还不见人回来。这时妻子对丈夫说:"已经9点了。"③母亲给孩子规定,每天晚上9点之前必须睡觉。一天晚上,电视上直播精彩的足球比赛,孩子看得津津有味,时针指向9点了,仍无关机的意思。这时母亲说:"已经9点了。"

"已经9点了"在①情景中作为丈夫对妻子问话的回答,是告诉妻子具体的时间。在②情景中,是表示妻子对女儿久出未归的担忧。在③情景中,是表示对孩子的提醒,提醒孩子应该睡觉了,明天还要上学。

可见,语言的掌握和语言的运用并不是一回事。语言运用是一种复杂的活动。话语的表达不光要考虑语言本身的各种规则(如语义组合规则、语法组合规则),还得考虑种种语境的制约因素;话语的理解也不光局限于字面意义,还要根据语境把握言外之意。

（二）语用学

1.语用学及其研究对象

语用学是研究语言运用的科学。它具体研究言语交际的过程、言语交际的原则、言语行为、语言环境、话语表达、话语理解、交际变体和语用对策等等方面的问题。[①]

"语用学"这一术语最早是由美国哲学家莫里斯（Jan Morris）提出来的。1938年，他在《符号理论基础》一书中把符号学分为三部分：语形学（即句法学）、语义学和语用学。他指出，语形学研究符号与符号之间的关系；语义学研究符号与符号所指之间的关系；语用学研究符号与符号使用者之间的关系。此后，奥地利哲学家保罗·鲁道夫·卡尔纳普（Paul Rudolf Carnap）和巴尔-希勒（Bar-Hillel）尔对语用学理论有所发展，进一步明确了研究对象。但语用学正式作为语言学的一门新兴分支学科，是到20世纪70年代才确认的。

2.语用学与语义学

语义学（semantics）与语用学（pragmatics）都是研究意义的学问。我们就把两者的区别作为讨论的起点。从现代语言学的角度看，语法生成了句子，句子具有独立于语境的抽象组合意义，也就是说，句子的意义是句中各词的意义按语法结构有层次地组合的结果。在句子成分无重大省略的理想状态下，这种组合不需要语境信息的介入，因此得到的是相对独立的句义。句义组合的过程中体现出的逻辑语义特性属于组合语义学（compositional semantics）的研究范畴。在有些特殊的场合，这种独立于语境的纯句义确实有其自身的用处，比如词典中的例句所起的作用只是示范相关词语在句子中的用法，并不刻意体现特定的语境。某些格言警句也往往被当作普遍的真理而征引，似乎具有普适即超越语境的特征。另外就是语义学家凯茨（Jerrold Katz）所说的情况：一个人看匿名信的时候，由于不知道谁是写信人，所以是在部分脱离语境的情况下解读匿名信中的句义的。但是，就是在上述几种情况里，相关句子的读者还是免不了会下意识地提供理解的语境，因为句子一旦得到了使用，便不再是单纯的句子了，而是说出或写出的句子，即语句（utterance）。语句的前后都有自然的停顿，本身又有自然的语调，所以一般是比话语（discourse）更小的单位。语句既然是被使用的

---

①陈蓓蓓. 言语交际中的普方语码转换研究[D]. 武汉：华中师范大学,2020.

句子,就必然有相关的语境,有说—写者和听—读者,成为语用学研究的对象。

　　例如,对于"汤有点淡"这句话,语义学要研究的是它的命题意义,而语用学则要研究这句话是在什么情景下说出的,说话人的真实意图是什么:是客观地向人陈述汤的味道,还是希望有人给他递盐过来。英国语言学家利奇(Geoffrey Leech)这样来区分这两种意义平面:语义学研究句子的意义,是要解决"What does X mean?"(X 表示什么意义?)的问题,语用学研究话语的意义,是要解决"What do you mean by X?"(X 表示什么意义?)的问题。

二、言语交际的过程

　　按传统的说法,言语交际是说话人(或写作者)通过话语把自己的思想感情传达给听话人(或读者),听话人通过话语来理解说话人的思想感情并作出某种反应。依现代的观点,言语交际是信息的编码、发送、传递、接收、解码和反馈的复杂的动态过程,其中既有心理的活动,也有生理、物理的活动。

(一)编码和发送

　　人们有了交际的动机,要把自己的思想感情传达给对方,首先要在贮存于大脑的语言词汇库中选取恰当的词语,并按照一定的语义和语法规则把它们有机地编排起来,组成语言码(内部言语)。这是一种语言心理活动。在这一过程中,说话人应力求编码正确,避免失误。如果编码产生误差,就会"词不达意",妨碍思想感情的表达。

　　发送是一种语言的生理—物理活动,是"写"和"说"的过程。编码完成后,说话人就要通过发送器把编好的语言码发送出去。口语的发送器是肺、声带、舌头、口腔、鼻腔等发音器官。发音器官根据大脑的指令协调运动,发出声音(语音)。在这一过程中,要求发送器能准确、清晰地把语言码发送出去。如果出现发送误差(如发音不清晰、口误等),就可能会使听者不知所云。就书面交际而言,发送的过程就是通过人的书写器官手的运动赋予语言码以文字形式的过程。

　　编码和发送是发话人的话语表达过程,它们并不是截然分开的,多数情况下是一边编码一边发送,即边想边说或边想边写,当然,有时候是先想好了然后再说或再写的。

(二)传递

传递是一种物理运动。语言码一旦发送出去,语义内容便附着于一定的物质形式(语音或文字)通过信道进行传递。口语交际的信道是空气或电路。在这一阶段,尤其是远距离的传递,需要保证信道畅通,排除各种干扰,以免因信道障碍或外界干扰而造成信息的损耗或失真。为了抗干扰,使信息保真,人们常常采用一些措施。

改换语音形式。如话务员或飞行员等,把"一"念成"幺",把"七"念成"拐",因为"一""七"读音相近,不易听辨;把"0"念成"洞",因为"0"在有噪音干扰的情况下也不大容易听清楚。

重复话语。如战场上的通信联络,因枪炮声干扰很大,发话人常常将一句话重复一遍甚至几遍。例如,电影《英雄儿女》中当敌人扑向阵地时,王成向首长重复呼叫:"我是王成! 我是王成! 为了祖国,为了人民,向我开炮! 向我开炮!"

增加羡余成分。如通长途电话,发话人怕电路上有杂音干扰,往往增加一些羡余成分。例如:明天上午我搭飞机来,请到机场接我。明天早上,早上9点到。在长途电话中"上午"和"下午"容易听混,所以发话人在后面补充说"早上";还怕对方听不清楚,又补充说"9点",这样信息就更确切了;放慢语速,加大音量。

(三)接收和解码

接收即通常所说的"听"或"读",它是一种语言的物理—生理活动。语言码负载于一定的物质形式(语音或文字),通过空气或电路传递到受话人那里,受话人的接收器听觉器官或视觉器官便开始工作。它把语音或文字形式的话语通过神经的生理活动转化为可供大脑语言中枢处理的语言码。在这一过程中,要求接收器必须准确地辨识话语形式,否则就会发生接收误差,以致"张冠李戴"。如耳背造成误听,粗心造成误认,都是接收的误差。

例如:玉莲听不懂什么是持久战,她悄悄向金香问道:"金香,顾县长说的是什么'战'呀?""你真是个笨蛋!'吃酒战'也不知道。"金香自以为是地说道,"就是喝醉酒打架嘛! 喝了酒打人最厉害了,我后爹喝醉酒,打起我妈来没轻没重。"此案例引用于(马烽《刘胡兰传》)。

金香由于缺乏时事知识,把"持久战"误听成了"吃酒战",并错误地发挥了一通。应该说明的是,在接收过程中,接收的并不只是交际的对方,其实说话人自己也在接收,也在听(或看)自己说(或写)出的话,并且还在有意识地进行监控和调节,发现错误马上纠正。如把说错的话改说一遍,把写错的话纠正过来,就是监控系统在起调节作用。

解码是一种语言心理运动,即通常所说的"理解"。受话人接收了话语形式,并通过神经生理活动转化为语言码之后,就由大脑的语言中枢进行解释,理解出发话人所要传达的思想感情。解码表面上看起来只是瞬间的事情,实际上是一种非常复杂的活动。它受语境的制约,需要进行判断和推理,需要去粗取精,去伪存真,舍去不必要的或虚假的信息。同样一句话,不同的人可能会有不同的理解,这种理解的差异性也就说明了解码活动的复杂性。

接收和解码往往是结合在一起的。人们总是边接收边解码,即边听边看边理解。而且接收和解码并不完全是被动的,受话人在接收之前,往往根据语境预测发话人将会说些什么话。这种预测也可能是错误的,那就需要根据实际接收和解码的结果来加以校正。例如:甲:她们都牺牲……乙:啊?甲:一顿午饭。乙:嗨,你一块说不行吗?此句引用于相声《海燕》。

甲为了逗哏,故意在一句话中作较大的停顿,造成乙预测上的错误,以为"她们"牺牲了生命,因而感到愕然,当甲说完后半句时,才感到释然。

(四)反馈

受话人对发话人的话语进行解码之后作出反应,就是反馈。反馈的形态是多样的。有时是话语,如通电话时受话人不时发出"嗯,嗯"声,或复述发话人的话,以便发话人了解受话人接收到的信息是否准确;或者就发话人的提问作出回答。有时是体态或行动,如受话人在听话时点头、摇头或微笑,士兵听到军官的命令立即冲锋。有时是表情或情绪,如学生听课时现出舒展或疑惑的表情,表明对老师讲授的内容已经听懂或没有听懂;读了一首好诗或一篇优美的散文,内心引起强烈的共鸣。

受话人的反馈对发话人的表达是有影响的。如果反馈说明表达的效果好,发话人将按原定的语言计划进行;如果反馈说明表达的效果不好,发话人可能修订原定的语言计划。例如:"美美,上我家去。""嗯?!"美美蹙起眉恼怒地看着我。"哦,是我们的家。"美美警告过我多次了,我家就是她家,我俩是一家。此句引用于王小鹰《一片深情》。

"我"得到美美蹙眉"恼怒"的反馈信息后,马上改变了自己的话语。

三、言语交际的制约因素

言语交际都是有一定目的的,而且总是在特定的语境中进行的。所谓语境,是指语言环境。从广义上讲,语境包括与交际活动有关的一切因素,具体说来,它除了上下文之外,还包括交际对象、交际背景、交际场景、语体风格等方面的因素。交际目的和这些语境因素对人们的话语表达和话语理解都起着制约作用。

(一)交际目的

交际目的是各种各样的。或是陈明一种事理,希望对方明知;或是提出一种问题,希望得到解答;或是表达一种请求,希望对方照办;或是抒发一种情感,希望引起共鸣。不同的交际目的制约着人们的交际行为,人们总是力求选用得体的话语来实现某一特定的交际目的。

例如:"先生,种田人可怜,你们行一点好心,少赚一点吧。"另外一位先生听得厌烦,把嘴里的香烟屁股掷到街心,睁大了眼睛说:"你们嫌价钱低,不要出来好了。是你们自己来的,并没有请你们来。只管多噜苏做什么!我们有的是洋钱,不买你们的,有别人的好买。你们看,船埠头又有两只船停在那里了。"(叶圣陶《多收了三五斗》)

农民因为要求米行老板买下谷米,所以言辞恳切,几乎是一种哀求的口气;而米行老板则并不想买下,所以言辞生硬,甚至有点蛮横。双方的目的不同,在言辞的使用上明显地表现出差异。

(二)交际对象

言语交际离不开交际对象。交际对象是具有各种个性特征的,如性别年龄、身份地位、生活环境、职业经历、思想性格、修养爱好、文化水平、社会心理、处境心情,等等。这些个性特征都不同程度地制约着言语交际。

就发话人来说,是男性还是女性,是城里人还是乡下人,是教师还是医生,社会地位是尊是卑,道德修养是高是低,生性温和还是脾气暴躁,待人诚恳还是对人虚伪,心情舒畅还是情绪抑郁,这些都会影响到发话人的话语表达,使发话人对语言形式作出不同的选择。作家个人言语风格的形成正是作家种种个性特征制约创作的结果。如赵树理长期生活在北方农村，熟悉农民的文化风尚和艺术爱好，主张文艺要大众化，因此在创作上，他完全是用北方农民的口语来进行写作，这样就形成了他质朴平易、生动活泼的言语风格。冰心由于从小就阅读了大量的中国古典文学作品，留学美国又使她广泛接触了欧美文学，因此她作品的语言既发挥了白话文流利晓畅的特点，又继承了文言文凝练简洁的优点，还吸收了欧美文学活泼清新的长处，从而形成了她自然典雅的言语风格。反过来，作家的这种个人言语风格形成之后，又会成为他文学创作上言语表达的一个重要的制约因素。

从受话人一方来说。同样，不同的受话人由于具有不同的个性特征，因而对于言语的理解力和容受力必然会有差异，这就要求发话人在表达时要因人语异，要根据不同的受话人来选择他们所能理解并乐于接受的语言形式。如对文化教养较高的上层知识分子讲话，就不妨书面语色彩浓些，可以选用一些典雅的词语和文言书面语句式；而对较少或没有受过学校教育的普通群众讲话，就应该用家常口语体，选用口语句式和通俗词语，不然就可能是无的放矢，达不到交际的目的。

再从交际对象之间的关系来看。参与交际的双方在交际中所扮演的角色是不一样的，因此会形成各种不同的关系。双方关系的不同，同样也会制约着人们对于言语形式的选择。如果交际双方处于一种权势关系（如上下级关系）之中，双方地位悬殊，关系显得比较疏远，因而容易采用比较正式的语体；如果交际双方处于一种平等关系（如朋友关系）之中，没有地位差别，关系比较亲近，就可能采用比较随便的语体。例如，在许多语言中，单数第二人称代词有通称和尊称两种形式。就一般而言，当双方存在权势高低关系时，权势较低的一方指称权势较高的一方，往往选用尊称形式，反之则往往选用通称形式。汉语就是遵循着这一代词的使用规则的，就是称谓词的使用也受到双方关系的制约。平辈之间、同学之间、朋友之间，是可以互称名字的；但晚辈对长辈，下级对上级，就要用亲属称谓，或以"姓+官名"来称呼。

（三）交际背景

交际背景是指言语交际的文化背景、社会背景和时代背景。不同的民族具有不同的文化传统，不同的文化传统必然会给不同民族的言语交际带来深刻的影响,规范着人们自觉或不自觉地采用适合于本民族文化传统的话语形式。例如,中华民族是一个尚谦让、讲礼貌的民族,把"谦以待人,虚以接物"作为为人处世的信条,视为一种崇高的美德。体现在言语交际中,人们是以礼貌、谦虚为原则,并通过"让己受损,使人获益"的方式来表示对人的最大礼貌和尊重。比如,即使自己的书法非常漂亮,当受到别人的赞赏时,也会谦虚地说"写得不好,你过奖了";即使朋友的书法非常一般,也会夸奖一番"写得不错";明明对对方的无礼心有不满,可嘴上会说"这没什么",表现出几分大度和宽容。与中国人的崇尚谦让迥然不同,西方人自信坦率,实事求是。如果一位英国女学生受到老师的赞赏:"你的字写得真漂亮!"或者一位美国雇员受到雇主的表扬:"你工作得很出色!"那他们一定会高兴地回声说:"谢谢!"毫不客气地领受老师的赞赏和雇主的表扬。因为在他们的观念里,既然做出了成绩,就应该感到骄傲。

言语交际是一种社会活动,是在特定的社会和时代背景下进行的,因此,特定的社会和时代必然会对人们的交际行为产生制约作用,人们在进行交际时也会自觉或不自觉地与当时的社会环境和时代背景相适应。二十世纪六七十年代语言运用深受当时的社会政治的影响,句式上,由于对"敌人"批判多,对群众号召多,相对地减少了叙述说理的成分,从而使得陈述句的使用频率下降,祈使句、感叹句的使用频率上升。人们还大量直接引用马列主义经典著作、毛主席语录和诗词,并用黑体加以突出;有的甚至成段仿拟毛主席语录。

例如:理想和事业是你我的生命,我们两个人务必充分注意,万万不可粗心大意。恋爱、婚姻、家庭的道理千条万绪,归根结底,就是一句话:"共同革命!"(沙鱼农《潜移默化》)

这是一位姑娘给她男朋友的回信中的段落。整封信几乎是仿拟毛主席语录而成。由此可见,特定的社会政治对人们运用语言的影响是多么深刻。

(四)交际场景

言语交际总是在一定的场景下进行的,交际进行的时间和地点、交际的场合和气氛、参与交际的人物等场景因素,都制约着人们的交际行为。就表达来说,谈论什么话题,采用何种说法,语气是轻是重,语意是曲是直,这些都需根据特定的场景来定。此时此地对此人说此事,这样的说法也许最好,但在另外的场合对另外的人说这件事,这样的说法就不一定最好,就该换用另一种说法。比如,在进行案情调查时,办案人员若需请证人来问明情况,可以说"去把证人叫来";但在法庭审理的场合,审判长要请证人出庭作证,如果也采用这种日常的说法,显然就不合适,而需采用法庭用语:"传证人到庭!"

善于交际的人,往往还能够巧妙地利用场景因素有效地组织自己的话语形式,求得理想的交际效果。例如,在中英香港问题的第二十二轮会谈中,中方代表对英方代表说:现在已经是秋天了,我记得大使先生是春天来的,那么就经历了三个季节了:春天、夏天、秋天,秋天是收获的季节。

这里,中方代表结合会谈的时间这一场景因素来选择话题,以"秋天是收获的季节"含蓄地表达出我方收复香港主权的态度和决心,言辞恳切,意味深长,取得了很好的效果。

由于人们的话语表达受到场景因素的制约,因此在进行话语理解时,同样也应考虑场景的因素,只有结合场景因素,才能对话语作出准确的理解。

例如:我原来想事情可以平安过去的,现在眼看她被抓走了,我能眼看着让别人替我去牺牲?我得去!凭我这身板,赤手空拳也干个够本!我刚打算往下跳,只见她扭回头来,两眼直盯着被惊呆了的孩子,拉长了声音说:"孩子,好好地听妈妈的话啊!"这是我听到她最后的一句话。这句话使我想到刚才发生情况时她说的话,我用力抑制住冲动。但是这句话也只有我明白,"听妈妈的话。"妈妈,就是党啊!

上例中女地下党员被抓走时所说的话,表面上是叮嘱"孩子",实际上是叫躲藏在阁楼的游击队联络员不要意气用事,要为党的事业保存自己。但在当时的场合不能明说,而只能暗示,联络员也正是根据当时的情景领会她话语的真正含意的。

(五)语体风格

由于交际任务、交际对象、交际场景、交际方式等的不同,使得语言在使用上表现出许多不同的特点,形成不同的语体。语体对于人们的言语交际也起着很大的制约作用。如果是口语体,一般要求选用通俗易懂的口语词,句式要简短灵活;如果是书卷体,就可以选用文雅庄重的书面语词,使用结构复杂的长句。若写合同、决议,或者说明书、请示报告,要求用语简练平实,清楚准确,应多用陈述句,不宜使用比喻、夸张、借代、比拟等形象化的表达手段,也不宜使用双关、反语等表意含蓄、强烈的修辞方式;而写诗歌、散文,或者小说、戏剧,则要求语言清新活泼,生动形象,词语容许变通使用,句式可以不拘一格,比喻、夸张、双关、反语等更是常用的表达手段。

例如:1986年5月4日至9月14日,实行全国夏时制,即把时间拨快1小时。在此期间,广播电台等报时单位报时,应将"北京时间"改称"北京夏令时";国际公务往来活动的时间记录,一律使用夏令时间;夜班岗位上的全体职工,应在5月4日凌晨2时把钟表拨到3时,其他所有不在夜班岗位的,可在5月3日就寝前把表拨快1小时;各公共场所包括建筑物上的钟表,应由各有关单位责成专人在5月4日凌晨2时把时针拨到3时。

又如:春分刚刚过去,清明即将到来。"日出江花红胜火,春来江水绿如蓝",这是革命的春天,这是人民的春天,这是科学的春天,让我们张开双臂,热烈地拥抱这个春天吧!

一则政府公告,语言平实精确,句式单纯;一篇散文的结尾,当中运用了对偶、排比、比喻、拟人等修辞方式,言辞铿锵,形象动人。两例所表现出来的不同的言语特点,反映出不同的语体对于人们使用语言的约束。

人们由于各自的生活经历、思想性格、知识修养等的不同,因而在语言的运用上也会表现出自己的特点,形成个人的言语风格。一个人的言语风格一旦形成,同样也会对言语交际产生制约,使他在选词用句以及表达手段的选用上自觉或不自觉地与自己的言语风格保持一致。如赵树理在作品中总是选用通俗词语和常用句式,保持他质朴平易、生动活泼的言语风格。

四、言语交际的合作原则

为了保证言语交际的顺利进行,交际双方必须共同遵守一些基本原则,其中最重要的是合作原则和礼貌原则。交际双方为使交际能顺利地进行下去,必须采取互相合作的态度,尽可能简明清楚地为对方提供真实的适量的有关的信息,即遵守所谓合作原则。合作原则的基本内容是美国语言哲学家格赖斯(Herbert Paul Grice)提出来的,它包括四条准则,每条准则下面又包含一些次准则。

(一)量的准则

量的准则是指要为对方提供适量的信息。它包含两条次准则:第一,所说的话应包含对方所需的信息。第二,所说的话不应少于或超出对方所需的信息。如果话语中没有包含对方所需的信息,或少于、超出对方所需的信息,都是对量的准则的违反。

例如,甲问乙:"你今天一天干什么去了?"假设乙作出下面三种不同的回答:①上午上了四节课,下午去新华书店买书去了。②上午,上了四节课。③上午上了四节课。老师的课讲得很生动,课堂气氛很活跃。下午去新华书店买书去了。书店里好书真不少,就是定价太高,有些好书很想买,可又拿不出钱。

作为对甲问话的回答,第一句是适量的;第二句则没有为甲提供足够的信息,因为下午干什么去了,乙没有交代;第三句又超出了对方所需的信息,因为甲只是想知道乙"今天一天干什么去了",并没有问及上课情况怎样,书价情况如何。

(二)质的准则

质的准则是指所说的话语要是真实的。质的准则也包含两条次准则:第一,不说虚假的话。第二,不说缺乏足够证据的话。如果有人问"黄鹤楼建在哪儿"? 回答说"黄鹤楼建在武昌蛇山",这话是真实的,符合质的准则。如果话语中含有不实之词,就是对质的准则的违反。

(三)相关准则

相关准则是指所说的话要与话题相关,即要切题。比如,对对方提出的问题,不能避而不答,或答非所问,否则就是违反了相关准则。

(四)方式准则

方式准则是指表达方式要清楚明白。它包含四条次准则:第一,要显豁,避免晦涩。第二,要明确,避免歧义。第三,要简洁,避免啰唆。第四,有条理,避免杂乱。交际时,所说的话如果晦涩难懂,歧义难解,或重复啰唆,杂乱无章,都是对方式准则的违反。

五、会话含意理论

(一)会话含意理论的提出

会话含意理论是由牛津大学的一位哲学家格莱斯(H.P.Grice)提出的。有证据表明,格莱斯是在20世纪50年代开始构建这一理论的,但是直到

1967年,他在威廉·詹姆斯(William James)的讲座上做演讲时,这一理论才公布于世。格莱斯认为,在言语交际过程中,双方应该共同配合,真诚地遵守合作原则,这是保证交际顺利进行、圆满实现交际目的的基本条件。但是,在实际的交际中,人们并不都是严格地遵守合作原则的,有时也会故意地违反合作原则。这有两种情况:其一是说话人故意违反合作原则,而听话人觉察不到,也不让他觉察得到,说谎骗人就属此类。其二是说话人出于礼貌或其他原因,故意说些违反合作原则的话,并让对方能够觉察得到,当对方觉察到说话人是在故意违反合作原则时,就迫使自己透过其话语的字面意义,去领会其深一层的意义,这深一层的意义就是会话含意。

(二)会话含意的产生

故意违反合作原则中的任何一条准则(或次准则),都可以造成会话含意。

1.违反量的准则

少给信息,即信息不足。

例如:那大嫂看着手中的车票,眼里含着热泪说:"大兄弟,你叫什么名字?是哪个单位的?"雷锋笑了笑,心想这大嫂真有意思,大概还想还钱呢,就说:"大嫂,别问了,我叫解放军,就住在中国。"(陈广生等《人民的勤务员》)

当大嫂想问清雷锋的名字及单位时,雷锋故意不给大嫂提供足够的信息,而是用"我叫解放军,就住在中国"这种很宽泛的话来回答,意思是要大嫂别问他的名字和单位,表现了他乐于助人、甘当无名英雄的高尚品质。

2.违反质的准则

说话人有时故意说些假话,或不切实际的话,让听话人去领会其会话含意。

例如:方达生:(不肯直接道破)"哦,我不是,我不是这个意思。……我说,你好像比从前大方得一些。"陈白露:(来得快)"我从前也并不小气呀!哦,得了,你别捡好听的话跟我说了。我知道你心里是说我有点太随便,太不在乎。你大概有点疑心我很放荡是不是?"(曹禺《日出》)

方达生对陈白露失去了过去的天真可爱,变得放荡堕落起来而感到不满,但又碍于面子,不愿明说,倒说了些"好听的话"。陈白露是很了解方达生的性格和为人的,知道方达生是在故意说假话,能够从他的假话中推知他对自己的不满和指责。

3.违反相关准则

说话人有时故意偏离话题或答非所问,造成会话含意。例如:孟子谓齐宣王曰:"王之臣有托其妻子于其友而之楚游者,比其反也,则冻馁其妻子,则如之何?"王曰:"弃之。"曰:"士师不能治士,则如之何?"王曰:"已之。"曰:"四境之内不治,则如之何?"王顾左右而言他。

齐宣王没有顺着话题答下去,而是有意违反相关准则,"顾左右而言他",其含意是:国王是不能够像"士师"那样罢免的,即使国家的政治搞得不好。

4.违反方式准则

说话人有时故意把话说得含糊晦涩,杂乱啰唆,以求得某种会话含意。

例如:从门到窗子是七步,从窗子到门是七步。(伏契克《二六七号牢房》)

本只说前一句就可以了,作者却故意违反"简洁"的次准则,又来重复一句,显然是要表明这样的含意:牢房狭小,令人窒息。

上面分别说明了违反合作原则的各项准则造成某种会话含意的种种情形。会话含意的领会需要经过语用推导。进行语用推导,首先得判别对方的话语是否违反了合作原则。如果对方的话语没有违反合作原则,也就不存在会话含意,用不着去进行语用推导;如果违反了合作原则,但是是无意的,或虽有意,但并不想让听话人觉察,是存心不合作,那也无会话含意可言,也不必进行语用推导。只有当对方有意地违反合作原则,并让听话人明白地觉察到,这样的话语才有会话含意,才有必要进行语用推导。语用推导的过程有的比较简单,有的则比较复杂。

违反合作原则造成会话含意,是为了取得理想的交际效果,但要注意,必须让对方能明白无误地觉察到自己是在有意地违反合作原则的某项准则,否则就会造成误解,适得其反。

(三)会话含意的特征

1975年,格莱斯的部分演讲稿发表,题为《逻辑与会话》,在其结尾部分,格莱斯简单地提到了会话含意的一些特征。

1. 可推导性（inferability）

说话人试图传达他的会话含意，而听话人也能理解这些会话含意，这一事实说明，会话含意是可推导的。它们可以根据已知信息被推导出来。在文章中，格莱斯罗列了下面这些必需的信息：①所用的词的规约意义和可能涉及的指称对象。②CP（Cooperative Principle）及其各条准则。③语言或非语言语境。④其他相关的知识背景。⑤下列事实或假定的事实：会话双方都能得到前面几条提到的信息，而且双方都知道或假定那是事实。

推导会话含意的一般模式如下：说话人说了 p；没有理由认为他没有遵守各项会话准则，至少他遵守了合作原则；除非他认为 q，否则他就不能遵守合作原则；他知道（而且知道我知道他知道）我能看出来有必要假定他认为 q；他没有做任何事来阻止我认为 q；他意欲让我认为 q，至少他愿意允许我认为 q；因此，他隐含 q。

也就是说，当某人说什么的时候，可能从表面（字面义）上看没有任何意义，这时候你不会草率地认为他在胡说八道，不再去细想，而会从更深一层去挖掘隐含意义。如果根据你掌握的所有信息，有一种解释正好支持你前面的假设，那么，你会认为这种解释正是说话人想要说明的。例如，在前面那个推荐信的例子里，读信的人不会认为它毫无用处，读了一遍就弃之不理。他会假定写信人确实遵守了 CP 之类惯例，试图说出一些相关的、真实的东西。既然最重要的是 X 先生是否适合这项工作，而对于这一点，信中没有明确说明，那么，读信人不得不假定写信人对此是持否定态度的。

2. 可取消性（cancelability）

可取消性也被称为可废除性。前面我们已经提到，会话含意的存在依赖于一些因素：所用词的规约意义、CP、语言和情景语境，等等。所以，如果其中一个因素变了，含义也会相应地发生变化。

3. 不可分离性（non-detachability）

不可分离性是说，会话含意是依附于话语的语义内容，而不是语言形式。因此，我们能用同义成分来替换话语的某一部分，而不改变原来的含义。换句话说就是，即使改变话语的具体词语，会话含意也不会因此从整个话语中分离出来。

4. 非规约性（non-conventionality）

会话含意与词语的规约意义显然不同。为了更好地说明二者的区别，我们来看一些衍推的例子。在语义那章里,我们说衍推反映的是两个句子之间的逻辑关系,第一个句子是真,第二个句子就一定是真;第二个句子是假,第一个句子就一定是假。

最后,我们可以这样总结会话含意:它是一种隐含意义,可以在CP及其准则的指导下,在词语的规约意义基础上,联系语境推导出来。在这种意义上,会话含意相当于言语行为理论中的行事语力。它们都与意义的语境方面有关,或者说与汉语的"言外之意"有关。这两种理论的不同仅在于对语境义产生的机制解释不同。

六、言语交际的礼貌原则

(一)礼貌原则的内容

言语交际中,人们不光要求遵守合作原则,还需遵守礼貌原则。所谓礼貌原则,是指人们在言语交际中应遵守的社会礼貌规范。礼貌原则是英国语言学家布朗(Brown)、列文森(Levin.son)、杰弗里·利奇(Geoffrey Leech)等人继格莱斯的合作原则之后提出来的,它是对合作原则的补充和完善。按利奇的说法,礼貌原则包括六条准则。

1.得体准则

得体准则要求说话人尽量减少有损于别人的观点,尽量增加有益于别人的观点,也就是要尽量少让别人吃亏,多使别人获益。

例如:甲:"这场比赛我们能够取胜,全亏了你的超水平发挥。"乙:"应该说是大家的功劳。如果没有大家的积极配合,我就是有再高的水平,也无从发挥。"甲对乙在比赛中所起的重要作用给予了充分肯定,符合得体准则。

2.慷慨准则

慷慨准则要求说话人尽量减少有益于自己的观点,尽量增加有损于自己的观点,也就是要尽量少让自己获益,多使自己吃亏。如上面案例中,乙本来在比赛中发挥了重要作用,当领头功,但他并不居功,而是遵从慷慨准则,把功劳归于大家。

3.赞誉准则

赞誉准则要求说话人尽量减少对别人的贬损,尽量增加对别人的赞誉。

例如:北静王见他(宝玉)语言清朗,谈吐有致,一面又向贾政笑道:"令郎真乃龙驹凤雏,非小王在世翁前唐突,将来'雏凤清于老凤声',未可量也。"贾政赔笑道:"犬子岂敢谬承金奖,赖藩郡余恩,果如所言,亦荫生辈之幸矣。"(曹雪芹《红楼梦》第十五回)

北静王称贾政的儿子为"令郎",并喻之为"龙驹凤雏",还预言"将来'雏凤清于老凤声',未可量也"。在与贾政的交谈中,北静王是遵守着赞誉准则的。

4.谦虚准则

谦虚准则要求说话人尽量减少对自己的赞誉,尽量增加对自己的贬损。如上面案例中,北静王一方面遵从赞誉准则,对贾政的儿子大加赞赏,另一方面又遵从谦虚准则,自称"小王",有意贬低自己;贾政也遵从谦虚准则,称自己的儿子是"犬子"。

5.一致准则

一致准则要求说话人尽量减少与别人在观点上的不一致,尽量增加与别人在观点上的共同点。

例如:"这颜色还可以吧?"大老张用手轻轻摸着油漆过一遍的家具,自我欣赏地上下扫看着。"可以,可以!"潘苟世连连点头,他到外屋掂了一下暖壶,空的,便不满地看了一下老婆,玉珍立刻拎上暖壶出去了。(柯云路《新星》)

潘苟世的内心并不一定认为家具油漆的颜色不错,如果他真的觉得不错,除了肯定之外,就还该赞赏几句,而不会是连看都不愿多看一眼,转身去外屋了。他回答"可以,可以!"完全是出于礼貌,是为了不使对方扫兴,减少与对方在观点上的分歧。

6.同情准则

同情准则要求说话人尽量减少对别人的反感,尽量增加对别人的同情。

例如:"这个丫头!"朱老太太笑着摇头叹息。"你看,多伶俐的姑娘,也不知前世作了什么孽,自小就哑。"(叶文玲《心香》)

朱老太太的话表现了对"姑娘"生来不幸的深切同情,遵从的是同情准则。

(二)礼貌原则和合作原则的关系

礼貌原则和合作原则是言语交际中人们所应遵从的两条最基本的重

要原则,它们是相辅相成、互为补益的。一方面,交际双方必须真诚合作,这样才能够保证交际目的的顺利实现;另一方面,双方又必须讲究礼貌,这样才有利于取得理想的交际效果。但在实际中,二者并不总是一致的。

1.礼貌原则

有时候人们为了遵从礼貌原则而不得不违反合作原则。在交际中人们常常不直述心意,而采取一种委婉、间接的表达方式,这往往就是出于礼貌的需要,是为了给对方留点面子。

例如:甲:"小梅和小芳都长得很可爱,是吧?"乙:"是的,小梅确实长得很可爱。"

甲的问话是要证实小梅和小芳都长得很可爱,而乙只肯定了小梅,却有意不提小芳,显然违反了合作原则的"量"的准则。乙违反"量"的准则,是因为要遵从礼貌原则的一致准则,减少与甲在看法上的不一致;如果乙直言不讳地否定小芳,势必会损伤对方的面子,使对方感到难堪。

2.合作原则

有些情况下,比如在原则问题上,在紧急情况中,人们又往往把合作原则置于礼貌原则之上,为了坚持合作原则而不得不去违反礼貌原则。

例如:"你说,现在应该怎么办?"他盯着潘苟世。"我……我检查……""检查?"李向南严厉地哼了一声,目光离开了他,投向常委们,"同志们,横岭峪的情况,大家有目共睹,我不用多说了。请同志们说说应该怎么处理。""我认为,"龙金生垂着眼,抽着烟,打破了寂静,"苟世同志继续担任公社书记,对工作,对他自己都没有好处。我提议撤销他的职务。""同志们,"李向南顿了顿,把目光又投向围站着的常委们,"我完全同意老龙同志的提议。如果我们允许潘苟世这样的同志继续掌握权力,独霸一方,错误行事,人民一定会气愤地指责我们:'看看你们干的好事!'"(柯云路《新星》)

李向南在原则问题上不留情面,坚持了合作原则中的质的准则,却违反了礼貌原则中的赞誉准则,毫不客气地对潘苟世工作上的严重失职进行了严厉的批评。

七、关联理论与关联原则

(一)关联的概念

1986年,D.斯波伯(Dan Sperber)和D.威尔逊(Deirdre Wilson)在他们

的《关联性：交际与认知》一书中正式提出了这一关联理论。他们认为，格莱斯的那些准则，包括CP本身，都可以简化成一条关联原则。关联原则的定义是这样的："每一个明示交际行动，都传递一种假定：该行动本身具备最佳关联性。"

（二）关联的原则

1.交际的明示

为了理解这个定义，我们需要搞清楚其中的关键概念："明示交际行动"和"最佳关联假定"。他们同意格莱斯的观点：交际不只是简单的编码和解码的过程，而且涉及推理。但是他们认为推理只与听话人有关。从说话人方面讲，交际应该被看成一种表明自身说话意图的行为。他们称这种行动为"明示行动"。换句话说，交际的完整概括是"明示–推理"（ostensive–inferential），"明示交际"（ostensive communication）或"推理交际"（inferential communication）只是简称。

2.最佳关联假定

要解释"最佳关联假定"，我们首先看一下关联性的两种定义。第一种定义与语境相联系。

"当且仅当一个设想在一种语境中具有语境效应时，这个设想在这个语境中才具有关联性。"（《关联性：交际与认知》）

但是关联性也是个相对概念。有些设想可能比别的设想关联性强。而且，估算关联性就跟估算生产率一样，要考虑产出和投入之比。它不仅取决于产生的效应，还取决于处理它需要付出的努力。因此，斯波伯（Dan Sperber）和威尔逊（Deirdre Wilson）又从"程度条件"角度对关联性做了如下定义。

程度条件一：如果一个设想在一个语境中的语境效应大，那么这个设想在这个语境中就具有关联性。

程度条件二：如果一个设想在一个语境中所需的处理努力小，那么这个设想在这个语境中就具有关联性。

然后，他们详细讨论了"语境"究竟是什么意思。结果发现，有时候语境必须包括所有的背景信息，否则有些设想就很难处理。而有时候有些信息又必须排除在外，否则付出的努力就会增大，而效应并没有增强。换句话说，语境的大小取决于所要处理的设想。语境不是给定的，而是择定的。不是先有语境,再根据语境决定设想的关联性,而是人们一般假定他们要处理的设想具有关联性(否则他们不会费劲去处理它),然后才会设法寻找一个语境,使得其关联性最大。

关联性的第二个定义与交际个体相联系。

当且仅当一个设想在某一时刻,在某人可及的一种或多种语境中具有关联性时,这个设想才在当时与那个个体相关联。

斯波伯和威尔逊认为,关联性不只是脑中设想的特性,而且是外界现象(刺激信号,例如话语)的特性,这些现象能建构设想。他们的最后一个关联性定义跟这点有关。发话者不能直接给受话者提供设想。说话人或书写人所能做的只是以声音或书写符号的形式提供某种刺激信号。这种刺激信号的出现改变了听话人的认知环境,使某些事实显映(manifest)出来,或者显映得更明显。这样,听话人就能把这些事实再现为很强或更强的设想,甚至能用这些设想进一步推导出设想。经过这种扩展的关联性概念定义为:当且仅当某个现象显映的一个或多个设想与某个体相关时,这个现象才与该个体有关联。因此,最佳关联假定是:一是发话者意欲向听话者显映的设想集,具有足够的关联性,使听话人值得花时间去处理该明示性刺激信号(ostensive stimulus)。二是这一明示刺激信号,是发话者传递设想集时所能运用的关联性最大的信号。

(三)关联原则的应用

如上可得出结论,每个话语都假定努力和效应能取得最佳平衡。一方面,所要达到的效应永远不会小得不值得处理;另一方面,需要付出的努力永远不会大得超过取得效应的需要。相对于所要达到的效应而言,需要的努力总是最小的。这等于说在所有符合最佳关联假定的对某信号的解释中,听话者第一个想到的解释,就是发话者意欲传递的解释。

八、数量原则和关系原则

(一)数量原则(Q-principle)和关系原则(R-principle)的基本内容

这是个简化较少的二元模式。1984年由 L. 荷恩(Laurence Hom)在他的《语用推理的新分类初探——基于Q原则和R原则的含义》中第一次提出。1988年,他在《语用学理论》中又进一步完善了这两条原则。Q原则源于格莱斯的数量准则第一条次则,R原则源于关系准则。但二者比格莱斯的准则内容更宽泛。

在1984年的论文中,荷恩首先介绍了 George Kingsley Zipf 的省力原则。Zipf 发现,在语言的使用中存在两种竞争力量:单一化力量或者叫说话人经济原则;多样化力量或者叫听话人经济原则。第一种力量朝着简化方向推动,如果不加阻止,会导致用一个词来表达所有的意思。而第二种力量,是反歧义原则,会导致每种意思都只用一个特定的词来表达。

荷恩认为,格莱斯的会话准则,以及由此推导出来的含义主要来自这两种竞争力量。例如,数量准则第一条次则要求说话人要充分传达他的信息,从本质上说,这符合 Zipf 的听话人经济原则。方式准则中的“避免晦涩”和“避免歧义”也符合听话人经济原则。别的准则,即使不是全部,也是大部分与说话人经济原则一致,如数量准则的第二条次则,关系准则和简练准则。他的观点和斯波伯、威尔逊的观点相同,认为数量准则第二条次则特别接近关系准则。他说“除了与当时的事毫无关系的话,还有什么话包含多于需要的信息?”所以,荷恩建议把格莱斯的准则简化成下面两条原则。

Q原则(Q-principle)(基于听话人):要使你的话语充分(比较数量准则第一条);能说多少就说多少(以 R 原则为条件)。

R原则(R-principle)(基于说话人):要使你的话语只是必需的(比较关系准则、数量准则第二条次则和方式准则);不说多于所要求说的话(以 Q 原则为条件)。

基于听话人的 Q 原则是充分条件,它意味着说话人提供的信息是他所能提供的最大信息。

荷恩说:“如果我问你能不能把盐递给我,而我又知道,毫无疑问你是有能力做到的,在这种情况下,我是想让你推导出我并不是在问你能不能把盐递给我,而是在要求你这样做。(如果我实际上知道你能把盐递给我,那么这个是否问句就毫无意义了;如果你假定我遵循了关系准则,你就会推导出我要说的不是字面意思。)”

在1988年的论文中,荷恩认为 Q 原则是“基于听话人的经济原则,要求信息内容的最大化,类似于格莱斯的数量准则第一条次则”,而 R 原则是“基于说话人的经济原则,要求形式的最小化,类似于 Zipf(1949)的‘省力原则’”。也就是说,Q 原则与内容有关。遵循这条原则的说话人会提供最充分的信息。而 R 原则与形式有关。遵守这条原则的说话人会用最少的形式,因此,听话人有权推论说话人意思比他明说的要多。

为了证明这两条原则的有效性,荷恩考察了大量的语言学现象,包括历时的和共时的,词汇的和语法的,基于言语的和基于语言的。这里,我们只介绍他关于否定可以取消含义和避免使用同义词的论述。

荷恩发现,基于 Q 原则的含义可以通过元语言否定来取消,因为它不影响明说的内容;基于 R 原则的含义则不能。

荷恩用来支持他的两条原则的另一个现象这里称之为避免使用同义词。J.McCawley(1978)在别人研究的基础上提出,由于词汇化的存在,相对多产的构词过程受到限制。他的第一个例子最初是 Householder(1971)注意到的。形容词"pale"和颜色词能组合成很多短语,如 pale green,pale blue,pale yellow,但"pale red"听起来就有点古怪,这是因为存在"pink"(粉红色)这个词。只有在指比红色浅,又比粉红色深的颜色时才用"pale red"。也就是说,因为有"pink","pale red"的使用就受到限制,而"pale blue"和"pale green"则没有这样的限制。

荷恩认为,虽然 McCawley 等人的观点有待发展完善,但其背后的看法是正确的,它本质上是这一个看法:无标记形式用于常规的、无标记情况(通过基于 R 原则的含义);而相应的有标记形式则用于非常规情况(通过基于 Q 原则的含义)。

实际上,这种看法就是他前义所说的语用劳动分工。荷恩观察到,Q 原则和 R 原则常常直接冲突。如果说话人只遵守 Q 原则,他就会说出自己知道的一切,有些可能并不是所需的信息;而如果说话人只遵守 R 原则,为了保险起见,他很可能什么都不说。事实上,格莱斯等人已经讨论过的许多准则冲突都涉及数量准则第一条次则和关系准则的冲突。但是可能在解决彼此之间的冲突中这两条原则起到主要的作用。他认为解决的方法就来自下面的语用劳动分工。

在可以使用相应的无标记形式(相对简单,少费劲)时,使用有标记的表达形式(相对复杂或者冗长),往往传达有标记的信息(这是无标记形式不会或不能传达的)。

（二）数量原则（Q-principle）、信息量原则（I-principle）和方式原则（M-principle）三分模式

1.三分模式的基本内容

这个三分模式是S.列文森（Stephen Levinson）在他1987年的论文《照应的语用和语法——约束和控制现象的部分语用学简化》中提出的。列文森说，实质上，数量原则、信息量原则和方式原则是对格莱斯的数量准则的两条次则和方式准则的重新解释。质量准则就像在荷恩的理论中一样，未做改动。

列文森不同意斯波伯、威尔逊和荷恩的做法，把数量准则第二条次则归属于关联原则或关系原则。他的观点是，数量准则是与信息数量紧密联系在一起的，而关联只是话语是否有助于及时达到交际目标的一种衡量手段，反映的主要是交际目标达到的程度，对话中话题和先后顺序的约束程度，就像问题之后应该有答案那样。关联与信息没有关系，或者至少没有很大关系。于是他把数量准则第二条次则重新命名为"信息量原则"，简写为I—原则；数量准则第一条次则命名为"数量原则"，简写为Q—原则。这些原则的具体内容如下。

2.数量原则

说话人准则：不要让你的陈述在信息上弱于你所知道的程度，除非较强的陈述与信息量原则相抵触。

听话人推论：相信说话人的陈述已经是就他所知而作出的最强的陈述，因此如果说话人说出 A（W），而<S，W>构成荷恩等级，以致 A（S）衍推 A（W），那么就可以推导出 K ~ [A（S）]，即说话人知道较强的陈述不成立；如果说话人说 A（W），A（W）不衍推内嵌句 Q，而较强的陈述 A（S）则衍推此内嵌句 Q，且{S，W}形成一个对比集，那么就可以推导出 ~ K（Q），即说话人不知道 Q 是否成立。

3.信息量原则

说话人准则：最小化准则（maxim of minimization）。"说得尽量少"，即只提供实现交际目的所需的最小的语言信息（注意到数量原则）。听话人推论：扩展规则（enrichment rule）。扩充说话人所说话语的信息内容，找出最具体的理解，直到认定这就是说话人的发话意图。具体地说：设定所谈对象或事件之间具有常规关系，除非与已经确认的情况不符，或说话人违反了最小化准则，选用了一个冗长的表达式；如果与已经确认的情况相符，就设定句子所论述的对象确实存在；避免会增加所涉及实体数量的解释，即假定指称经济性；具体地说，对弱化名词词组（代词或零形式）作同指解读。

为了避免数量原则和信息量原则发生可能的冲突，列文森建议限制数量原则的使用范围，规定它只对荷恩等级有效，并对荷恩等级加了如下的限制：要使<S,W>构成荷恩等级，则：对任意一个句子框架A，A(S)必须衍推A(W)；S和W必须同等词汇化，因此，没有<if,if>这样的荷恩等级，以免妨碍"条件句完善化"；S和W必须"关涉"同样的语义关系，或同属相同的语义场，因此没有<since,and>这样的荷恩等级关系，以免妨碍"联结词强化"。

另一方面，如果含义与假设矛盾，含义就会被取消。"If the door is locked I have a key in my pocket（如果门锁着，我口袋里有钥匙。）"不能推导出相应的"条件句完善型"——"If and only if"，因为这与我们的假设矛盾——门锁着的时候，钥匙是不会自动到口袋里的。

4.方式原则

在1987年的论文里，列文森还没有给出具体的表述。他把对荷恩原则的批评和表达自己的观点结合在一起。他指出荷恩没有区分两种"最小化（minimization）"：语义最小化和表达式最小化。语义最小化，或内容最小化等于语义概括化。也就是说，越是一般的词语，语义量越小，内涵越小（相反，其外延会越大）；概括性越差、越具体的词语，语义量越大。例如，ship和ferry，flower和rose，animal和tiger，前者都比后者概括性强。选择前者而不选择后者是个最小化过程。而表达式最小化或者说形式最小化是就表面的长度和复杂性而言的。它与一个词语的语音形式和词汇形态有关，所以，正常重音的词语要比相应的非正常重音的词语形式小。意义相当的词语，即同义词语，组成成分越少的，词语越短，形式越小；反之，组成成分越多的，词语越长，形式越大。例如，frequent（频繁）和hot infrequent（不是稀少），to stop a car（停车）和to cause a car to stop（让车停下来）。

列文森的观点是，只有语义最小化与信息量原则有关系。相反，表达式最小化与语言单位的形式相关，即与表达的方式有关，而与表达的内容或表达的程度无关，所以表达式最小化属于方式原则的范围。他也批评了荷恩的语用劳动分工。他说，荷恩语用劳动分工中涉及的对立是有标记和无标记的对立,更准确地说是常用性和非常用性的对立,或者说是简洁表达形式和复杂表达形式的对立。这两种表达形式是同义的,二者之间的区别与信息数量无关,而与表面形式有关,所以准确地说,这种含义来自方式准则。

根据黄衍的说法,方式原则(M–原则)的内容如下。说话人准则:不要无故使用冗长、隐晦或有标记的表达形式。听话人推论:如果说话人使用了冗长或有标记的表达形式M,他的意思就与他本来可以用无标记的表达形式U所表达的意义不一样。具体地说,说话人是在设法避免U带来的常规性的联想和信息量含义。

5.照应

为了说明三原则的实际作用,列文森较详细地讨论了照应指称问题。1981年,乔姆斯基(Chomsky)在他的《管辖与约束理论》中用语法规则给出了一种解释,列文森不赞成他的观点。他认为照应首先是个语义学和语用学上的概念,用语用学原则来解释这种表达形式的优先解读更好。他具体地提出了下列关于照应的语用学机制。

第一,当句法允许直接同指编码时,例如可以用反身代词时,如果用了信息较弱的表达形式,如非反身代词,就会将数量隐含非同指解读。

第二,在其他情况下,语义概括性强、信息量较弱的表达形式,根据信息量原则偏向同指解读,除非第三种情况。

第三,用了有标记的形式,比如可以用代词的地方用了词汇性名词短语;或者可以用零形式的地方用了代词,将方式隐含非同指解读。

换句话说,既然反身代词和相应的普通代词(如"himself"和"him")同等词汇化,而且语义关系相同,它们就可以构成荷恩等级。因为反身代词要求要有先行词,所以它比普通代词在语义上更具体,信息量更强,它将排在前面。因而,在句法允许使用反身代词的时候,使用普通代词就数量隐含,自反代词编码的同指解读不成立。

但是还存在一些问题。其中一个就是,根据列文森的语用机制第三,可以用零形式的地方用了普通代词,应该方式隐含非同指解读。

第二节 言语行为与表达

一、言语行为理论

（一）言语行为的概念

现代语言学认为，人们运用语言进行交际，以实现某一特定交际意图（如陈述、询问、命令、邀请、警告、宣判、道歉、祝贺、感谢、赞叹等等），这实际上也是在完成一种行为，这种行为被称作言语行为。例如：当教师走上讲台，学生起立致敬后，教师要请学生坐下，这时他可以做点头的动作或做抬臂向下挥动的手势来表达，也可以用"请坐下"的话语来表达。表达的方式不同，但它们所要传达的信息、所要实现的意图却是一致的，都是发出一种祈使。点头或挥臂是一种行为，这是动作行为；说出"请坐下"的话语同样也是一种行为，即言语行为。

（二）言语行为理论的基本内容

言语行为理论最早是由英国哲学家奥斯汀（J .Austin）提出来的。20世纪30年代，逻辑实证主义学说盛行。这一学说认为，陈述句就是陈述、说明，它是受逻辑—语义的真值条件的制约的，因而真值条件应是言语理解的中心。到了20世纪50年代，奥斯汀发表《论言有所为》，表示了对逻辑实证主义学说的怀疑，提出言语行为的理论。他认为，有些一般的陈述句并不是为了作出真假的陈述。例如：①公司去年亏损30万。②我感谢你为我提供了一个就业的机会。③我劝你不要辞职。④我宣判你服10年苦役。⑤我保证明年聘你为教授。例①是一种陈述，即用言语来说明某事，是具有真假值的：与实际情况相符，句子为真；与实际情况不符，句子为假。后四例则不一样，它们并不只是"言有所述"，而是"言有所为"；例②在说出的同时也就进行了感谢，例③在说出的同时也就进行了劝告，例④在说出的同时也就作出了宣判，例⑤在说出的同时也就作出了许诺。它们是用言语来实施某种行为，而不存在真假的问题。奥斯汀把例①这类"有所述之言"称为"叙述句"，把例②～⑤这类"有所为之言"称为"实施行为句"（简称"施为句"）。叙述句的功能在于以言述事，而施为句的功能则在于以言行事。①

奥斯汀还指出,施为句虽然没有真假,但有可能不合适。他认为,施为句要确有所为,就必须满足完成某种行为所需的条件,即所谓"合适条件";如果不能满足"合适条件",那就是不合适的。例如,假如说话人不是处于法官地位,不是处在法庭宣判的场合,或者受话人不是一名罪犯,那么例④就是"无效"的,不具有法律的效力。又如例⑤,说话人虽然作出了许诺,但如果他态度"不诚实",并不打算去实行,那么这句话即使不是无效的,也是不合适的。合适的许诺应是言出必行。在作出某种言语行为之后,如果"违背承诺",出现相悖的行为,那也同样是不合适的。例如,汤姆跟玛丽在教堂举行婚礼,而且在牧师面前宣誓:"我愿意娶玛丽为妻。"可是一出教堂,他就对玛丽说:"遇到你非常高兴。我要走了,再见。"接着发生的行为太不正常,使人怀疑他在教堂里所作的言语行为是否合适。

奥斯汀理论的第一步是认为句子有两类:施为句和表述句。在《怎样用词做事》(*How to Do Things with Words*)中,奥斯汀认为下面的句子并不是用来描述事物的,没有真假。说出这些句子是(或者部分是)实施某种行为。所以这些句子被称为施为句。其中的动词叫施为性动词。

相反,化学老师在演示实验时说的话,却不是施为句。它只是描述了说话人说话的同时在做什么。说话人不能通过说这句话把液体倒入试管,他必须同时做倒液体的动作。否则,我们可以说他作了虚假陈述。这样的句子叫表述句。I pour some liquid into the tube.(我把一些液体倒入试管。)虽然施为句没有真假,但必须满足一些条件才是合适的。我们把奥斯汀提出的合适条件简化如下。

第一,必须有一个相应的规约程序,并且相关的参与者和环境是合适的。

第二,该程序必须正确全面地得到执行。

第三,通常,有关人员必须有相关的思想、感情和意图,而且能付诸实际行动。

所以,在新船下水仪式上,只有被指定的那个人才有权给船命名,并且这个人必须说出符合命名程序的话;遗赠手表的人必须有一块手表;如果

---

① 吴新民. 符号·含义·直观·表达——语言逻辑视域中的言语行为阐释[J]. 海南师范大学学报(社会科学版),2016,29(11):132-138.

第二天是晴天,那么,打赌会有雨的人必须给另一个参与者六便士。

但是,奥斯汀很快认识到,这些条件只适用于部分情况。一方面,有些情况,并不需要规约程序来完成。例如发誓,可以说"I promise",也可以说"I give my word for it",没有严格的程序。另一方面,所谓的表述句也可能必须满足其中的某些条件。例如,说"The present King of France is bald"(法国现在的国王是个秃子。)是不合适的,就像一个没有手表的人说"I bequeath my watch to my brother"(我把我的手表遗赠给我弟弟)一样。他们都假定某种实际并不存在的东西存在。而且表述句中,说话人也必须要有相关的思想、感情和意图。例如,我们不能说The cat is on the mat,but I don't believe it(猫在垫子上,但是我不相信)。

后来,奥斯汀尝试从语法和词汇上找到区分施为句和表述句的标准。他注意到,典型的施为句一般是第一人称单数做主语;用一般现在时;用直陈语气;用主动语态;动词是施为性动词。不过也有反例。用被动语态的如"Pedestrians are warned to keep off the grass"(行人禁止践踏草坪)还是很常见的。在非正式场合,其他语气和时态也是可能的。我们可以不说"I order you to turn right"(我命令你向右转),而只是简单地说"Turn right"(向右转)。陪审团可以不说"I find you guilty"(我裁决你有罪),而说"You did it"(你犯了罪)。最明显的例子可能是"Thank you!"因为没有主语,表面上看起来像个祈使句,但实际上这是个施为句。通过说这句话,说话人表达了对听话人的谢意,没有必要再做别的事,虽然对方有时会开玩笑说:"你不能只是口头上谢我。"另一方面,"state"一般被用来表述事情,是最典型的表述动词,却也可以被用来做事。说"I state that I'm alone responsible"(我声明我承担全部责任)的时候,说话人就发表了声明,承担了责任。换句话说,看来施为句和表述句的区分很难维持,所有的句子都能用来做事。

二、言语行为的类型

言语行为并不是单一的行为,而是由若干复杂的次言语行为组成的。根据交际过程的不同阶段,可以把言语行为分为三种:"言之发"以言述事的述事行为,"示言外之力"以言行事的行事行为,"收言后之果"以言成事的成事行为。

(一)述事行为

述事行为就是说出所要说的话。例如:抽烟对你的健康不利;能帮我把钢琴抬过去吗？要让听话人接收这两例的信息，就必须用语音将其说出。当说话人说这些话时，他就是在进行述事，就是在完成述事行为。

（二）行事行为

以言述事完成述事行为，这同时（或者说本身）也是在以言行事，完成行事行为。换句话说，"言之发"和"示言外之力"都纯粹是一种抽象，某一个典型的言语行为，既是"言之发"，同时又是"示言外之力"。行事行为又可以分为五类。

1.断定式

实施这种行事行为的句子所表述的命题是可以评价真假的，而说话人则有责任保证所述命题的真理性，如陈述、断定、坚信、估计、描写、说明、报道、分析等就属此类。

例如：学校昨天已经开学了；明天肯定又是晴天。第一句等于说"我告诉你：学校昨天已经开学了"，第二句等于说"我断言：明天肯定是晴天"。在形式上，这种实施断定性行事行为的句子一般可以在前面加上"我告诉你"或"我断言"之类的词语。

2.指令式

这种行事行为是说话人企图使听话人去做某事。它们可能是非常温和、委婉地请求或建议听话人去做某事，也可能是非常强烈、坚决地命令或禁止听话人去做某事，如请求、哀求、命令、指使、建议、允许、忠告、祷告等等都属此类。询问可以看作是指令式中的一个特殊的次类，因为它们是说话人试图使听话人回答，也就是使听话人完成一种言语行为。

例如：这种事交给他去办吧！马上出发！在形式上，这种实施指令性行事行为的句子一般可以在前面加上"我请求""我命令"或"我建议"之类的词语，句末常常用上感叹号。

3.承诺式

这种行事行为是说话人保证而且有责任将来去做某事，如保证、许诺、宣誓、发誓等等就属此类。从某种意义上讲，承诺式可以看作是说话人对自己的一种请求或指使，但又不同于指令式。指令式是说话人企图使听话人去做某事，而听话人却不一定有责任或义务去做这件事。例如：我年底一定完成任务；我尽力而为。这两例都是承诺式。从形式上看，这种承诺句的前面可以加上"我保证""我答应"之类的词语。

4.表情式

这种行事行为是表现说话人对于句子的命题内容中所述事情的一种心理状态,如感谢、祝贺、赞许、欢迎、道歉、悔恨、痛惜、哀悼等等都属此类。

5.宣告式

这种行事行为是通过以言行事的力量使某一事态得以存在或实现,或引起事态的变化,如宣告、宣布、宣判、通告、任命、命名等等就属此类。例如:我宣布晚会到此结束;你被公司开除了;我命名这条船为"利贝特"号。例句中,说话人如果成功地完成了宣布的行为,那么晚会也就结束了,"你"也就不再是公司的职员了;如果成功地完成了命名的行为,那么"这条船"也就成了"利贝特"号船。

(三)成事行为

当说话人说出话语并施行了某种行事行为之后,就会给听话人、其他人,甚至说话人自己带来某种影响,从而产生某种思想、感情,或做出某种行动,收到言后的效果。例如听话人受到了鼓舞或威胁,得到了安慰或支持,接受了感谢或道歉,感到满意或放心,被告知,被说服,被提醒,被欺骗,按指令完成了某项任务,按宣告出现了某种事态,等等,都是完成了成事行为。

值得注意的是,成事行为是带有听话人的一定的主观性的,因此它有可能是多变的,施行同样的一种行事行为,有时可能会收到不同的言后之果。例如,向听话人发出邀请,听话人可能愉快接受,如期赴约,也可能不给面子,拒绝邀请;又如,向听话人提出批评,听话人可能心悦诚服,决心改正,也可能抵触不满,甚至怀恨在心。

述事、行事和成事这三种言语行为实际上是整个言语过程的三个不同阶段,是统一于同一话语之中的。这从下面奥斯汀所举的一个例子中可以看出。

述事(言之发):他对我说:"你不能做这件事!"

行事(示言外之力):他抗议我做这件事。

成事(收言后之果):他使我恢复了理智,把我劝阻了。

三、间接言语行为

(一)间接言语行为的概念

根据交际意图实现方式的不同,可以把言语行为分为直接言语行为和间接言语行为。说话人采用某种行事行为的表达方式来实现其自身预期所能实现的意图,这是直接言语行为,如用祈使句来表示请求,用疑问句来表示询问。直接言语行为句往往含有"告诉、请求、保证、感谢、宣布"之类具体指明行事行为的施为动词。有时候,人们出于某种考虑,采用某一种行事行为的表达方式来完成另一种行事行为,这是间接言语行为。

(二)间接言语行为理论

间接言语行为理论是英国哲学家塞尔(Searle)提出来的。塞尔指出,要理解间接言语行为这个概念,先得接受"字面用意"的概念。"字面用意"是句子形式所固有的言外之力(用意),间接言语行为就是从"字面用意"推断出来的间接用意。

(三)间接言语行为的种类

间接言语行为可以分为两种。

1.规约性间接言语行为

规约性间接言语行为是指依据习惯由句子的"字面用意"推断出来的间接言语行为。使用规约性间接言语行为往往是出于礼貌的需要,或是为了求得表达上的委婉。例如,在汉族社会里,熟人见面,习惯问上一句"吃了没有",听话人一般是不会按其字面用意("询问")去理解的,而会很自然地从其字面用意推断出它的间接用意打招呼或致问候。

当然,习惯上用作规约性间接言语行为的句子有时在一定的语境中只是表达字面的用意。例如,"吃了没有"如果是对出差刚进门的丈夫说出,那就不是招呼或问候了,而是真正的询问。又如,如果在篮球馆里问"Can you play basketball?"那很可能是向对方发出"邀请",是一间接言语行为;但如果是在旅行的火车上说这句话,那表达的字面用意显然是询问对方是否会打篮球,是一种直接言语行为。

2.非规约性间接言语行为

非规约性间接言语行为是指依据交际双方共知的信息和所处的语境推断出来的间接言语行为。例如:甲:"你能借我点钱吗?"乙:"我儿子今年自费上大学。"乙的答话就字面用意而言,是一种"告知"行为,但实际上是间接地"拒绝"甲的"请求",这一间接用意就是依据双方共知的信息通过推断来实现的,这当中包含着一个较为复杂的推理过程。从这里可以看到,塞尔的间接言语行为理论实际上是引进了格赖斯的"会话含意"理论的。

非规约性间接言语行为由于是依据双方的共知信息和所处语境推断出来的,因此在使用时要注意共知信息充足,语境限制明确,否则,就有可能造成歧解,影响听话人对话语间接用意的把握。在研究中人们还注意到,间接言语行为所涉及的对象通常是直接的,但也有可能是间接的。就是说,表面上是说给对方听的,而实际上是说给第三者听的。

四、话语表达

话语表达是说和写的过程,也就是信息的编码和发送的过程。人们进行言语交际都有一定目的,是为了传达某种信息,表达某种思想或感情,而且交际活动总是在一定的情境中进行。因此,话语的表达必须切合题旨和情境。无论选词用句,还是组织篇章,只有切合题旨,适应情境,才能圆满实现既定的交际目的,否则,就难以达到预期的交际效果。

(一)词语的选择

话语是由句子组成的,句子又是由词语组成的,词语是构成话语的基础。一种语言里有成千上万的词,其中有共同语词和方言词,口语词和书面语词,古语词和今语词,同义词和反义词,褒义词和贬义词,单音词和多音词,同韵词和异韵词,等等。它们各有差异,各具价值,这为人们的话语表达提供了选择的余地,同时也提出了选择的要求。

1.推敲意义

(1)词义辨别

表达某种意思,是选这个词合适,还是用那个词恰当,首先应从意义上去推敲,要求对词的意义有确切的了解,对词的"个性"有充分的认识。如果对词的意义了解不准确,对词的"个性"认识不透彻,就可能出现用词不当、词不达意的现象。

在选择词语时,要特别注意同义词。同义词同中有异:或是在语意上有轻重,范围上有大小;或是在色彩上有不同,搭配上有区别。只有明辨了同义词之间的细微差异,才能做到恰当的选用。

(2)词义的常规与变异

在选择词语时,还要注意词语的常规用法和变异用法。为了造成某种特殊的交际效果,表达时容许突破常规,变异地使用词语。这种变异,可以是改变词语常规的组合关系,进行超常搭配。

2.讲究音律

话语的表达还要注意加强声音的效果,讲究音律美,要以优美的节奏、和谐的韵律来提高语言的表现力。

优美的节奏可以通过不同音节词语的配合使用来形成。但最能够体现语言节奏感的表现手段是音步(节拍)。音步是由一定数量的音节按照一定的轻重律构成的。几个音节构成一句,句与句之间相同的音步反复出现,就能够形成鲜明的节奏和优美的旋律。诗是最讲究音步的。如我国的近体诗就有严格的声律要求:五言诗每句由三个音步组成,七言诗每句由四个音步组成,同句相邻的音步平仄相间,对句和邻句中音步的平仄相对、相黏,这样,音步整齐,抑扬错落,具有强烈的音响效果。就是现代的自由诗也应该注意音步的安排,不一定要求每句的音步相同,但可以让不同音步的句式有规律地交替出现。

(二)句式的选择

语言里有各种不同的句式。有长句和短句,整句和散句,松句和紧句,主动句和被动句,肯定句和否定句,常序句和异序句,等等。不同的句式具有不同的功用和效果,适应于不同的表达需要。语言中句式的多样化,就为人们更好地表情达意提供了选择的可能。

要做到恰当地选择句式,一方面要注意上下文,因为孤立的一个句子是无所谓好坏的,只有置于具体的话语当中,与一定的上下文相联系,才能显示出它的优劣。另一方面还必须明确各种句式的功能价值、表达效果及适用范围。只有对各种句式的功能价值、表达效果及适用范围有了全面、清楚的认识,才有可能根据表达的需要对句式作出恰当的选择。

1.长句和短句

长句形体较长,包含的结构成分多,内容容量大,具有表意精确、周详、严密、细致的表达效果。它便于用来精确地说明事实,严密地阐述事理,细致地描写景物,细腻地抒发情感。因此在运用上,长句一般适用于政论语体和科技语体,有时也适用于文艺语体中的描写和抒情性的议论。短句形体较短,结构简单,短小精悍,节奏紧凑,具有表意简洁、明快、活泼、有力的表达效果。它便于用来描写人物的对话,或用来表现激动、高昂的情绪,紧张、欢乐的场面,坚定、决断的语气。因此在运用上,长句较适用于戏剧、小说、相声之类的文艺语体,也适用于演讲、辩论或日常谈话等。长句和短句在表达上各有长处。在组织句子时,应从需要出发,宜长则长,该短就短。但长句因结构复杂,较难驾驭,短句则结构单纯,易于把握。因此,一般情况下宜多用短句。

2.整句和散句

结构相同(或相似)、语气一致的一组句子连用,构成整句。整句的主要形式是对偶和排比,层递、反复、回环等也往往表现为整句形式。整句结构匀称,形式整齐,节奏鲜明,气势贯通,适合于表现丰富的感情和深刻的感受,给人以鲜明的印象和强烈的感染。因此在运用上,整句较适用于文艺语体,在诗歌、散文中最为常用。

结构不同、语气各异的一组句子连用,构成散句。散句灵活自由,生动活泼,参差错落,富有变化,是语言的一种更自然的形态。因此,除了在句式上要求严格的诗体,其他类型的语体都能使用,特别是对口语、相声以及小说、戏剧中的人物对话等更为适用。散句用得好,同样也能表现出复杂、丰富的思想感情,并能避免表达上的呆板单调。

整句是语言表达的一种修辞形式,表达效果显著,但也不能用得过多,过多则又显出单调,失去效果;而应和散句结合使用,并以散句为主。在一段话语中,整句和散句结合得好,可以使整齐中有变化,匀称中见参差,文辞既生动活泼,又气势贯通。

3.松句和紧句

把几个意思分成几句来说,这种组织的句子是松句。松句的并列句多,结构疏松,语气舒缓。表达时,如果要突出某几个相关的意思,或是要表现某种强烈的感情,用松句比较合适。松句较适用于文艺语体(特别是诗歌体、散文体)和政论语体。

松句和紧句各有各的功用,表达时,应根据需要结合使用,使之相得益彰,而不可偏颇。整段话语如果只用松句,就会显得松散无力;如果只用紧句,就会显得紧促急迫,都难以取得理想的交际效果。

除了上述三类句式之外,主动句和被动句、肯定句和否定句、常序句和异序句、口语句式和书面语句式等,也都是语言中常见的句式。它们都有各自的价值和适用范围,表达时也应该慎重选择,做到切情合境。

(三)语段的组织

语段是由句子组成的言语单位,它可以是一个句群,也可以是一个段落,还可以是一篇文章或一部著作。语段无论长短,都必须语义连贯,衔接紧密,句与句、段与段之间都应具有内在的逻辑联系。因此,在进行话语表达时,对语段需要做精心的组织和缜密的安排。

组织语段需要考虑的方面很多,如材料的安排、详略的配合、叙述的方式、段落的划分、开头和结尾、过渡和照应,等等。这里只着重谈谈句子的连贯和段落的衔接。

1.句子的连贯

句子是组成篇章的基本单位。一段话或一篇文章要成为一个完整或相对完整的有机统一体,首先要求句子连贯。如果前后句子的意思不连贯,就无法构成一个有机的统一体,也就无法清楚、准确、严密地表达思想内容。句子的连贯需要通过一定的手段来实现。连贯句子的手段是多种多样的,有词汇手段,也有语法手段和逻辑手段。下面是连贯手段中比较常用的几种。

(1)复现

在语段中反复出现同一词语或同义词、上下义词、概括词,使前后句子语义贯通。

(2)总分

先用一句总说,提纲挈领,然后再分开来说;或先分说,然后再用一句加以总括;或先总说,后分述,再总括。

(3)顶真

用前句末尾的词语作为后句开头的词语,使前后的句子有机地联结在一起。

(4)替代

用替代词去替代前句中所出现的词语。使用替代既是为了联结前后的句子,也是为了避免字面的重复。

(5)关联

用关系词语来联结前后句子,使它们成为一个具有一定逻辑联系的语段。

(6)意合

前后句子依靠语意组合成语段,表述一层意思。

此外,时间词、处所词、序数词、时体形式、省略形式、排比结构、对比结构等,都可以用来连贯句子。在实际的话语表达中,人们还常将几种连贯手段配合使用,使语段组织得更加严密,使语义表达得更有条理、更加清晰。

2.段落的衔接

一个大的语段(如一篇文章)往往包含若干段落。段和段在语意上是有内在联系的,但有的联系比较直接,有的则不那么直接,甚至有所转折,这就需要用一定的手段将它们衔接起来,使它们成为一个连贯的富有条理的整体。常用来衔接段落的手段是设过渡段或过渡句。过渡段有的只是一个句子,有的是一个较小的段落。例如陶铸的散文《松树的风格》在前一部分赞美了松树的风格之后,接着转入后一部分赞美共产主义风格,中间就用了一个过渡段:我每次看到松树,想到它那种崇高的风格的时候,就联想到共产主义风格。‖我想:所谓共产主义风格,应该就是要求于人的甚少,而给予人的却甚多的风格;所谓共产主义风格,应该就是为了人民的利益和事业不畏任何牺牲的风格。

前一个段落是过渡段,这个过渡段是由一个句子构成的。过渡句常常是放在下一段落的开头,也有的放在前一段落的末尾。

例如:一事不做,凭空设想,那是"空想"。不动脑筋,埋头苦干,那是"死做"。无论什么事情,工作也好,学习也好,"空想"和"死做"都不会得到进步。想和做是分不开的,一定要联结起来。‖想和做怎样才能够联结起来呢? 我们常常听说"从实际出发"这句话,这就是想和做联结起来的一条路。(胡绳《想和做》)

前一段落说明"想"和"做"必须联结起来;后一段落具体说明怎样联结,段落的开头就用了一个过渡句,承上启下,使前后段落有机地衔接在一起。

此外,还有一些衔接段落的手段跟连贯句子的手段是相同的,如复现、总分、顶真、替代、关联、意合以及时间词、序数词,等等,既可以用来连贯句子,也可以用来衔接段落。

例如:春天像刚落地的娃娃,从头到脚都是新的,他生长着。‖春天像小姑娘,花枝招展的,笑着,走着。‖春天像健壮的青年,有铁一般的胳膊和腰脚,他领着我们上前去。(朱自清《春》)三个段落是通过复现的方式来衔接的。

(四)语篇的衔接和连贯

语篇衔接指的是语篇研究中的语言组织方面。语篇由句子构成,句子与使用语言的情景发生联系,把与情景相关的句子连成一篇,需要句子与句子之间的纽带关系,这种纽带关系就是语篇的衔接,衔接的结果便是连贯。衔接是语篇的有形网络,是语篇表层的结构形式之间的语义关系,体现在语篇的表层结构上,反映的是句子表层是否合理,各句即承前启后是否恰当,是表层关系网络在篇章中联结词语的各种表达手段,是通过语法、词汇和篇章的手段表达的语篇组成部分之间的显性关系。连贯是语篇的无形组织,体现在语篇的深层结构上,是语篇深层的语义或功能联结关系,反映的是潜藏于篇章表层之下的概念关系网络。一个语篇之所以称之为语篇,主要在于其内在语义上的连贯,从而具有语篇的特征。

对语篇衔接做系统研究的韩礼德(M.A.K.Halliday)和哈桑(Hasan)把语篇衔接分为照应(reference)、替代(substitution)、省略(ellipsis)、联结(conjunction)和词汇衔接(lexical cohesion)五大范畴。其中照应、替代、省略属于语法衔接,词汇衔接属于词汇衔接手段。

1.语法衔接

(1)照应

照应是一个回指某个以前说到过的单位或意义的语言学单位。根据韩礼德和哈桑的理论,照应是指语篇中某一成分和另一成分之间在功能上的相互解释关系。简单的照应关系就是同一成分在后文再次出现,它确定语言内部的联系。按照照应的功能,可以分为情景外指和语篇内指,而语篇内指又可进一步分为回指和下指。

韩礼德和哈桑将指称关系从范围上分为人称、指示和比较照应三种。人称指称照应是通过人称代词(I、you、he、she、they、we)、所属限定词(your、his、their、my)和所属代词(mine、his、theirs)来指称所指对象。对语篇内人称指称的研究是探索语篇文体特征的一个重要途径。例如,会话语体必然出现较多的第一人称和第二人称,叙述体则使用较多的第三人称。一般说来,为了使指称关系明确,作者多使用回指,但为了制造悬念效果,作者有意换用下指手法。指示指称是说话人通过指明事物在时间和空间上的远近来确定所指对象。在英语中主要由 this/that,here/there,now/then 体现。

（2）替代

韩礼德、哈桑（1976）指出,英语中少量语言形式,其功能是替代上下文的某些词语,但二者不存在认同的一致关系。替代可进一步分为名词替代、动词替代和小句替代。

（3）省略

省略指某结构中未出现的词语可从语篇的其他小句或句中回找。韩礼德、哈桑（1976）把它解释为"零式替代"。省略的使用是为了避免重复,突出主要信息,衔接上下文。省略也可以分为三种:名词性、动词性和分句性省略。

2.词汇衔接

正确理解"词汇衔接"的概念对一定语篇的衔接手段进行实例分析是很有必要的。胡壮麟指出词汇衔接指语篇中出现的一部分词汇相互存在语义上的联系,或重复,或由其他词代替,或共同出现①。只有词汇的相对,才能保证语篇的主题和语义场取得统一。这里所说的词汇包括许多 Lexemes 的 lexicon,不是 words。

词汇衔接方式主要包括重复、同义词、下义关系词、概括词、反义词和搭配等。语篇是英语阅读、翻译学习中的对象和基本单位,作为一种交际活动,它具有七项标准:衔接性、连贯性、意向性、可接受性、语境性、信息性和互文性。缺失其中一项,语篇就失去了交际性。衔接与连贯二者内涵有所不同:衔接所实现的是语言的表层形式和陈述之间的关系;而连贯指交际行为之间的统一关系,是篇章被感到是一个整体而不是一串不相干语句的程度。连贯是对于篇章为一个有意义的整体,而非无意义堆砌的一种感觉。语篇在交际功能上的连贯有赖于语篇产生的是语境知识和语篇使用者的语用知识。衔接是语篇特征的一个重要内容,一个连贯的语篇必须具有衔接成分,而且必须符合语义、语用和认知原则,句与句之间在概念上必须有联系,句与句的排列应该符合逻辑。英语语篇意义上的连贯由语义性联结纽带来完成。语义性联结纽带是至关重要的,在英语的实际运用

---

①胡壮麟. 有关语篇衔接理论多层次模式的思考[J]. 外国语(上海外国语大学学报),1996(01):1-8.

中,要想将一组意义相连的句子或语段合乎逻辑地联结起来,构成文章,必须运用联结手段才能保证整个语篇在意义上的连贯,进而达到循着作者的思维脉络完全明了语篇主题的目的。语篇的完成只具有句子之间或语段之间在结构上的黏着性还不够,要想把握语篇的中心思想,就必须注意语篇在意义上的连贯性,从而使语言的交际作用得以实现。

同时,我们还须正确处理二者之间的关系。首先,我们要正确理解衔接的真正含义。在探讨衔接关系时,不应脱离意义,离开了意义也就谈不上衔接。衔接只是为实现语篇连贯性而可能用到的手段,表层的衔接又是建立在深层的连贯关系基础之上的。其次,我们要确定语篇的连贯性标准。语篇的连贯性指的是语篇的组成部分在意义或功能上的联结关系,是读者对于篇章评价的方面。也就是说,衔接是客观的,从理论上是容易被识别的;而连贯是主观的,对篇章中连贯程度的评价将依读者不同而不同。要用辩证的方法来看待衔接与连贯的关系。在语言的交际中语篇的发出者总是最大限度地保持语篇的连贯性,语篇的接受者则以语篇的连贯性为前提来理解话语。在语篇的生成过程中,交际者可以根据需要选择适当的衔接手段,以加强语篇的连贯性,并使语篇的接受者在语篇的理解过程中付出较少的认知力。

第三节 话语理解

一、话语理解的策略

话语理解是对话语进行解码的过程。受话人通过解码获取信息,领会发话人表达的思想感情。

话语的理解有两种方式:一种是自下而上的方式,其过程是由小到大,由部分到整体,即从词义到短语义再到句义、语段义等,逐层概括,最终达到理解。如话语的字面意义(言内意义)就是通过这种方式来把握的。另一种是自上而下的方式,其过程是由大到小,从整体到部分,从抽象到具体,即根据语境因素,对话语进行联想处理,从而达到理解。话语的"会话含意"(言外之意)往往就是通过这种方式来领会的。

这两种理解方式虽然方向相反,但并不对立,而是相辅相成可以并行兼用的。人们总是通过自下而上的方式来把握话语的言内意义,又通过自上而下的方式去进一步领会话语的言外之意,如果含有言外之意的话。当然,由于理解的方式不同,理解时所运用的策略也就不同。自下而上的方式需要运用句法策略和语义策略,自上而下的理解方式则需要运用语境策略。

(一)句法策略

句法策略是指人们根据句中的句法成分或句法特征进行预测或推断,从而有效而快捷地把握话语的意义。

1.功能词策略

功能词是指冠词、介词、连词、代词、量词等,它们各有其特定的语法功能,能为人们的话语理解提供有用的信息。在理解过程中,人们根据功能词,就可以知道句子的一个组成成分的开始及其类型。例如,冠词"a(an)"和"the"就表明一个名词短语的开始,如a large classroom、the railway station;介词at、by、in、on等表明一个介词短语的开始,如at the front door、by the laboring people、in the workshop、on the construction site。从属连词although(though)、because、if等表明后面所引出的是状语从句,关系代词who、which、that等表明后面所引出的往往是定语从句。

功能词不仅能帮助人们有效地辨别句子的组成成分,还能提高人们对话语理解的速度。比较:①The pen the author the editor liked used was new.②The pen that the author whom the editor liked used was new.两句的意思相同,都是"编辑喜欢的那个作者使用的那支钢笔是新的"。但例①省略了关系代词,人们听了前面的几个词之后,虽然知道有几个名词短语,但这些名词短语有可能一起构成复合主语,直到听到"used"之后才能排除这种可能性。因此对这类句子的理解过程相对说来就要复杂一些,需要的时间也就长些。例②由于用了关系代词,人们一听便知道有几个从句,因此可以很快地排除其他结构的可能性,理解的时间自然就要短些。

2.动词策略

动词是句子的组织中心。不同的动词具有不同的句法特征。有的动词只跟一个强制性的(或必须有的)名词性成分组配,如"醉""病""醒""碎";有的则需跟两个强制性的名词性成分组配,如"咬""爱""看""关心";还有的需跟三个强制性的名词性成分组配,如"送""欠""给""叫"(呼义动词)。动词的这些不同的句法特征构成不同的格框架。人们常常利用动词的格框架来确定句子中有多少个名词语,以及名词语与动词的语义关系,从而把握句子的意思。

例如:我爱我的祖国;他还欠我一百块钱。根据动词策略,人们可以推知,"爱"的后边会有一个作为对象宾语(受事)的名词性成分。"欠"的后边会有一个作为间接宾语(当事)的名词性成分和一个作为直接宾语(受事)的名词性成分。

3.形态策略

印欧语有丰富的形态变化。利用形态来确定句法成分的性质,也是人们在话语理解中常用的句法策略。如英语中名词有"数"的变化,动词有"时"的变化,形容词有"级"的变化,这些形态变化有助于确定词类,为人们在理解过程中进行句法分析提供有用的信息。汉语没有严格意义的形态变化,但广义的形态还是存在的。如重叠式就可以帮助人们确定成分的性质及其句法功能。

4.句式策略

这里所说的句式是指具有某种特定形式特征的句子模式,如"把"字句、"被"字句等。对于一些特定句式,人们不一定等听完全句之后去进行分析理解,而往往是在获得了某些特征之后,就推断出句子的模式,从而理解句子的基本意思。[①]

5.尝试组块策略

人们说话是一个词一个词地说出的,听话时也是边听边处理的,是一种尝试组块的过程。听话人对于已经听到的词,能够组合在一起的就尽量组合在一起,暂时无法组合或没有把握组合的就当作离散单位储存在短时记忆里,待后边的词出现后再进行组合。后出现的词有可能跟离散单位组合成块,也有可能拆散前面已经组合的块。这样不断地进行尝试组块,直到词与词的组合得到合理的解释,句子的意思得到准确的理解。

6.词语预测策略

人们听话并不完全是被动地接受,而常常是伴随着预测。预测可能是

①赵芳.语言的社会属性与话语理解举隅[J].信阳师范学院学报(哲学社会科学版),2014,34(06):113-115.

对的,也可能是错的,错的就加以修正。预测作为一种理解策略,它可以指明理解的方向,缩短理解的过程。比如,人们常常根据发端句预测后续句。

有时人们还根据指称来预测陈述。指称和陈述是话语表达的两种基本形态。虽然并不是出现指称就一定出现陈述,但有些指称是必有陈述的。

像这类指称就要求有所陈述,听话人听后就会预测后面会出现陈述成分。根据附加信息预测主要信息也是常见的情形。一个句子总会有主要信息,却不一定有附加信息,但如果有附加信息,就必然会有主要信息。附加信息在句法上一般表现为附加成分。有些词或短语总是用作附加成分,表示附加信息的,如副词、介词短语等。

人们在听到这些附加信息后,就会预测后边必有主要信息出现。上述句法策略是相互联系的,在实际的话语理解活动中也往往是综合运用的,只不过在理解某一个具体句子时会有所侧重。

(二)语义策略

人们在话语理解过程中,仅仅采用句法策略是不够的,有时还需采用某些语义策略。语义策略是指根据语义规则或已有的知识经验,对话语作出语义分析或预测。

1.实义词策略

根据实义词可能存在的意义联系建立句子所包含的深层命题,从而获得对句子的理解,这是人们常用的语义策略。实义词策略可以使理解过程中的搜索、猜测限制在较小的范围内,便于对句子作出合理的切分,从而缩短句子的理解过程。

2.词序策略

句中词语的排列遵循着一定的语义规则和语法规则,是有序的。人们根据词语排列的这种有序性来获得对话语的理解,采用的是一种词序策略。例如,在汉语、英语等语言中,多数句子是根据"主谓宾"句法结构和"施—动—受"语义结构的顺序来组织的,因此,当人们看到"学生完成了作业""阳光照耀着大地"这类"名动名"组合的句子时,就往往按照"主谓宾"和"施—动—受"的顺序来理解。现实事件的发生都是有一定顺序的,人们对于事件的叙述也往往遵循着这种顺序。话语理解中,人们也总是把词序策略作为理解这类事件叙述句的语义策略。

对于动词前后的两个名词互换后句子仍可成立的可逆句,人们在理解时就只能根据词序策略。

句子是负载信息的。表达时,人们往往是把已知信息放在句子的前部,把新信息放在句子的后部,因此在理解时,人们也是利用词序策略来获取句中的新信息。关于这一点,下面将会谈到。

(三)语境策略

语境策略是指根据语境对话语进行处理和联想,从而理解话语的意义。

1.语境再现

利用语境策略,可以明确话语中词语(特别是指示语)的具体所指,从某种笼统的说法中推断出具体的信息。语言中词语的意义往往是概括的、抽象的,它在话语中的具体所指需要靠语境来明确。如"书"这个词,孤立地看,并不反映某种具体对象,但当说话人拿着一本《子夜》说:"书看完了,还给你。"听话人凭借语境,就可以领会这里的"书"指的是《子夜》。任何一种语言中都有一些习惯的笼统的说法,如汉语的"老规矩"表示的就是一种笼统的意义:"和以往一样。"这种说法如果是孔乙己用来作为对酒店掌柜的问话"你要点什么"的回答,掌柜自然会理解为"来一碗酒和一碟茴香豆";如果是一位正直清廉的领导用来指示秘书如何处理行贿者送来的钱物,秘书自然会理解为"退回去"。这两种不同的意思就是根据语境推断出来的。

2.语境关联

利用语境策略可以推断出话语的言外之意。

3.语境补足

语境策略还可以帮助听话人补足语义。话语表达时,人们为了用语简洁,常常采用一些简省的语言形式。理解时,听话人就需要通过语境策略来补足语义,从简省的语言形式中把握它的全部意思。如"票"作为一个独语句,由不同的人在不同的场景中说出,表达的意思是不一样的。如果在公共汽车上,售票员查票时说声"票!"那意思是要乘客"购买车票"或"出示车票";如果是乘客拿出钱对售票员说声"票!"那意思是"我买票";当售票员收了钱撕下票后对乘客说这句话,那意思又是"给你票"。"票!"

这一简省形式所表达出的不同的意思,都是凭借语境来补足的。

4.消除歧义

语境策略还可以消除歧义,帮助听话人获得准确的信息。

二、话语理解的语用条件

一句话要有意义,并能有效地实施某一言语行为,除了语义条件要真实外,还要满足实施言语行为所需的恰当条件,这种恰当条件就是语用条件。语用条件的恰当条件包括两个方面:合适性与共知性。

(一)合适性

合适性指前提要与语境一致,它是言语行为赖以实现的先决条件。如母亲对女儿说:"把衣服洗一下。"从语用角度看,母亲的这一言语行为提出一种"请求",这种"请求"是否合适,能否被女儿接受,是由一系列语用前提作为先决条件的。比如,请求洗的衣服是母亲和女儿都明确的;并且这件衣服是脏的;母亲还知道女儿有能力完成这件事;等等。如果实际的语境并不具备这样的条件,那么母亲的"请求"就不合适或者说毫无意义。

(二)共知性

共知性指前提必须是交际双方都知道的,是双方共有的背景知识。前提的共知性有三种情况:第一种情况,前提往往是交际双方或一般人共知的常识或信息,它与语境紧密结合。第二种情况,前提的共知性要通过发话人的话语暗示出来,并得到受话人的理解。第三种情况,前提的共知性只限于交际双方,旁人并不了解。

1.共知常识或信息

在此种情况下,前提往往是交际双方或一般人共知的常识或信息,它与语境紧密结合。例如:甲:你可以直接找局长给你重新安排工作;乙:我找过局长,他答应下个月就给我安排。

对甲的话乙能够理解并做出反应,是因为他们具有共同的背景知识;乙目前的工作不合适;局长有给乙重新安排工作的权力和责任。

2.共知暗示

在此种情况下,前提的共知性要通过发话人的话语暗示出来,并得到受话人的理解。例如:甲:你要的稿子今天赶不出来,我的电脑又出毛病了;乙:你什么时候买了电脑?

"乙要稿子"这一情况是甲乙双方共知的,但"甲有电脑"这一情况乙在交际之前是不知道的,它作为甲乙双方的共知背景,是从甲的话语里暗示出来的。

3.排他性共知

在此种情况下,前提的共知性只限于交际双方,旁人并不了解。旁人虽然也能理解双方谈话的字面意义,但无法理解谈话的真正含义。

例如:甲:搞得怎么样了？乙:差不多了。甲:月底以前可以搞完吗？乙:没问题。这段对话的前提甲乙双方都清楚,但旁人不得而知,因此甲乙究竟在谈什么,旁人是不了解的。

三、话语理解的文化情境

(一)语言和文化

语言和文化之间有密切的联系,这是一条不证自明的公理。如果我们简要回顾一下过去一个世纪中语言学领域发生的事情,就可以找到更多的证据支持这个观点。必须承认,自18世纪初以来,对语言的探究从本质上说要么是历史比较的,要么是结构形式化的;然而,一些新变化在20世纪开始的时候出现了。无论是在英国还是在北美,语言研究都开始了人类学的转向,这种新传统的特征就是将语言研究置于社会文化的语境之中。在英国,马林诺夫斯基(Malinowski)和弗斯(Firth)是这一运动的先驱,而在与之平行却有着独立传统的北美,鲍阿斯(Franz Boas)、萨丕尔(Sapir)和沃尔夫(Whorf)自然是其代表。由于他们的创新和不懈努力,在语言和文化关系的研究领域中,许多重要而有创造性的工作得以完成。

作为一位著名的语言学家和翻译理论家,尤金·奈达(Eugene Nida)对语言和文化的关系问题十分关注。在语言和文化的关系的讨论中,他的论述极为有意义,因为许多年来,他一直从事跨文化的《圣经》翻译工作,他在这方面的丰富经验使他作为一个翻译家有资格声称,如果想出色地完成跨文化交际工作,需要充分认识五种次文化形式:①生态文化。②语言文化。③宗教文化。④物质文化。⑤社会文化。尤为重要的是,这些研究建立了一种范式。在此后多年中,这一学科范式引发了对这个问题的各种研究。

(二)情景语境理论

早在20世纪20年代,一个人类语言学学派在英国产生。人类学家马林诺夫斯基在新几内亚东岸的超布连岛进行田野调查时,观察到在这种原始文化中,一个词的意义在很大程度上依赖于它所出现的语境,或者说依赖于生活中真实的语言环境。比如"wood"一词,在本地文化中,它既有英语中相当的用法,即指树的坚固的物质成分,也可以更具体地指独木舟。独木舟是这些岛屿居民的一种重要交通工具,在这个言语社会的日常生活中有着十分重要的功用。然而,这个词的第二种释义有着极强的环境色彩和文化意味,对于来自不同文化环境的外来者而言,可能不是那么容易掌握。基于这种现象,马林诺夫斯基声称,在原始用法中,语言的功能是作为协调人类活动的纽带,它是一种行为方式,而不是思维的工具。毫无疑问,马林诺夫斯基的工作为英国语言使用的文化研究,或者更确切地说,语境研究铺平了道路。弗斯是稍后出现的伦敦学派的领袖人物,深受马林诺夫斯基人类语言学观的影响,同时充分意识到在语言使用研究中语境的重要性,试图建立一个模型来说明语言使用和它共现因素的密切关系。

基于上述认识,他提出了自己的情景语境理论,可以总结如下:①参与者的相关特征:人物、人品;参与者的言语行为;参与者的非言语行为。②有关事物。③言语活动的影响。

有两点与我们在这里讨论的重点相关,可以用来说明这一理论所暗含的强烈的文化导向。同萨丕尔一样,尽管不是那么直接,弗斯在这里指出了语言使用中语言的创造性和多样性。另外,弗斯(1972)在该理论中所强调的内容十分接近一个更新的关于语言使用的社会学公理,谁在什么时候对谁说了(或写了)什么语言(或使用了什么语言变体),得到了什么结果。弗斯主义在这方面的传统被系统功能语言学的创始人韩礼德进一步发展。韩礼德对社会语言学的贡献可以从下列方面更清楚地看出来:他从社会符号或者交互功能方面来理解语言,他将语法解释为具有意义潜势的功能观,以及他在文学研究中建立的语言模型。

与此同时,我们还应注意到在20世纪20年代初期,北美的语言学家为语言和文化关系的研究做了一些实质性的贡献。事实上,当我们谈到美国的语言文化研究时,我们很快就会意识到美洲印第安文化为早期美国人类学家考察这个题目提供了极为丰富的语料这一事实。从20世纪20年代到40年代,美国人类学家如鲍阿斯、萨丕尔、沃尔夫,进行了一项紧迫而重要的工作——重建美洲印第安语。通过这项工作，他们意识到，在语言使用的研究中，文化有着重要意义。通过他们的田野调查，许多语言材料得到了记录。这些记录为显示美洲印第安人在日常交际中选择的语言形式如何和人际关系相联系提供了大量的第一手证据。如果这样的东西没有得到恰当的描写或正确的理解，要解释这些语言结构中的某些变异是非常困难的。这种语言和文化研究的人类学方法在语言学发展的历史上打下了深深烙印，至今当我们谈到交际民族学这一涉及社会和文化因素进行语言研究的权威性框架时，仍然可以感受到这一传统的潜在影响。

（三）萨丕尔-沃尔夫假说

1.萨丕尔-沃尔夫假说的基本内容

萨丕尔-沃尔夫假说是一种在语言和文化关系的研究中既有影响而又颇有争议的理论，是美国人类语言学的重要人物——本杰明·沃尔夫关于语言、思维和文化的著名假说。从20世纪20年代早期开始，作为一个业余语言学家，沃尔夫对语言、人类学和考古学产生了兴趣。后来，他旁听了萨丕尔在耶鲁大学开设的一些语言学课程，并"在他自己的观点和萨丕尔之间找到了特别的共鸣"。这段经历和他对印第安Hopi语的研究使得他对语言相对性理论有了独特理解，最终形成了广为人知的萨丕尔-沃尔夫假说。

这个假说可以表述为：我们的语言塑造了我们的思维模式，相应地，不同的语言表达决定了我们认识世界的不同方式。从这个观点出发，我们可以得到两点认识：一方面，语言可以决定我们的思维方式；另一方面，语言之间的相似性是相对的，结构差异越大，所反映的对世界的认识越不同。因此，这个假说也被称作"语言决定论"和"语言相对主义"。实际上，这种看法最早由德国民族学家洪堡特（Wilhelm von Humboldt）详加阐释。

正像上面提到的，这一假说的主要意思是说，语言有助于塑造或形成我们的世界观。我们这里需要指出的一点是，现在几乎没有人会完全接受这一理论的初始形式。因此，萨丕尔-沃尔夫假说发展出了两个版本，即"强式说"和"弱式说"。强式说指的是这一理论的初始假说，即强调语言在塑造我们的思维方式过程中起到了决定性作用；弱式说则是初始假说的修正形式，即认为语言、文化和思维之间有相关性，但是产生不同思维方式的跨文化差异只是相对的，而不是绝对的。

2.两条例证

当回顾关于这一假说的文献时,很快就会发现它所引发的激烈的争论。有些研究者声称已经找到了证明其正确性的可靠证据,而另外一些研究者则表示他们找到了驳斥其可能性的足够证据。面对这种情况,在真正得到支持或反对这一假说的确凿证据之前,必须小心行事而不能匆忙得出任何结论。这里有两个例子可以说明该理论的复杂性和争议性。第一个实例来自亚利桑那州(Arizona)的印第安土著语 Hopi 语;另一个实例来自杜姑姆达尼人(Dugum Dani),一种伊里安·查亚(Irian Jaya)中央高岛的Papuan 语。前者是一个表明语言之间互不相同的极好例证,可以为支持该假说提供一些正面的证据;但从进化论的角度看 Dani 语的基本颜色词汇系统,我们就有机会发现语言的相对主义同样会遇到一些跨文化的反例,这对该假设提出了挑战。

Hopi 语的语法十分特别。它有别于其他语言的一个特征是用来表达时间的手段不同,因此被喻为"没有时间的语言",正如桑普森(Sampson)(1980)所言:该语言不是从线性方向上认识时间,也就不能像空间那样度量和切分,进一步说,和欧洲语言相比,Hopi 语的动词没有时态。而正是因为没有时间概念,也就没有速度概念,即距离相对于时间的比率;Hopi语中没有和"fast"相当的词,因此同"He runs fast."(他跑得很快)最接近的说法字面上翻译过来就是"He very runs."(他很跑)。

像这样理解 Hopi 语,我们就需要考虑一个重要的问题,如果从 Hopi 文化中产生了一位像爱因斯坦这样有创新精神的物理学家,我们可以期待这位物理学家告诉我们爱因斯坦在相对论中讨论的同样的内容吗?毫无疑问,果真如此的话,这位 Hopi 物理学家肯定会找到他自己表达该理论所述原则的方式;但这里涉及的一个更要紧的问题是,他的语言表达方式能够和我们熟悉的语言表达方式相比较吗?这样的考虑表明,当处理类似跨文化问题时,我们不得不小心谨慎,不能用我们单一的标准来衡量一个语言系统。事实上,对萨丕尔-沃尔夫假说的一个批评就是说该理论是以欧洲语言为基础的,因而所有的比较都是在此基础之上进行的。这种批评的言下之意就是说,当我们从一个普遍的视角考虑语言问题时,我们实际上做的是用相似或者说不同的标准来看语言的属性。这是一个重新分类的过程,不能用一个已经存在的语言模型作为标准。由于观察和比较的便利,当我们探讨语言的普遍性时,最好是从大多数语言都有的相似之处开始,而不是从它们的差别入手。

现在让我们继续介绍来自 Dani 语的实例。20 世纪 60 年代晚期,两位美国学者勃兰特·柏林(Brent Berlin)和保尔·凯伊(Paul Kay)就基本颜色词进行了一次大规模的跨语言调查,它涉及了世界上的 98 种语言。这次研究最惊人的发现是不同语言中的颜色词系统并非像萨丕尔-沃尔夫假说所言,即它们由各自的文化决定因而每种语言的系统都是完全不同的。和这一假设相反,柏林和凯伊的研究表明,不同语言的发展很可能经历着一个普遍的进化过程。这样的结果表明,区别一种语言和另一种语言的基本颜色系统的只是它们进化的阶段不同。这一进化过程可以表示为下面的形式:如果一种语言有两个基本颜色术语,它就被认为处于进化的第一阶段,有两个基本颜色词"白"和"黑";如果一种语言有三个基本颜色词,它就被认为处于进化的第二阶段,有三个基本颜色词"白""黑"和"红"。依据这一进化理论,英语有全部的 11 个基本颜色词,所以它达到了进化的最后一阶段。这一理论的好处是它从跨文化的角度正确地说明了颜色词的概括性,因为柏林和凯伊发现,在所有考察的 98 种语言中,基本颜色词只有大约 30 种组合方式,数目从 2 到 11 不等。如果语言的基本颜色词系统不存在一种普遍原则,正如这一理论所示,11 种基本颜色词的自由组合可以有 2000 多种任意的形式。

这条进化理论能够对 Dani 语的基本色彩词语系统做出很好的解释。Dani 语正是以其十分有限的基本颜色词系统而出名。这种语言中只有两个基本颜色词:"modal"表示有光的、明亮的,也即白的意思;而"mili"表示无光的、阴暗的,也即黑的意思。由此我们可以提出一个有趣的问题:如果一个 Dani 语的母语者想指明黑和白以外的颜色,他该怎么办?换言之,从跨语言的角度来看,"modal"和"mili"总是表示白和黑吗?就 Dani 语的基本颜色词系统进行的进一步调查揭示出,在这种语言文化中,通过"白"和"黑"的对比,可以传达本族人对颜色感知的更多的信息。研究结果表明,他们用"modal"作为一个普遍性的颜色术语包括了所有的暖色,如红色和黄色;而用"mili"作为另一个概括性的词则覆盖了所有的冷色,如蓝色和绿色。因此,"modal"和"mili"之间的对比事实上是"白暖"和"黑冷"之间的对比,而不是简单的非色彩的白与黑之间的对比。进一步来说,这些结果显示出 Dani 语的颜色词系统仍处于进化过程中的第一阶段。同时也说明,通过用白暖和黑冷的对比,以及其他类型的颜色词,如源于事物名称、动物、植物等的颜色词,来自这种文化的说话者可以成功地表达另一种文化中用不同的颜色词标记的任何一种颜色。如果我们还考虑到语言使用的问题,语言相对主义的力量也就会大大减弱了。

(四)个案研究

在语言分析的不同层面,从语篇结构到音位变体,我们都可以找到大量例证来解释语言和文化的互动作用。比如,卡普兰(Kaplan)声称,一个文本的组织结构有文化特性倾向。语言学家已经作了一些有趣的试验性研究,以此证明在跨语言语境中说话者对条件从句的敏感性。虽然到目前为止大家的观察结果并不一致,但是,这种探讨无疑对考察某些习语或者比喻用法在一定文化背景中的意义而进行的跨文化研究提供了极好的机会。这种观察可以部分解释这一问题,即为什么当奈达(Eugene A.Nide)在总结词汇和语义、翻译以及文化相关联的本质特征时,提出词义有时是受"习语支配"的,有时是具有"文化特征"的。这种观察还说明,在探寻语言和文化关系的过程中,出现了一股重要的新兴力量(即隐喻的研究)。

在美国文化中,当我们说"get your hands dirty"时,并不一定意味着你做了一些体力活需要去洗手。

交际情景:美国语言学家 Tulai 教授和来自中国的访问学者杨教授正在办公室里谈论教学和研究的关系。

Tulai:从事研究意味着"to get your hands dirty"。

杨:所以你认为教学比研究更有意义,是吗?"to get your hands dirty"有瞧不起的意思吗?

Tulai:哦,不! 我不是那个意思。我那样说仅仅是说"你在做什么事情"(you are practicing something),或者"你在从事什么事情"(you are engaged in doing something)。

当说你"have enough dumbbell"时,并不一定指你为了经常锻炼身体而拥有这种器械。

交际情景:Goodell 先生、杨先生的美国房东与杨先生一起正在打扫寓所。杨先生指着地上的哑铃问 Goodell 先生现在它们是否有用。

Goodell:我想最好是把它们放到车库去,我办公室里"have had dubbell"。

杨:是吗？你在办公室里可以练习哑铃？

Goodell:当然不行了！我刚才在开玩笑。我真正的意思是我的办公室里有许多愚蠢的家伙。

Hopi语、Dani语和上述个案研究中的例子部分地为这个问题提供了较好的答案。接下来,我们将考察一个在英语中文化和结构更为相关的例子,以此表明在文化的背景中研究语言问题可以极大地促进我们对语言变化的动因和方向性的理解。而且,通过介绍这样的研究,我们有机会展示如何在文化背景中"从事语言学研究"。

从20世纪70年代初开始,随着像"水门事件(Watergate scandal)"这样的政治丑闻不断被揭露,一连串的衍生词语涌进了英语中。如"Billygate"(比利门)、"Debategate"(辩论门)、"Cattlegate"(牲畜门)、"Ricegate"(大米门)都是这样的复合形式。在这种情形下,我们感到在对由"门"(-gate)构成的组合形式和衍生形式进行社会语言学研究时,有必要考察这些新词涉及的语义、结构以及功能的发展情况,同时在进行构词研究时需要更多了解这些相关因素之间的相互关系。

(五)语言教学中的文化

了解另外一种文化的确不是一件轻松的事情,而能够在另一种文化中保持恰当的行为举止则是更为困难的工作。有人甚至声称,要想圆满地实现这个目标大概需要20年的时间。考虑到这一点,同时认识到语言学习中文化知识的有益作用,我们将在这里简要讨论文化学习和语言教学的关系。总体上说,我们在语言课堂上讲授文化知识至少有三个目的:①让学生熟悉文化之间的差异。②帮助学生跳出自身文化的圈子,从目标文化的角度考虑问题。③通过各种课堂练习,强调理解语言和理解文化的不可分离性。

所有这些使我们得到一个认识,对语言习得者而言,在某些情况下,要想更好地理解语言结构必须有意识地去理解目标语言的文化背景。换句话说,能否成功掌握一种语言和是否理解那种文化关系极为密切,因为在语言结构的不同层次上语言和文化都互相联系,这一点从以上论述中可以看出。

四、交际变体与理解障碍

(一)交际变体的种类

社会语言学把不同的语言及其变体看作是不同的语码。具有不同交际功能的语码,称为交际变体。交际变体可分为五种类别:民族变体、地域变体、时间变体、社会变体、风格变体。

1.民族变体

民族变体是不同的民族语言。一般说来,一个民族有一个民族的语言,一种语言属于一个民族。但是在特殊情况下,不同的民族可能使用同一种语言,如回族也使用汉语。也有少数的民族可能使用不同的语言,如畲族,大多数人说汉语,只有少数人说畲语;再如瑶族,多数使用勉语,但也有少数人使用布努语、拉珈语和汉语。特别是随着社会接触的增多和双语教育的发展,民族和语言的关系也变得更为复杂多样。但是一般情况下,语言同民族还是具有对应性的。所以不同的民族语言,可以称为民族变体。

2.地域变体

地域变体是不同的地域方言。诚然,地域方言不完全是因地理因素而形成的,有些地域方言在地理上也不一定连成一块(如客家方言),但是,大多数地域方言是在地理上联结成块的。

3.时间变体

时间变体指的是不同时期的语言。如古代汉语、近代汉语、现代汉语就是汉语在不同时期的时间变体。

4.社会变体

社会变体是因年龄、性别、行业、阶层、信仰、文化水平等社会因素的不同所形成的社会方言。小孩和大人的语言有差异,男人与女人的语言有不同,农民有自己的语言特点,佛教徒有自己的习惯用语,黑社会有自己的隐语,三百六十行都有自己的行话。

过去的数十年中,调查表明,除了阶层产生的社会变体以外,性别对个人言语行为的影响也是研究语言和社会关系的一个重要资源,尽管人们对这一问题的意识已经是一个古老的话题,可以追溯到两千年以前了。比如说,许多反映言语中的性别差异的珍贵例子在古希腊戏剧中已有所记录。虽然如此,人们通常认为对这一问题真正的研究始于莱考夫(George Lakoff)的工作,他在20世纪70年代早期的研究中回顾了美国英语中的性别差异。由于受到这篇文章的激励,后来的几年中许多学者发表了许多文章或者是支持或者是挑战莱考夫提出的关于美国社会中女性言语行为的假说。这些假说认为,美国英语中存在性别标记,其表现具有下列特征:①女性使用更具有想象意味的颜色词,如"mauve"和"beige";②女性使用不太强烈的诅咒词语;③女性使用更夸张的词,如"terrible"和"awful";④女性使用更多的反义疑问句;⑤女性使用更多的陈述问句,如"Dinner will be ready at seven o'clock?"句末用升调;⑥女性的言语行为更为间接,比男性更有礼貌。

更为重要的是,语言中的这种差异是由女性的社会地位导致的,这一观点背后的含义十分有意义。假如我们对语言中的某些用法不太满意,比如语言性别歧视现象,那么我们要做的第一件事情就是试着去改变社会,因为,莱考夫已经正确地指出,并不是语言本身而是女性的社会地位导致了其语言行为方式。因此,要想进一步解释语言和社会的关系,可以通过研究这样的问题:某一特定语言形式是否更多地被女性而不是和她们同等的男性使用? 如果是这样,为什么会如此? 这种自然的联系也可以解释为什么从20世纪70年代以来,性别差异研究成为一个持续的热点问题。

5.风格变体

风格变体是因交际场合、语体等的不同所形成的不同风格的言语。日常语体与科技语体、艺术语体的语言风格不同,正式场合、公开场合与非正式场合、保密场合的谈话也有较大差异。

(二)交际变体的发展过程

1.交际语

"Lingua franca"一词来源于意大利语,意思是"法兰克语",原指夹杂了法语、西班牙语、希腊语和阿拉伯语的意大利语。这种语言是一种在地中海沿岸使用的贸易语言。后来这个词被引申用来指任何一种通用语,如中世纪的拉丁语(Latin)、西非和印度等地的英语、中东的阿拉伯语(Arabic)、中非的斯瓦希里语(Swahili)以及东南亚的马来语(Malay)等都属于这种语言。

人们对"交际语"这一概念的认识经历了一个历史发展过程。在殖民地时期,它指的是英、法、西班牙等欧洲语言以外的一些非洲主要通用语言。这种划分法的前提是把殖民者的语言与殖民地居民的语言区别开来,认为前者比后者优越。这种含有种族歧视的划分法后来受到了许多主张民主平等的社会语言学家的批驳。现在的词典给交际语下的定义是:在多种语言混杂区进行贸易和其他交流时被不同语言集团的人当作共同交际工具的语言,无论这种语言是一种纯正的某民族语言还是一种由多民族语言词汇交织而成的混杂语,无论这种语言是在某一地区流行的还是一种全球性的语言。这样,提到交际语时人们会首先想到英语这一被用来进行交流的主要工具。

2.洋泾浜语

"Pidgin"一词是一些东方人将Business English(商业英语)中的"Business"一词读错而产生的,原指在华人中流行的不规范的英语,后来词义被引申,用来指任何一种通用的混杂语言。在一些语言频繁接触地区,不同语种的人们为交际而学习某一种通用语时往往将其语法简化并掺杂了他们各自的母语成分,这样一来就形成了一种混杂语,这种混杂语就是pidgin,即洋泾浜语。比如,西非的尼日利亚境内语种很多,各语种群体之间不得不用英语来交流,久而久之当地各语言的语法特点和英语的词汇夹杂在一起就形成了西非洋泾浜英语。洋泾浜语不是任何一个社区的母语,而是由一种被称为上层语言(superstratum)的通用语和许多下层语言(substrates)的特点混合而成的语言。充当上层语言角色的常常是某种欧洲语言,当然也有某些当地语言;而下层语言多为殖民地时期的当地土著语言。混杂语的实用性较强,但缺少逻辑和严密的语法规则。由于只是在贸易或彼此交涉问题时使用,洋泾浜语的语汇不丰富,表达范围很受局限,一直被认为是对某种语言掌握不到家的错误百出现象或干脆是对这种语言的亵渎。

3.克里奥尔语

在洋泾浜语使用社区出现第二代时,这种语言就有可能成为这些孩了的母语。当一种洋泾浜语要成为某一语言社区的母语时,它就必须有效地满足所有使用者的一切需要,因为原有的母语在这一社区已濒临消亡,人们再无其他语言可用。在客观情况的促动下,这种洋泾浜语的语法会变得更加完善,规则更为统一,词汇更加丰富,语言覆盖面更广,特点更为稳定。此时的洋泾浜语就变成了克里奥尔语。英语中的"creole"来源于法语的"creole",而法语中的这个词又来源于西印度群岛人对西班牙语中"criadillo"一词的错误发音。在西班牙语中,这个词的意思是"抚养",原指殖民地出生的欧洲白人后裔,后来词义被引申,用来指一种语言。克里奥尔语是一种自然语言,与洋泾浜语相比,它是一种更为高级的语言;而与作为它主体来源的上层语言相比,它的语法结构有所不同。世界上最大的克里奥尔语区是加勒比海地区,其次是东南亚和南非。讲克里奥尔语的人比讲荷兰语、瑞典语或希腊语的人都多。

克里奥尔语可以在不超出一两代人的时间里迅速发展起来,也可能经历了一个漫长的发展阶段。当克里奥尔语与作为它主体来源的上层语言失去联系时,它就进入了相对独立的发展时期,苏里南的Sranan就是一例。当克里奥尔语频繁地与作为它主体来源的上层语言接触时就会出现由克里奥尔语向上层语言转化的现象,这一现象被语言学家称为"decreolization",牙买加的克里奥尔语就是一个很好的例子。如果一种克里奥尔语长期与作为它主体来源的上层语言接触,就可能基本上规范化,因而成为这一上层语言的一个亚种,即一种被认可的方言。不少语言学家认为美国黑人方言(Black Sign Variation)就是这样的一个例子:它从加勒比海的克里奥尔语发展而来,逐步演化成美国英语的一种方言。当然这只是一部分语言学家的看法,而另一部分人则认为美国黑人方言是从黑人所在地的英语方言衍生出来的。到底美国黑人方言是由克里奥尔语发展而来还是由当地英语分化而来,目前还是语言学家争论的议题。

4.交际变体的发展特点

由于在最低级的洋泾浜语和较高级的克里奥尔语之间存在着不同发展阶段的洋泾浜语,所以很难一刀切地划分出这两者之间的界限。为摆脱这一困境,有的语言学家提出了把它们之间的各个发展阶段作为过程来研究,而不是致力于两种语言的划分,所以现在的社会语言学领域对这些语言的研究往往沿着这一方向发展,并把对美国黑人方言的研究结合起来。

一提到洋泾浜语,人们会自然而然地想到洋泾浜英语,其实在语言学家眼里的洋泾浜语并不都是以英语为上层语言的。目前,被语言学家广泛研究的无论是洋泾浜语还是克里奥尔语,大多数都建立在欧洲语言的基础之上,其原因是工业化、海外贸易和殖民把欧洲语言也带到了世界各地。在众多的克里奥尔语中以英语为上层语言的居多,其中有圭亚那克里奥尔语(Guyanese Creole)、牙买加克里奥尔语(Jamaican Creole)和新几内亚的Tok Pisin语(Talk Pidgin)等;以法语为上层语言的克里奥尔语有海地克里奥尔语(Haitian Creole)、毛里求斯克里奥尔语(Mauritian Creole)和留尼汪克里奥尔语(Reunion Creole)等;以西班牙语为上层语言的克里奥尔语有

Palenquero 和 Zam-boangueno 等;以葡萄牙语为上层语言的克里奥尔语有 Saramacan 和佛得角克里奥尔语(Cape Verdean Creole)等;以荷兰语为上层语言的克里奥尔语中最有名的是维京群岛的 Negerhollands,但这种语言现已将绝迹;以德语为上层语言的克里奥尔语发现于巴布亚新几内亚的 Unserdeutch。不以欧洲语言为上层语言的克里奥尔语有 19 世纪后期北美太平洋西北海岸沿岸的 Chinook Jargon、中非的 Sango 和印度东北部的 Nassamese(也称为"Naga Pidgin")等。一个值得注意并十分有趣的现象是,世界各地的洋泾浜语或克里奥尔语都有类似的基本结构,不管它们的上层语言是哪种语言。一种语言的发展不仅受外部条件的制约,受外来语种的影响与冲击,还由其自身的发展规律而决定。而这一自身的发展规律正是语言学家所关注的问题。

(三)交际障碍产生的原因

语言交际常常出现各种各样的障碍。这些交际障碍有些导因于个人,有些导因于社会。

1.个人原因

来自交际者个人的语言交际障碍主要有以下方面。

(1)病理方面的

如因盲而导致的语言学习和书面语阅读的障碍;因聋而导致的听话障碍和哑、说话不清等;因大脑语言中枢和大脑语言传导通路等损伤而造成的失语症和失读症等;由于唇裂、喉切除而引起的说话不清或失语等。

(2)心理方面的

如因心理缘故而导致的口吃、口误等。

(3)教育方面的

如因接受教育的不足或不当等,社团成员不能掌握交际所需的各种语言交际变体,或者不能根据交际的需要较好地选择交际变体等。

2.社会原因

由于社会原因而导致的语言交际障碍,主要包括以下内容。

(1)民族内部的

有些民族没有共同语,或者语言、文字的规范化程度不高,或方言分歧严重等,从而造成民族内部的各种语言交际问题。

（2）国家内部的

在多民族国家中，没有大家认可的族际语，或对族际语的处理不当等，引起民族间语言交际的障碍和一些社会问题。

（3）国际的

国际相互交往，需要有较为通用的国际交际语言。国际语选择不当，也会带来国际语言交际的障碍和一些国际的矛盾等。

以上这些语言交际障碍，有些只影响到个人，如口吃；而有些则影响到民族和国家，如语言文字的规范化问题。有些只是语言领域的问题，如因各种原因而导致的口齿不清晰；有些则会变成社会问题乃至政治问题，如族际语、国际语的选择等。这些语言交际障碍，在当前的社会条件和科技条件下有些是无法克服的，如大脑严重受损而引起的失语症等；有些则是可以改善和克服的，如口吃的矫正，聋哑儿童的语言康复、语言教育等。

五、语用对策

（一）个体语码选择

不同的交际变体具有不同的交际功能。从社会语言学的角度看，语言不仅仅是交际工具，而且还是社团的标记和个人的各种社会角色的标记。社团和个人的社会角色是有地位差异的，因此，不同的交际变体在人们的语言生活中，具有不同的社会地位，人们对不同的交际变体也具有不同的情感、文化印象和语境适用意识。例如，崇尚西方生活的人，可能觉得英语的语言地位比较高；热爱家乡的人对自己的家乡话总有一种特别的乡土感情。书面语给人以典雅的文化印象，口语给人以家常随便的感觉。跟上海人说几句上海话，上海人会觉得亲切；在朋友的婚礼上说祝贺的话语，就显得较为得体。因此，话语交际有一个语码选择的问题。

语码选择主要受制于讲话人的自我意识和语境。所谓自我意识，是指讲话人希望把自己装扮成什么样的社会角色，希望同听话人建立一种什么样的关系，希望形成一种什么样的语言风格等。所谓语境，主要是指交际场合、交际背景、交际对象和使用的交际方式等。比如与不懂汉语的法国人交谈，为了使其听明白，就要尽量使用法语；如果不想让他听懂，就用汉语或其他他所听不懂的语言；打电话时受话人不在现场，就要多一点羡余信息，就要求对方给予较多的反馈；电报以字计价，就需要惜字如金。有些交谈,当选用了一种语码之后,就一直用这种语码交谈。

有些交谈需要不断地转换语码,这叫作语码转换。语码转换的原因,或是由于谈话人觉得原来选用的语码不合适,或是与交际对象的关系发生了变化,或是交际的场合发生了变更,或是要表达一种特殊的交际意图。比如,在火车上与一个陌生人用普通话交谈,交谈中发现这个人原来是自己的老乡,于是就可能改用家乡话与其交谈。

社会语言学家曾经研究过非洲卢希亚族一对姐弟交谈中的语码转换的意义。弟弟是小店老板,当他的姐姐来他的小店买东西时,两人用卢希亚语相互问候,接着,弟弟改用斯瓦希利语这种当地的商业用语问姐姐买什么东西。此后,弟弟一直用斯瓦希利语,而姐姐坚持用卢希亚语。弟弟由卢希亚语转换为斯瓦希利语,用意是让他的姐姐明白,虽然是姐弟关系,但在商店里买东西是一种商业活动,是要付钱的;而姐姐坚持用卢希亚语交谈,意在告诉弟弟她是一个特殊的顾客,应该有所照顾。

根据自我意识的需要和语境的要求,合适地选用语码或转换语码,谈话人必须了解各种交际变体的功能,并具有使用这些语码的能力。要较好地使用民族变体,谈话人就要掌握母语之外的一种或几种语言,成为操双语者或操多语者;要较好地使用地域变体,谈话人就要掌握母言之外的一种或多种地域方言,成为操双言者或操多言者。在民族杂居的地区,人们从小就接触或使用不同的语言;从小曾经在多个方言区生活的人,也容易学会多种地域方言。我国的外语教育和普通话学习,是社会通过一定的措施,让人们掌握较多的民族变体和地域变体,造就大批双语(或多语)人、双言(或多言)人。

(二)社会语用对策

1.内容和要求

社会不会也不能忽视语言问题,其中也包括语言交际障碍的问题,总要制定一些语言文字政策,并相应地采取一些措施。社会语用对策,是指社会为克服导因于个人和社会的语言交际障碍而采取的各种措施。它是社会语言文字政策和措施的重要组成部分,是牵涉到宏观社会语言学、病理语言学、应用语言学等多个语言学科的社会工程。

不同的时代和社会,社会语用对策有着不同的内容和要求。在上古社会,多数人的交际被限制在一个较小的地理空间和社会空间中,方言的分歧对于语言交际的影响不大,不懂外语也不会带来交际障碍,因此,当时的社会基本不会对共同语规范化、外语教学等提出什么要求。而今,随着通信技术和交通方式的发展,地球似乎变得越来越小,不同地区、不同民族的交往日渐频繁,单言单语人已经远远不能满足当今社会语言交际的需要,于是规范、推广共同语和外语教育等,成为重要的社会语用对策。在科学技术落后的时代,要哑巴说话,就像要铁树开花一样困难;而在今天,随着语言学和电声技术的发展,许许多多的聋哑人通过一定的康复教育和训练,可以学习有声语言。

在社会进步、科学昌明的当今,社会语用对策必须建立在科学研究,特别是语言学研究的基础之上。在不少民族(其中也包括中华民族)的历史上,有许许多多因没有把社会语用对策建立在科学的基础上而导致相当严重的失误。例如,我国1977年12月21日公布的《第二次汉字简化方案(草案)》,是在没有经过充分的科学研究情况下仓促发表的,虽不能说一无所取,但却造成了较大的社会用字混乱。该方案于1986年明令废止,但是其不良影响至今还难以消除。

社会语用对策包含非常多的内容,比如设置语言康复部门对病理性的语言障碍者进行语言康复,建立语言心理学的咨询机构以校正有心理语言障碍的人,对社会成员加强语言教育(主要是书面语的扫盲教育、普通话教育和外语教育)等。

2.民族共同语的建立与规范

这里主要讲述民族共同语的建立与规范、族际语和国际语的选择等问题。民族共同语是在基础方言的基础上发展起来的较为规范的高级语言变体。现在仍有一些民族没有自己的共同语。民族共同语不可能采用人工语言,而必须建立在自然语言的基础上。作为民族共同语赖以建立的方言,称为基础方言。

多数民族共同语都是选择某一地域方言作为基础方言,如汉民族共同语选择以北京话为代表的北方方言为基础方言,法兰西民族的共同语选择以巴黎话为代表的法兰西岛方言为基础方言,俄罗斯民族共同语选择以莫斯科话为代表的库尔斯克—奥勒尔方言为基础方言,乌克兰民族的共同语选择以基辅话为代表的波尔塔瓦—基辅方言为基础方言。只有少数语言是以某种社会方言为基础方言的,如德意志民族共同语是以戏剧舞台语言为基础方言的。

基础方言在众方言中具有权威性。如汉语的北方方言。在历史上,我国的政治、经济中心主要是在北方方言区,在汉民族共同语建立之前,北方方言代行着共同语的职能。从文化上看,《水浒传》《西游记》《红楼梦》等许许多多的古典名著,都是用北方方言写成的。北方方言分布在从黑龙江到云贵高原、从玉门关到东海之滨的广袤地区,使用人口约占汉民族人口的3/4。这些决定了北方方言在汉语诸方言中的权威地位。

基础方言只能决定共同语的基本面貌,并不等于共同语。作为共同语,它要舍弃基础方言中方言过浓而难以为其他方言区学习和接受的语言现象,要科学地解决基础方言中分歧较大的问题,同时还要从其他方言、古代语言、外国外族语言中吸取有用的语言成分,并不断地发展出一些新的语言现象。

共同语建立之后,还有一个长期进行规范和推广的问题。语言的发展有自己的规律,语言规范化就是以语言发展规律为依据,促进语言充满活力地健康发展的社会语言举措。

语言规范化不是人为地、武断地制定一套僵死的教条,甚至也不是语言的"逻辑化""合理化"。例如,不少语法书认为"您们"是不规范的,因为从语言史上看"您"就是"你们"的合音,"您"再加表复数的"们"岂不成了叠床架屋?而在人们的日常语言生活中,"您们"却被广泛应用,怕是难以"规范"掉的。过去有人也曾批评"贵宾所到之处,无不受到热烈欢迎""恢复疲劳""养病"等是不规范的,而这些词和句子时至今日还充满着旺盛的生命力。

共同语的推广会影响到其他地域方言的发展,但并不是要消灭其他地域方言,而是共同语和地域方言"各司其职""各尽所能"。而且共同语的推广只能因势利导,不能强制,不能一蹴而就。例如,汉语的普通话与各汉语方言就是一种长期共存的格局,而且在推广普通话的过程中,许多方言区都出现了一些带有方言色彩向普通话过渡的"地方普通话"。这种地方普通话的特点和价值,是值得认真研究的。

3.族际语的选择

在多民族的国家中,各民族的语言应该具有平等的地位,但是,民族之间的交际也需要有一种或多种族际交际语,以促进国家的统一、民族的团结。一个国家的族际语有些是自然形成的,有些是用法律的形式规定的。例如,我国的《宪法》虽然没有明确规定国语,但是由于汉语在中华民族中的特殊地位,《宪法》在规定"各民族都有使用和发展自己语言文字的自由"的同时,也规定"国家推广全国通用的普通话"。

有些国家只选择一种民族语作为族际语或国语。这种语言一般是这个国家的文化和经济比较发达、人口较多的主体民族的语言,如俄罗斯的俄语、美国的英语、我国的汉语等。有些刚摆脱殖民统治的多民族的新兴国家,由于本民族或主体民族的语言没有得到充分的发展,所以往往沿用原来殖民者的语言作为国语或族际语。例如,非洲的利比亚、尼日利亚等国,以英语为国语;加蓬、多哥等国以法语为国语。

有些国家则可能选择多种民族语作为族际语或国语。如加拿大选用英语和法语两种语言为国语,瑞士选用德语、法语、意大利语、罗曼什语等为国语。一个国家选用多种族际语时,这些族际语往往各有分工。例如,新加坡把马来语作为国语,把英语作为官方工作语言和教育语言,把汉语(华语)作为主要的商业语言。

由此可见,一个多民族的国家选择多少种语言作为国语或族际语,多种语言如何分工,是有深刻的历史原因和政治原因的。选择族际语的总体原则是,既要考虑到国内外交际的便利,又要充分顾及本国民族的政治形象和民族间的和睦相处。过去有些统治民族,对异族实行语言同化,逼迫本国的或他国的被统治民族放弃自己的语言,强迫其使用统治者、殖民者或侵略者的语言。例如,罗马帝国征服意大利半岛后,规定一切布告法令和一切诉讼必须使用拉丁文;沙皇政府强令被征服的民族使用被称为"义务国语"的俄语;近代的一些资本主义国家的统治者,对国内的少数民族和殖民地人民也实行语言歧视政策,结果都遭到了被统治民族的强烈反抗。

多民族国家的语言问题,从来就是一个严重的社会问题。如果处理不当,就会带来民族间的矛盾,乃至发生动乱和战争。至今许多国家的民族矛盾或战争,都还掺杂有语言的问题在内。

4.国际语的选择

据说世界上有五千余种语言,这些语言的地位虽然都是平等的,都可在国际交往中使用,但是不可能都用来作为常用的国际语。哪些语言可以作为常用的国际语,取决于这些语言使用人口的多少、分布地区的广狭、影响的大小等因素。常用的国际语一般是选用那些使用人口多、分布地域广、影响比较大的语言。如英语,不仅是英国、美国、加拿大、澳大利亚、新西兰、利比亚、尼日利亚等国的国语,而且也是印度、新加坡等许多英联邦国家的官方工作语言,并在科技、教育和文化等领域具有重要地位,因此,是国际交往中最常用的语言。作为联合国的六种工作语言的英语、汉语、俄语、法语、西班牙语和阿拉伯语,都是国际上常用的交际语言。

国际语的选择常常会牵涉到民族和国家的感情问题,因此许多人希望用不带民族和国家情感的人工语言充当。如不少人曾推举由波兰医生柴门霍夫(Zamenhof)1887年设计的世界语(Esperanto)。世界语以印欧语为基础,有28个字母,每个字母表示一个音,语法规则整齐简明,比较容易学习。但是,作为常用的国际交际语必须具有深厚的文化内涵和旺盛的活力,只有自然语言才可能具有这样的文化内涵和活力。因此,就目前的情况看,世界语等人工语言只能作为国际交往的辅助性语言。

(三)禁忌语和委婉语

英语"euphemism"(委婉)一词源于语言禁忌(Language Taboo)。人们放弃一个禁忌词的同时,就找到一个新词语去填补这个空缺,于是就创造了一个委婉语。

古时候由于人们对自然认识的不足,常常把一些自然现象和一些自然事物看作是神圣不可侵犯的力量,由此而产生了许许多多的禁忌现象。因此,禁忌是一种社会心理层面上的民俗信仰,是人类社会普遍存在的文化心理现象,在各国文化中都有悠久的历史,并且渗透到人们生活的各个方面。从古至今,中西方都有许多千奇百怪的禁忌现象。各种禁忌现象反映的都是一种"忌"的心理。"忌",是心里的东西,表现在语言上,就是闭口不谈,或者采取避讳的方式,因而也就产生了禁忌语和委婉语。这些禁忌现象包括:神灵禁忌、生活禁忌、隐私禁忌、政治禁忌、名讳禁忌、服饰禁忌、色彩禁忌、饮食禁忌以及语言禁忌,等等。这种种禁忌现象不仅深刻地影响着人们的行为,也影响着人们所使用的语言。语言中所使用的大量禁忌语和委婉语便折射出了这种种禁忌现象。

人们迷信鬼神,对鬼神尊敬、崇拜直至惧怕,以致不敢直呼其名,鬼神名称成了英语中最早的禁忌语,而指代鬼神的词语便成了最早的禁忌语。

神灵禁忌自然而然地扩展成各个领域的禁忌。最典型也是最普遍的禁忌莫过于"死亡",人们对死神的惧怕也造成了大量有关"死亡"的委婉语,如pass away,depart this world,go,等等。"death"(死亡)的对立面"birth"(生育)同样是神秘的,因此,英语中也有大量有关"生育"的委婉语,如除形容词"pregnant"可表示"怀孕"之外,还有big、fat、great等词语的引申义,表示"怀孕"及"让某人怀孕"的英文表达法还有be caught(out),a hole out in one(本意为"一击入洞"——高尔夫术语)及an accident等,不计其数。后来禁忌语又从"生育"进一步扩展到性器官以及人体的分泌与排泄功能等,如果直言不讳,会觉得有伤大雅,所以,在一般情况下人们都会使用委婉语,如"wash one's hands"("解手")就是常用词语,而原词项"defecate""urinate"("排便""拉屎"或"撒尿")却为人们所荒疏了。

第六章 现代语言学的发展

第一节 现代语言学的产生

瑞士语言学家索绪尔早年从事过印欧语言的历史比较研究,写过《论印欧系语言元音的原始系统》,解决了当时一个理论难题。后来,他在多年语言教学和研究中,深感历史比较语言学有其局限性,如孤立地处理语言单位,忽视语言的体系性;强调语言的历史比较,忽视共时研究等。经过深入研究,他提出一系列理论和方法,于1906年到1911年在日内瓦大学讲授普通语言学课程,形成日内瓦学派。1913年索绪尔去世后,他的学生巴利(Charles Bally)和薛施蔼(Albert Sechehaye)根据听课笔记整理成《普通语言学教程》一书,于1916年出版。这本书中的许多看法成为现代语言学的理论基础。①

第一,索绪尔区分了语言和言语两个重要概念。他认为人的言语行为可分为语言和言语两个部分。语言是社会的,纯心理的;言语是个人的,心理和物理的。要使言语让人听得懂就必须有语言;要使语言能够建立,就必须有言语。他主张语言学是研究语言的。

第二,索绪尔认为语言是一种表示意念的符号体系。而符号所联系的不是事物和名称,而是概念和音响形象,即声音的心理印象。他把物质的语言心理化了。索绪尔认为语言符号是任意性的,但符号既经约定俗成在共时体系中是不变的。他还认为,语言体系是由符号之间的关系构成的,符号在关系中具有其价值。

索绪尔认为语言体系中各要素相互处于组合关系和聚合关系(联想关系)之中。组合关系是由两个以上相连续的语言单位组合成的横的线性关系。如词素组合成词"科—学—性";词构成词组"语言学的—科学性—问

---

① 刘艳. 现代语言学理论形成与发展研究[J]. 语文建设,2016(05):1-2.

题";词和词组组合为句子"我们要讲究语言学的科学性";等等。聚合关系是语言单位按某些共同点相互联系的纵的潜在关系,如"语言学、心理学、教育学"构成一种聚合关系;"语言学、语言观、语言论"又构成一种聚合关系。

索绪尔把语言学分为内部语言学和外部语言学。内部语言学研究语言的结构和体系,外部语言学研究语言同社会、文化的关系。

他还把语言学分为共时语言学和历时语言学。共时是静态的,历时是演化的。共时语言学研究同时存在并构成体系的语言要素的关系;历时语言学研究历史上相连续的语言要素的关系。他认为在言语中可以找到演变的萌芽。语言变化是体系中的个别要素的变化,与整个体系无关。语言学的重点是研究语言的现状,即一定时期呈现的完整而自足的体系。

索绪尔的语言学理论是语言学发展的一个转折点,标志着现代语言学的形成,为以后各语言学流派奠定了基础。

《普通语言学教程》是1916年出版的,在科学日新月异的20世纪,特别是经过了科学飞速发展的70年代,索绪尔在60多年前提出的语言学概念虽然还在使用,但内容有了更新。他原来的观点渐渐陈旧了。当代语言学赋予语言和言语、共时和历时、内部和外部、任意性和理据性这些概念以崭新的内容,大大超过了索绪尔。

索绪尔把语言当作相互联系、相互制约的各要素构成的整体来研究,他认为语言学唯一的真正对象是语言本身。这样强调就会忽视语言作为社会交际工具的本质,忽视言语,忽视语言和社会的关系,使语言学显得异常贫乏。

索绪尔语言理论的哲学基础是社会心理主义,他把语言归结为心理现象。他认为语言本质是社会的,但语言研究纯粹是心理的;言语则是个人的,是心理、物理的。实际上言语和语言都是社会现象,它们一起成为当代语言学的对象,它们的关系得到了更科学的论证。

索绪尔明确划分了语言的共时现象和历时现象,但共时和历时并没有绝对的界线,共时描写不能离开历时研究。至于外部语言学,现在认为语言的社会功能是语言本身的重要属性,不能离开语言同社会的联系而孤立地研究结构体系。关于任意性问题,语言符号和客观事物的确没有必然的联系,但语言单位在体系内部的发展却有理据性。另外,索绪尔把语言看作关系的体系,否定实体的作用也是不正确的。如果语言中没有词汇、语法等实体,就无所谓关系,更谈不上体系。索绪尔语言理论上的缺陷给结构主义语言学留下了烙印。

第二节　古典结构主义语言学

古典结构主义语言学各流派是以索绪尔的语言理论为基础的。索绪尔划分了语言和言语,语言指的是语言体系,即用来形成话语的全部规则和单位,言语指的是话语。①各具体话语中的共同点构成形式的一致性,这就是结构。古典结构主义语言学据此把与实际话语相区别的结构体系作为语言学的研究对象。

索绪尔认为,语言的特点不是由音素和意义本身构成的,而是由音素和意义之间的关系构成的。古典结构主义语言学据此认为,音素和意义之间关系的网络,就是语言的体系;语言的结构,就是语言学的研究对象。他们确立语言单位时,总是考虑到意义差别和语音差别是否相符合。例如,"哥哥""弟弟"在汉语中是不同的语言单位,是两个词,因为它们的意义差别同语音差别相符合。英语的brother、俄语的6par都含有"哥哥""弟弟"的意义,两项意义都用同一个声音表达,意义差别和语音差别不相符合,所以,brother和6par分别只是一个词。英语blue(蓝)和德语blau(蓝)分别只是一个词,既表示"蓝",又表示"浅蓝"。这是因为"蓝"和"浅蓝"这两个意义差别在俄语中同语音差别相符合,而在英语和德语中则不相符合。结构主义语言学认为,语言单位的意义本身,"哥哥"和"弟弟"也好,"蓝"和"浅蓝"也好,对所有语言实质上都一样,它们并不是语言要素。但是从意义和语音的关系来看,"哥哥"和"弟弟"的差别对汉语是本质的,对英语、俄语不是本质的;"蓝"和"浅蓝"的差别对俄语是本质的,对英语、德语不是本质的。汉语中"哥哥""弟弟"成为不同的语言要素。

现在再从音素方面来分析。同样,结构主义语言学确定一个音位,必须考虑到音素差别同意义差别相符合。在英语、俄语中,送气辅音和不送

---

①王德春.古典结构主义语言学[J].逻辑与语言学习,1982(02):47-49.

气辅音不能区别意义,不是不同的音位,而浊辅音和清辅音则区别意义,是不同的音位。所以,结构主义语言学认为,音素本身的物理方面,对语言来说是外部的,音素所以成为单独的音位,仅仅由于它同意义相关。

因此,结构主义语言学认为,语言学的对象是音素和意义的关系,即形式;而不是音素和意义本身,即实体。由于把音素作为相关的要素来分析,产生了音位学;由于把意义作为相关的要素来研究,建立了结构语法学。

按照索绪尔关于组合关系和聚合关系的理论,音位学和结构语法学都可分为聚合论和组合论两部分。聚合论研究语言单位的聚合关系,同一层次的组成成分在一定语言环境中可以相互代替时,它们便处于聚合关系,它是一种纵的关系。组合论研究语言的组合关系,当几个成分可连成较大的语言单位时,它们便处于组合关系,这是一种横的关系。例如:"我读书。"这个句子中"我""读"和"书"三个词处于组合关系,而"你""他""你们""我们"等词同"我"处于聚合关系。同理,"写""看""买"等词同"读"处于聚合关系;"小说""报纸""杂志""故事"等词同"书"处于聚合关系。

古典结构主义语言学由于确定音素和意义关系的标准不同,划分为不同的流派。哥本哈根学派和美国学派以分配关系作为标准,又称为分配学派;布拉格学派以区别特征作为标准,又称为功能学派。分配学派认为只要两个音素在组合轴上处于不同的分配关系,就可确定为不同的音位。

当然,结构主义学派的划分还有其他原因。现把几个主要的古典结构主义学派分别简述如下。

布拉格学派是古典结构主义在欧洲的重要学派,创始人是马德修斯(V. Mathesius)代表人物是特鲁别茨柯伊(N.S. Trubetzkoy)、雅克布逊(R.Jakobson)等。这一学派的最主要特点是把结构主义和功能主义结合起来,认为语言结构在很大程度上取决于语言功能。布拉格学派认为语言是为特定目的服务的表达手段的功能体系,功能就是有目的地建立言语表述,对任何语言现象都要从有目的的观点加以评价。所以,结构性和功能性是布拉格学派的两个特点。他们从功能观点对标准语问题、语体问题、言语修养问题进行了有成效的研究。

这一学派的音位学研究成果最为突出。他们把音位学从语音学中区别出来,语音学研究语音的生理和物理属性,音位学研究语音在体系中的功能,研究其差别。他们把用来区别词汇意义和语法意义的一系列音位对立称为音位体系,认为音位学中起主要作用的是辨义对立。体现同一音位但没有辨义功能的具体声音就是该音位的变体。他们把一对音的辨义能力的大小叫作功能量。布拉格学派把音位当作音素的一系列区别特征的表现。当一个区别特征把两个音位区别开时,其中一个音位是有标记的,另一个是无标记的。音位学中的标记理论和辨义对立理论后来广泛应用于语法领域和语义领域。布拉格学派从功能主义出发,还提出主位和述位的概念。句子的主位是指已知的内容,述位对主位补充新的信息。这种逻辑上的主位和述位同语法上的主语和谓语不完全相当。

布拉格学派在很多方面发展了索绪尔的理论。他们反对在共时研究和历时研究之间设置不可逾越的障碍,认为共时和历时是有联系的,对语言的共时描写并不排斥对语言的历史发展的研究。布拉格学派从语言体系历史发展的角度来研究语言现象。马德修斯从共时和历时联系的观点,提出对语言的分析比较法,从共时角度比较不同语言的体系,阐明语言的发展趋势。这一思想为语言的类型研究打下基础。布拉格学派研究不同语言的相似现象,发现地理上接近的各语言间有许多相似点,他们称之为语言联盟。

在语言和言语问题上,布拉格学派认为,结构语法的对象是语言,描写语法则记录言语事实;音位学研究语言的声音,语音学研究言语的声音。但布拉格学派不认为语言本身是语言学的唯一对象,他们承认语言的社会本质,认为语言学不仅研究语言本身,而且研究语言和客观现实的联系。

布拉格学派对现代语言学贡献很大,它的特色是结构主义和功能主义相结合,打破了索绪尔理论的局限性。

哥本哈根学派代表人物是布龙达尔(Viggo Brondal)和叶尔姆斯列夫(Louis Hjelmslev)。叶尔姆斯列夫把这一学派称为语符学,以示对传统语言学的独立性。他认为传统语言学抓住语言范围之外的暂时的偶然现象,是超验的科学,其主要内容是研究语言历史及其亲属关系。他认为真正科学的语言学应是内在的,也就是说,语言学的研究对象不是语言现象外部的堆聚物,而是一般人类言语所有的、但不是该具体语言所有的语言内部的结构要素的整体。于是,他宣称建立一个包括语言理论符号学和一般科学理论的新语言学。其哲学基础是逻辑实证论,否定客观事物的实际存在,把它们看作是关系的网络。叶尔姆斯列夫认为,整体不是由实体组成,而是由关系组成,只有语音和语义的关系,才是真正的语言学对象。在研究表达时,不考虑语音实体;在研究内容时,不考虑语义实体。这样建立起语言表达和语言内容的科学,研究的不是语言实体,而是关系,它显然不同于传统语言学。叶尔姆斯列夫把它称为语符学,以便把结构主义语言学同传统语言学区别开来。

由于语符学认为语言形式(关系)与实体无关,所以,作为语言物质外壳的语音实体可以用任何一种符号体系来代替,这些用来代替语音的实体同语音没有关系,这就贬低了有声语言的作用,把有声语言同其他符号体系并列起来。语符学对交通信号、电报代码等十分重视,这不是偶然的。

哥本哈根语符学派不认为非语言的符号体系是在自然语言的基础上发挥作用的。他们认为同一内容可用不同的符号体系加以表达,语言学的任务不仅是描写语言表达体系,而且要确定还有哪些其他体系来表达内容。因此,他们认为,语言是一种等级体系,每个片段都可在相互联系的基础上划分为各种类别,每一类别又可在相互转化的基础上再划分为派生类别,符合这一定义的就是语言。自然语言是许多符合这一定义的体系之一。同时他们又认为,自然语言体系"不合逻辑",从逻辑实证主义的观点看来,最终要创造出一种完善的科学语言,用形式语言代替自然语言。哥本哈根学派的这一想法,对建立各种人工语言是有一定意义的。但是,他们把自然语言降低为一般的符号体系,脱离人民的历史,脱离同思维的密切联系,因而使自然语言显得异常贫乏,使自然语言失去作为人类最重要的交际工具的丰富性。

哥本哈根学派提出描写语言的经验主义原则,要求没有矛盾地、全面地、简单地描写语言。他们认为从音素归纳音位、从音位归纳范畴的归纳法不能无矛盾而简单地描写语言。他们主张用演绎法,即把话语类别分为片段,把片段类别再重新划分,一直到不能再分为止。这种演绎法被称为"经验演绎法",语言理论就是借助这种方法来无矛盾地、简单而全面地描写语言。

哥本哈根学派通常把语言关系分为三种:相互依赖关系,是一种双方面的依赖关系,两个成分相互规定;决定关系,是一种单方面的依赖关系,甲成分规定乙成分,乙成分不能规定甲成分;并列关系,是一种自由的依赖关系,每个成分不决定也不排斥另一成分。这些关系有时表现在话语中,有时表现在语言体系中。语言单位在话语中表现为连接关系,也就是组合关系;在语言体系中表现为相关关系,也就是聚合关系。

古典结构主义的美国学派同哥本哈根学派既有区别,又有很多共同点。这个学派的奠基人是鲍阿斯(Franz Boas),但主要的代表人物是布龙菲尔德。

鲍阿斯是人类语言学家,他认为语言是文化最有特征的创造,这一看法被萨丕尔所发展。他还主张避开传统的语言学范畴,记录和描写活的语言事实。布龙菲尔德发展了这一思想,认为研究新的语言就是按照直接呈现在经验中的事实描写下来,如果用语言的历史知识来影响共时描写,那就会歪曲语言材料。所以,这个学派又称为描写语言学派。

描写语言学只注意共时,不考虑语言的历史发展。例如,他们在描写英语人称代词体系时,认为 my 和 mine(我的)等于 I's,这是从英语名词物主格的形式类推而来的。试比较:The student reads a book 学生读书;The student's book 学生的书;I read a book 我读书;I's(my)book 我的书。

实际上,代词的异根现象是历史上形成的,在现代英语中不同于名词的变化。另外,这种情况也在继续发展,英语代词人称格和宾格在英语中有一致化的趋向,如 It is I 和 It is me(这是我)这两种形式有时可通用。所以共时的描写应考虑到语言的历史发展。

描写语言学不注意语义,只进行形式描写。在划分语言单位时,由于只重视形式标准,不考虑意义和功能,所以不能在本质上区别词素和词,而笼统地把它们叫作语素及其排列。例如在分析 Poor John ran away(可怜的约翰跑开了)这句话时,不是分为四个词,而是分为五个语素:poor John ran a-way。美国描写语言学派认为,阐明语义不是真正语言学的任务。他们描写语言的次序通常是:记录言语材料,划分出音素、语素,阐明其分配规则。他们采用切分和成分分类的方法来分析音素、形态和句法。区别性音素在语流中像一根线一样连续出现,同理,词句也可分解为线性成分,按层次分为直接成分,直到语素。切分出来的成分再归为不同的类别。这一套分析方法对语言研究有重要意义。

美国学派和哥本哈根学派一样是分配学派,他们有很多相似点。除了都采用分配标准外,相似点还有:首先,他们认为语言是自足的体系,把语言同思维和人民的历史分割开来；其次，他们都忽视词的重要性，因而取消词汇学的研究；再次，两派都采用精密的分析方法。但是，这两个学派的哲学基础不尽相同。哥本哈根学派较多受逻辑实证主义的影响，走上语符学的道路。美国学派则受到行为主义的影响，把语言看作一种行为。布龙菲尔德曾经做过这样的说明：他假定杰克和吉尔走在一条小路上，吉尔饿了，她对着苹果树说了几句话，杰克就爬上树，摘下苹果，递给吉尔。这个过程包含着一系列的刺激和反应。这就是，说话者的刺激，如饿了，看到苹果，注意到听话者等；通过言语引起听话者的反应，如摘苹果、递苹果等。也就是说，当一个人有刺激时，语言能使另一个人做出反应。布龙菲尔德认为，人类语言就是由刺激和反应构成的言语行为。这种行为通过有系统地使用语音，以便引起听话者的反应。语言学就是研究这特定的语音同刺激和反应的价值—特定语义的结合。但是，刺激和反应的情形十分复杂，很难做到为每个语音定出一个确切的语义。因而，语言学家只能观察言语，而刺激和反应所体现的语义，不是直接观察对象，不必专门去研究。于是，他只强调研究语言形式，语义被忽略了。他认为语言由无数行为组成，是每个人所经历的反复刺激而逐步形成的习惯的集合体。布龙菲尔德的看法成为美国描写语言学派的主要标志。这个学派从20世纪30年代到50年代在美国统治语言学界20多年，它的研究成果对语言模式化、语法形式化，对外语教学都有很大影响。

第三节 转换生成语言学

美国结构主义语言学在布龙菲尔德之后有三个分支。

第一个分支是哈里斯（Harris）、特雷泽（George L.Trager）、布洛克（Blok）、霍凯特（Hockett）的耶鲁派，他们主张在音位学、词素音位学层次上分析语言，要求从语言研究中排斥意义因素。

第二个分支是弗里斯（Fries）、派克（Pike）、奈达（Nida）的密执安派，他们所接受的主要不是布龙菲尔德的理论观点，而是他的研究方法，他们的兴趣在于收集北美印第安语的材料，进行了许多实地调查工作。

　　第三个分支是乔姆斯基（Chomsky）、李斯（Nathan Rees）、哈勒（Harrer）的麻省派，又称转换分析派，这一派既是结构主义的继承，又是结构主义的反动。他们不仅继承了美国描写主义的语言分析方法，而且继承了丹麦学派的经验主义原则，即要求没有矛盾地分析语言，也继承了布拉格学派的标记、区别特征等概念。但是，乔姆斯基的著作打破了布龙菲尔德20多年的垄断，对布龙菲尔德的理论进行了猛烈冲击，标志着从20世纪50年代起古典结构主义语言学发展到转换生成语言学。

　　乔姆斯基批判了语言是行为的观点，驳斥了言语行为通过刺激和反应才能建立的观点。他认为，人具有识别和理解句子的能力，并能对语言材料进行归纳，推导出语言规则，生成合乎规则的句子。这种能力不是刺激和反应的习惯，因为人对言语中不断出现的新句子并没有形成习惯。例如，一个小孩能够说出从来没有听到过的话语，创造出一些新的合乎语法的句子。又例如，人在交际过程中会不断产生无限新的话语，并不是重复过去的言语行为。这说明，人的大脑具有一种无限地生成句子的能力，这种能力不是通过刺激和反应而形成的。一个人不仅能学会本族语，而且能学会外语，这说明语言有其普遍性。人脑有一种普遍的天赋的掌握语言的机制。当输入一定语言材料后，它会自动识别和加工出一套规则系统，然后运用这套规则系统生成新的句子。这种机制就是人普遍具有的语言能力。所以，语言是人类理性的认识活动，不是刺激反应的习惯系统。

　　美国描写语言学只研究可以感觉的语言行为，不承认语言能力。乔姆斯基认为，语言能力才是说话者潜在的语言知识，语言行为只是这种知识的表现。因此，没有必要描写直接观察的语言行为。话语中包含无限句子，不可能全部观察，描写语言行为不能揭示语言本质。语言学的对象应是语言能力，语法就是对语言能力的描写。语言学家应揭示大脑生成话语时所遵循的规则，建立起一套规则系统，只要遵循这套规则系统就能生成正确的句子。语法就是能按照少数单位和规则生成无限话语的装置，如果电子计算机接受了这套规则系统，它就可以生成话语。所以，转换生成语言学的理论和方法后来被工程语言学广泛应用。[①]

　　现在简略地谈谈乔姆斯基制定的语法形式化规则系统。他的规则系

---

①胡仁青. 转换生成语言学与语料库语言学之比较小议[J]. 现代妇女（下旬），2014（07）：275.

统由基础部分和转换部分组成。基础部分规则可以生成句子的深层结构，并对深层结构进行语义解释。转换部分规则可以把深层结构转换为表层结构，对表层结构进行语音说明。这样就生成具体的句子。按照这套规则系统就能理解并创造一种语言所有的句子，这套规则系统代表人的生成句子的语言能力。因为这套规则系统既是生成的，又包含转换规则，所以被称为转换生成语法。

由于乔姆斯基在理论和方法上都突破了布龙菲尔德的学说，所以，他的理论曾被誉为语言学上的革命。但是这场革命是不彻底的。转换生成语言学是在美国描写语言学的基础上形成的，例如它的生成规则中的短语结构规则就是描写语言学的直接成分规则，因而因袭了描写语言学的片面性。例如，语言分析只涉及语言的组合段，忽视了语言的聚合关系。又如，分析语言形式时忽视语义，只在规则系统的基础部分对句子的深层结构进行解释。再如，忽视言语环境和语言的交际作用。这些片面性逐渐被语言学家所重视，并设法加以克服。

乔姆斯基本人就对他的理论进行了若干修正，乔姆斯基在1957年《句法结构》一书中，由于受结构主义语言学的影响，把语法分析和语义分离，很少涉及语义。1964年，卡茨（Katz）等人主张把语义分析纳入转换语法体系。乔姆斯基1965年在《句法理论问题》一书中，对自己的理论做了若干修正，后来称之为标准理论。语法规则系统中包含了语义部分，对深层结构进行语义解释。句子的深层结构获得语义信息，转换规则只改变句子的结构，不改变它的语义。乔姆斯基于1972年又写了《生成语法中的语义研究》一书，提出扩充式标准理论。他在20世纪70年代后期的一些论文中又对自己的理论进行若干修正，形成修正的扩充式标准理论。

标准理论认为转换不改变句子的意义，但在实际转换过程中，语义往往有所改变。例如，把"每人都有些优点"转换为"有些优点每人都有"意义就不大一样，前者"优点"是泛指，各有各的优点；后者"优点"较确定，某些优点为大家共有。为了解决语义上出现的问题，转换生成语言学家提出了不同的修正意见。乔姆斯基本人从解释语义学的观点出发，提出扩充式标准理论，他稍微修改了一下"转换不改变语义"的前提，认为深层结构并不决定一切语义。有些语义，如带有"每""一些"等定量词的意义，留待表层结构再加解释。乔姆斯基的学生雷可夫（George Lakoff）、麦考莱（Macaulay)等人却提出了不同的修正意见。他们不同意语义部分主要只在基础部分对句子的深层结构加以解释,他们认为,语言只有语义结构和语音结构,语法应从描写句子的意义开始,然后再用转换规则和语音说明生成句子的表层结构。这样,语法就成为意义表达的规则系统。

这个理论就是生成语义学。它把语义和句法结合起来,认为语义才是语法的核心,否认一半句法一半语义性质的深层结构。他们坚持转换不改变语义的原则,认为意义不同的句子,其语义结构必有差别。这标志着转换生成语言学的新阶段。

菲尔墨(Charles J.Fillmore)对乔姆斯基标准理论中的深层结构及其语义解释也提出了修正意见,他于1968年和1971年提出了格语法理论。菲尔墨认为,乔姆斯基深层结构中的语法关系,如"主语""宾语"等,实际上应属于表层结构。在深层结构中应为"施事""受事""工具""处所"等范畴。也就是说,每个名词在深层结构中都有一个"格位",它们是潜在的主语、宾语,经过转换可成为表层结构中的主语、宾语等。施事、受事等叫作深层格,主语、宾语等叫作表层格。深层格和表层格不是一一对应,究竟哪一个深层格转换为主语或宾语,这要在表层结构中决定。

到这时,转换生成语言学已不再是乔姆斯基标准理论的一统天下,而形成了乔姆斯基的扩充式标准理论、雷可夫与麦考莱的生成语义学、菲尔墨的格语法三足鼎立的局面。美国语言学界有人认为这是现代语言学理论的核心。它的整个理论又成为控制结构语言学的基础,并进而为当代工程语言学所利用。

转换生成语言学的最新发展就是20世纪70年代末出现的接受语言学,或逆生成语言学。生成语言学研究话语的生成过程,接受语言学研究话语的接受过程,二者既有区别,又有联系。它们的研究成果对揭示人脑的言语机制有重要作用,因而促进了现代心理语言学和神经语言学的发展。

第四节 功能结构主义语言学

功能结构主义语言学是从古典结构主义语言学发展来的,特点是重视语言的社会功能,其代表人物是英国的弗斯和韩礼德,被称为结构主义的伦敦学派。[①]

前面谈过,古典结构主义的布拉格学派也是功能学派,但是布拉格学派和伦敦学派对功能有不同的理解。布拉格学派主要从语言单位的对立来看功能,一个音素如果具有同另一个音素对立的区别性特征,就能区别意义。因此,这儿指的功能是语言单位本身的功能,不是语言单位和社会功能的关系。而伦敦学派强调的功能主要是社会功能,是因语言单位在交际环境中使用而产生的,同言语有关。

弗斯一方面受到索绪尔语言学思想的影响,一方面受到波兰籍人类语言学家马林诺夫斯基(Malinowski)的影响。这使得他有可能形成功能结构主义语言学。他重视语言的社会功能,强调情境的上下文,认为语言既有情境意义,又有形式意义。他主张把语言放到社会环境中去研究,认为情境的上下文对语义描写很重要,这种理论使语言研究同社会研究结合起来,为社会语言学奠定了基础。

弗斯认为言语中的词既表示事物和情境,还表示说话人的态度和目的,因此,语义分析不能局限于语言体系,应考虑到言语环境。例如,一句祈使句 Sit down, please!(请坐!)不能认为是省略了主语 you(你),因为言语环境中 you(你,听话者)实际存在,话语中无须重复,这时词的出现受到环境的制约。如果环境需要主语,则造出的是另一个句子。

弗斯认为情境上下文应包括交际者和他们谈及的事物,以及言语行为的效果,一个人在交际时要在情境上下文中说出合乎自己身份的话。这样就形成若干限制性语言。弗斯的理论对研究情境对言语的作用有很大影响。他说的限制性语言实际上就是语言受社会制约的变体。到了韩礼德,更加侧重研究语言功能。他从弗斯的情境上下文得到启发,进行了语域的研究。所谓语域,就是言语环境。伦敦学派能够用言语环境解释语言,比起古典结构主义来是一个大进步。

韩礼德把语言功能分为概念功能、交际者关系功能和话语功能三种。

概念功能就是思维和认识的功能,通过这种功能,语言使用者在语言中体现对客观现象的认识。语言是表达思想内容的工具,语言的概念功能

---

①崔蔚. 美国结构主义语言学派和伦敦语言学派比较研究[J]. 考试与评价(大学英语教研版),2016(04):23-25.

使人的思维成果和积累的经验获得表达形式,并帮助人形成对客体的观点。

交际者关系功能表示交际者在言语环境中的身份及其相互关系。这个功能同客观内容的表达本身无关。交际者使用语言工具来使自己参加言语行为,表达自己对客观现象的意见、态度和评价,表达交际者之间的相互关系,一般用通知、询问、问候、劝告等交际形式。

话语功能同话语的形成、同言语活动的结构有关,它对语言来说是内部的,通过这个功能选择与言语环境相适应的语言单位组成话语,使语言实现同具体环境的联系,从而使言语活动成为可能,说写者能够创造话语,听读者能够理解话语。话语是语言的演算单位,是修辞研究的有关单位,它可说可写,可长可短,长至鸿篇巨制,短到三言两语,话语作为功能语义概念,其实质不决定于长短。所以话语功能不局限于确定的句际关系,它也同句子内部的结构有关,同句子的独立意义或在上下文中的意义有关。

综上所述,伦敦学派很重视语言功能的研究,但他们并没有离开结构主义。他们认为结构就是语言单位的组合性排列,而体系是语言单位的聚合集,聚合集里的语言单位在结构里的一个位置上可以互相替换。在音位研究方面,古典结构主义中的美国学派和哥本哈根学派采用分配分析法,着重从音的组合轴分配来分析,布拉格学派采用区别性特征分析法,着重从音的聚合轴上的对立来分析。伦敦学派较多地考虑了组合关系和聚合关系的综合,弗斯提出除了音高、音强、音长等方面的超音段音位外,还有浊音性、软腭性等方面的跨音段音位,韩礼德发展了弗斯关于结构和体系的理论,形成了完整的体系语法,但他没有采用跨音段的概念。

功能结构主义语言学的功能观点,后来为社会语言学所发展,从功能出发,说明在特定言语环境中使用语言所达到的特定交际目的。

第五节 控制结构主义语言学

控制结构主义语言学也是从古典结构主义语言学发展来的,特点是把语言结构看作一种控制装置,从而使结构主义语言学同控制论紧密联系。①其代表人物是苏联的邵勉(C.K),被称为结构主义的莫斯科学派。这个学派在古典结构主义和转换生成语言学的基础上发展起来,又为当代工程语言学奠定了基础。

控制论是现代科学体系中的一门关键科学,它研究能够领会、存储、传递和改造信息,并能用信息进行操纵和控制的一切系统。这种系统能把一种信息转换成另一种信息,使情报自动检索、机器翻译、自动控制成为可能。

邵勉认为,根据抽象的控制系统的概念,可把语言的语法看作控制装置的变体,这种装置能够把一种语言信息改造为另一种语言信息。

作为控制装置的语法模式可以分为两类,一类是生成句子和话语的综合模式,生成语言学研究过这一模式;另一类是识别句子和话语的分析模式,同接受语法有关。

在综合模式中,输入的是有限的词和语法规则,起综合作用的语法装置,在运算的最后一个步骤输出的是语法上正确的句子。转换生成语法就是这种模式,它包括短语结构规则、转换规则和音位规则。在转换生成语法中,句子是这样生成的:把未经分析的综合的元素,代表句子的S输入语法装置,它按照短语结构规则改变为代表核心句的语符链。通过转换规则把核心句转换为代表转换形式的新的语符链,最后得到终端语符链,在输出时按照音位规则而码化为音位链,最后生成具体的句子。

邵勉提出的综合模式由三个部分组成,即原始信息源泉、符号链发生器和符号类别发生器。在两个发生器中有音位码化装置和物理体现装置。当把符号链译解为句子,把符号类别译解为词之后,句子和词就从抽象表达级转为现实语级,转化过程如下:先把表示抽象句子和词的符号码化为音位符号,再码化为音位的物理体现——音素。

原始信息源泉包括有限的原始符号和生成符号链的规则。原始信息送入符号链发生器,产生核心符号链。核心符号链的信息传递到符号类别发生器,把符号划分为核心类别,并按一定规则,从核心类别产生派生类别。派生类别送回符号链发生器,生成新的符号链。新符号链信息再传递到符号类别发生器,再把核心类别和派生类别划分为小类,如此循环操

---

①王德春. 控制结构语言学的两级抽象理论[J]. 现代外语,1984(01):14-17.

作。然后,在两个发生器往返联系的基础上,产生出复合句的符号链,经过音位码化和音素体现,最后输出具体的词句。

与此相反,在分析模式中,输入的是语言中有限的公认的句型和分解句子的规则,起分析作用的语法装置在运算的最后一个步骤输出的是句型组成成分的信息。列夫金(Levchin)在20世纪60年代提出过这种模式,在某种意义上同乔姆斯基的转换模式相反。他指出了乔姆斯基模式忽视语言聚合轴的片面性。前面谈过,转换生成语言学忽视聚合轴的片面性是从美国描写语言学继承来的,而莫斯科学派认为,既然语言结构的组合轴和聚合轴是相互配合的,也就是说,句法结构同词和词素的类别是相互配合的,那么,任何语法模式都应兼顾这两个轴。邵勉综合模式中提出的符号类别发生器及其同符号链发生器的相互作用,充分兼顾到这两个方面。同控制结构主义一样,功能结构主义也克服了古典结构主义的这一片面性。

邵勉从控制论的基本原理出发,提出语言各层次的两级抽象的理论,即语言的每一层次都可分为材料级和结构成分级。这样划分是为了解决语言分析中出现的矛盾。例如,在音位学中存在换位矛盾。现代音位学有两条主要原理:音位是用来区分语言单位的要素;音位是声音要素。按照第一条原理,如果说音位是用来区分语言单位的要素,那么我们可以把音位从声学实体转化为其他实体,如书写实体、色彩实体、触觉实体等。例如,可把每个音位换为一定颜色的圆圈,这时区分语言单位的要素就是排列成语流的五颜六色的圆圈。当然,自然语言是有声语言,声音实体是自然语言的基本实体,其他实体服从于它。但从语言的交际实质看,也应承认其他实体,特别是书写实体的作用。

而从第二条原理来看,音位是声音要素,于是我们便不能把它转化为其他实体。为了克服这个矛盾,就必须把音位概念分为名副其实的音位概念和充当音位基质的物理实体这个音位体的概念。音位属于结构成分级,音位体属于材料级。音位是抽象的要素,可从一种实体转化为另一种实体;音位体是音位的体现者,没有它音位就不能存在。

在语法学中也存在形式分析的矛盾。例如,结构主义语言学一方面要求语言分析应当严格形式化,另一方面,结构主义语言学不容许相互排斥的表述。但是,彻底进行形式分析正好导致相互排斥的表述。为了克服这个矛盾,就需要把语法的主要概念语素和语段分别分解为语素和语素体、语段和语段体。语素和语段是纯粹形式要素,而语素体和语段体则是联结语义要素。这样就可以系统分析材料级的联结语义单位,并建立结构成分级的纯粹形式体系。为了区别这两个抽象级,可以运用转换分析法。

可见,控制结构主义语言学同转换生成语言学有密切联系。古典结构主义只承认音位学和结构语法学,控制结构主义进一步建立了结构词汇学。邵勉认为,当词被分配公式和转换公式支配时,它们就成为结构词汇学的对象。结构词汇学的主要任务是规定词汇的不变量,确定等值词汇要素的类别等。在这方面,阿普列相进行了较多的研究。

控制结构主义语言学很重视语言模式化。邵勉认为,结构主义语言学是从把自然语言改造为它的形式模式的抽象代码的角度研究自然语言。所以,语言模式化是语言研究各方面音位学、语法学、词汇学,甚至文字学的重要任务。语言模式化不仅具有重要的理论意义,并且对解决自动控制诸问题有重要意义。控制结构主义认为,现代语言模式化有三个特点:广泛应用数学方法;重视研究语言模式对语言事实的关系;主张设计多种模式,包括言语模式。控制结构主义把语言模式化作为主要任务,并探讨了语言模式化和言语模式化的联系。

设计语法控制模式同计算机模拟思维的问题有关。由于语言同思维不可分割,模拟自然语言问题,设计形式语法体系的问题都有深刻的理论意义和实践意义。控制结构主义认为,可以在研究语言模式的基础上实现语言和思维联系的模拟,从结构成分级和材料级的关系来看,语法控制模式应当通过对应规则与自然语言联系起来。

控制结构主义语言学从古典结构主义语言学和转换生成语言学发展而来,古典结构主义是静态分析,转换生成语言学的转换规则使生成语法变为动态的、但仍然是线性模式。控制结构主义吸收了二者的长处,把转换生成语法结构纳入交际过程的控制结构。所有这些,都为当代工程语言学奠定了基础。

第六节　现代语言学的发展趋势

在索绪尔语言理论基础上形成的古典结构主义语言学各学派,从20

世纪30年代到50年代在欧美统治了20多年。到了50年代中叶,乔姆斯基的转换生成语言学兴起,批判了古典结构主义美国学派的行为主义基础,改进了它的分析方法,以新的姿态占领了语言学阵地达十多年。这两个学派对语言进行了精密的分析研究,其研究成果对当代语言学有重大影响。但是,由于古典结构主义语言学和转换生成语言学在研究语言时忽视意义,忽视同社会的关系,忽视言语环境,终于产生了一定的局限性。虽然这两个学派后期的各流派注意克服这一偏向,但收效不够显著。于是伦敦学派在布拉格功能学派的基础上形成功能结构主义,为社会语言学的形成准备了条件;莫斯科学派在古典结构主义和转换生成语言学的基础上形成控制结构主义,为工程语言学的形成准备了条件。另外,在转换生成语言学关于语言能力概念的基础上,在苏美两国逐渐发展出心理语言学。这是语言学发展的辩证过程。但是,当代社会语言学、工程语言学和心理语言学的发展还有其社会原因。

第一,20世纪60年代以来,随着科学的飞速发展,生产的高度自动化,要求语言学解决机器翻译、信息传递、人工智能、自动控制等问题。语言学为了完成这些任务,必须加强不同语言的对比研究、语言形式化和语言模式化的研究,用精密方法分析语言,于是同电子计算机相结合而形成工程语言学。

第二,现代社会交际范围日益广泛,为了提高言语效果,语言学要加深研究语言和社会的关系,研究各种语言变体和言语规律,以便帮助制定语言政策,预测语言发展方向,充分发挥语言的功能。于是,形成社会语言学。

第三,为了研究儿童言语的发展,失语症的治疗以及宇宙心理学、诉讼心理学和外语教学,迫切需要探索人的言语机制,于是形成心理语言学。

当代语言学的发展说明:人们从语言体系、言语活动和言语机制三个方面越来越深入地认识语言的本质。这三个方面是在索绪尔区分语言和言语、乔姆斯基提出语言能力和语言应用的概念以及苏联语言学家谢尔巴提出语言现象的三个方面的基础上,由苏联心理语言学家列昂杰夫加以阐述的。这说明,当代语言学,除了研究语言和言语外,还研究保证言语活动的言语机制。①

---

①丁园,李鲁平.试析现代语言学的发展[J].新西部(理论版),2012(04):85,78.

工程语言学用工程的方法重点研究语言的结构体系，把语言看作用自然方法形式化了的社会现象，看作生成言语的控制装置。它用精密的方法分析语言，为各种自动机器提供规则系统。它分析语言是根据语言单位的形式，因为机器只认识形式，不理解意义。语义本身也要形式化。

社会语言学研究语言在空间和时间上的结构变异和社会变异之间的对应，研究语言的社会功能和言语规律，特别强调有目的的言语活动。另外，社会语言学还研究双语现象和世界各语言的相互作用。

心理语言学研究人的言语机制、人的语言能力，这种机制和能力是语言体系在操该语言的人的意识中的反映。

当代语言学的研究从这三个方面向纵深发展。由于结构主义语言学和转换生成语言学各流派长期忽视意义研究，语义研究成为当代语言学研究的基础。语言研究如不依靠语义信息，就不能正确描写语言结构属性和结构关系。于是工程语言学研究语义形式化，便于机器理解语义。社会语言学分析语言单位的意义怎样进语言的综合内容，从交际过程的观点研究语义。心理语言学研究内部言语和言语生成中的语义结构。因而，整个语言学有语义化的倾向，当然注意到音义结合。

当代语言学理论应用到越来越广泛的领域。应用语言学从传统的应用领域，如言语修养、文字的创制和改革、词典编纂、本族语教学、外语教学、翻译、音标制定，等等，转到新的应用领域，如机器翻译、情报自动检索、人机对话信息传递、自动控制、遥控、人工智能、失语症治疗、人工语创制、诉讼言语和证词分析、罪犯言语调查，等等，从各个方面向理论语言学提出要求，促使理论语言学向前发展。

语言学的发展是螺旋式上升的辩证过程，传统语言学获得形式和意义的认识，但使语言学服从于解释经典文献，没有专门研究语言的内部规律。古典结构主义语言学和转换生成语言学着重研究语言的形式方面，发展了精密方法，但忽视意义，忽视语言和社会的联系。转换生成语言学从忽视意义发展到生成语义学等流派。功能结构主义语言学把结构方法分别应用到语义领域和社会交际领域，控制结构主义语言学又把结构方法应用到控制领域。转换生成语言学提出的语言能力的概念又被应用到心理、生理机制方面，最后形成了当代的工程语言学、社会语言学和心理语言学。

当代语言学发展的总趋势是向社会语言学、工程语言学和心理语言学三个方面的纵深发展,引起语言学研究的深化和语言学理论应用的广泛化,语言学从而成为现代科学体系中的关键科学,成为我国实现四化和提高全民族科学文化水平的关键科学。

参考文献
REFERENCES

[1]白葵.语言的社会变体浅析[J].湖北经济学院学报(人文社会科学版),2007(11):121-122.

[2]陈蓓蓓.言语交际中的普方语码转换研究[D].武汉:华中师范大学,2020.

[3]陈沛莹.语音系统性与语音演变的关系:读《语音学教程》[J].石家庄学院学报,2021,23(02):94-101.

[4]崔蔚.美国结构主义语言学派和伦敦语言学派比较研究[J].考试与评价(大学英语教研版),2016(04):23-25.

[5]丁园,李鲁平.试析现代语言学的发展[J].新西部(理论版),2012(04):85,78.

[6]方伟.语言的模糊性及其与精确的相互转化[D].长沙:湖南师范大学,2005.

[7]费乔荣.索绪尔与叶尔姆斯列夫语言思想对比:是继承还是背离[J].现代交际,2020(07):62-64,61.

[8]高雅.基于内感受具身语义学的躯体化情感词的英译研究[D].上海:上海海事大学,2021.

[9]胡仁青.转换生成语言学与语料库语言学之比较小议[J].现代妇女(下旬),2014(07):275.

[10]李京育.布拉格学派句子功能前景理论研究[D].长春:吉林大学,2011.

[11]梁萍.谈传统方言学[J].特区实践与理论,2013(03):86-89.

[12]刘艳.现代语言学理论形成与发展研究[J].语文建设,2016(05):1-2.

[13]罗琼鹏,彭馨葭.语言学[M].南京:南京大学出版社:,2019:645.

[14]诺姆·乔姆斯基,司富珍.语言结构体系及其对进化的重要性[J].语言科学,2018,17(03):225-234.

[15]田耀收.布龙菲尔德语言科学理论的哲学基础[J].学术交流,2017(04):50-55.

[16]王德春.古典结构主义语言学[J].逻辑与语言学习,1982(02):47-49.

[17]王德春.控制结构语言学的两级抽象理论[J].现代外语,1984(01):14-17.

[18]王跃平,杜敏.语言选择的内涵特征及其功能旨向[J].北京科技大学学报(社会科学版),2021,37(03):264-272.

[19]吴娟.《语言研究》词汇学论文研究[D].武汉:华中科技大学,2012.

[20]吴玲.句法学视角下汉语形容词词性问题研究[J].郑州大学学报(哲学社会科学版),2016,49(03):89-92.

[21]吴新民.符号·含义·直观·表达:语言逻辑视域中的言语行为阐释[J].海南师范大学学报(社会科学版),2016,29(11):132-138.

[22]许悦萌,刘永杰.国内语用学翻译研究述评:现状与趋势[J].长春师范大学学报,2021,40(09):93-100.

[23]于涛.语言的地域变体与汉语学习[J].重庆三峡学院学报,2015,31(04):109-112.

[24]赵芳.语言的社会属性与话语理解举隅[J].信阳师范学院学报(哲学社会科学版),2014,34(06):113-115.

[25]赵蓉晖.语言社会功能的当代理解[J].中国社会科学,2017(02):159-171.

[26]祝晓光.论索绪尔语言思想中语言和言语的关系[D].长春:吉林大学,2015.